괴짜의사 Dr. Araw의
쉽고 바르게 읽는 히브리서 장편(掌篇) 강의

오직 믿음(피스티스), 믿음(피스튜오), 그리고 믿음(피스토스)

D. M. Lloyd Jones를 꿈꾸는 괴짜의사 Dr. Araw의

쉽고 바르게 읽는 장편(掌篇) 강해서 3 - 히브리서

오직 믿음(피스티스)

믿음(피스튜오)

그리고 믿음(피스토스)

이선일 · 이성혜 지음

산지
SANJE

절제되면서도 폭넓은 해석의 히브리서 주석

이현희 목사/ 샤론교회(양산) 담임, 재)가나안농군학교(영남) 설립자, 유엔NGO 사)세계가나안운동본부(WCM) 총재

저자 이선일 박사는 히브리서 장편(掌篇) 주석 〈오직 믿음, 믿음, 그리고 믿음〉을 쓰게 된 분명한 이유가 있다고 했다. 그는 믿음이 일천(日淺)한 작금의 시대를 보며 안타까움으로 불씨를 던지고 싶었던 것이다. 그 불씨가 하나의 선동이 되고, 디딤돌이 되고, 마중물이 되게 하겠다는 것이다. 그의 가슴에 일어난 불씨는 불꽃이 되어 전방위적으로, 특히 한국 기독교 청년 지도자들에게 불씨를 던지고 있는 것이다. 나는 저자의 신학과 삶의 열정, 일상의 태도들을 지근거리에서 보며 오랫동안 도전을 받던 사람 중의 하나이다.

그와 나는 하나님 안에서 의형제로 지내왔으며 희로애락(喜怒哀樂)을 함께 했다. 나는 저자를 늘 자랑스럽게 생각해왔고 지금도 존경하고 있다.

그의 삶은 언제나 현장과 맞닿아 있다. 그는 성경 교사이자 청년 사역

자, 의료선교사이다. 최고의 전문성을 지닌 정형외과 의사로서 병원에 오는 환자들과 직접 호흡하며 매사 매 순간에 최선을 다한다. 전문인, 목회자, 의과대학 교수, 청년 지도자, 전도사들과의 성경연구모임에서 성경을 가르치고 나누고 그들과 삶을 공유한다.

청년 집회와 코스타는 물론이고 전 세계를 다니며 성경강해와 세미나를 열어왔고 지금도 그렇다. 지금까지 그는 백수십 개국을 다녔다. 그만큼 그와 연계된 동역자들이 지구촌 곳곳에 산재해 있다.

저자 이선일 박사는 눈코 뜰 새 없이 바쁜 사람 중의 하나이다. 그는 가만히 있지를 않는다. 어느 날 그를 살펴보면 그때마다 무엇인가를 하고 있었다. 주변에서는 그더러 '바쁘게 산다'라고 말한다. 그때마다 그는 '알차게 산다'라고 답한다. 그만큼 가치와 우선순위가 분명한 사람이며 그렇기에 인생의 목적과 목표를 선명하게 구분하며 살아가고 있다.

생리학 박사 정형외과 전문의로서 병원 원장인 저자가 시간을 쪼개가며 밤을 새울 때마다 그의 곁에는 한없이 남편을 응원하는 그의 아내가 있었다. 그의 아내인 김정미 선교사는 2년 전 암으로 수술과 항암 치료, 방사선 치료를 했고 현재는 호르몬 치료와 면역 치료를 하며 일상생활에 적응하고 있다.

김정미 선교사의 남편을 향한 격려의 말이 내게는 크게 다가온다.

"나는 암과의 싸움을, 당신은 영적 싸움을……."

이선일 박사는 사랑하는 아내가 암과 싸워 이기기를 바라는 간절한 마음으로 히브리서 장편(掌篇) 주석 〈오직 믿음, 믿음, 그리고 믿음〉을 썼다. 이 책에는 그의 복음에 대한 신실함과 사랑이 고스란히 배어 있어 너무 좋다.

이제는 이선일 박사도 꽤 나이가 들었다. 그럼에도 불구하고 끊임없는 그의 열정은 도대체 어디로부터 나오는 것일까? 확신하건대 성령님의 능력 안에서 그분께 붙잡힌 바 됨이 틀림없을 것이다. 또한 하나님 사랑과 이웃 사랑을 실천하려는 그의 믿음에서 나오는 것이 분명하다.

저자는 하나님 사랑과 이웃을 사랑하는 바른 길을 안다. 그래서 그는 주어진 소명과 사명을 통해 언제 어디서나 '주를 위하여' 충성스럽게 감당한다. 살아도 주를 위하여 죽어도 주를 위하여, 그러므로 사나 죽으나 우리는 주의 것이라는 사실을……

더욱 값진 것은 미스코리아 진이었던 외동딸 이성혜(LIVHIM대표)가 공저자로 합류한 것이다. 나는 그의 명석함과 분명하고 바른 신앙, 깊은 신학을 잘 알기에 이 책에 더욱 더 큰 의미를 두고 있다.

이 주석을 읽게 될 귀한 독자들은 저자의 삶에서 우러나오는 절제되면서도 폭넓은 해석을 보게 되리라 확신한다. 책을 펼칠 때마다 많은 감동이 있으리라 확신한다.

이 히브리서 장편(掌篇) 주석 〈오직 믿음, 믿음, 그리고 믿음〉을 통해 깨달은 것을 삶 속에서 붙들고 종말시대를 지나는 동안 인내로써 일곱재앙을 잘 극복하여 가기를, 그런 마음으로 강력히 추천하는 바이다.

기독론을 분명하게 알 수 있도록 정리한 책

이종삼 목사/ 티엔미션 대표, 꿈의학교 명예교장, 성경통독 강사

가끔 저는 오래전 신앙생활을 처음으로 시작하던 때를 되돌아보곤 합니다. 당시 믿음은 곧 행함이라고 이해했었기에 그때에는 은혜로 허락하신 믿음의 명사형(피스티스)보다는 믿음의 동사형(피스튜오, 페이도)인 반응하는 믿음만을 중요하게 생각했습니다. 그러다 보니 믿음의 조상 아브라함에 대한 말씀을 묵상할 때면, '아브라함은 이삭을 번제로 드렸는데 나는 무엇을 드려야 하나'라는 부담감으로 고민을 하기도 했습니다.

세월이 흘러 이제는 하나님이 "아브라함의 믿음을 의로 여기시고"라는 말씀을 통해 아브라함에게 주신 그 '믿음(피스티스)'이 값없이, 대가 없이 은혜로 주신 믿음의 명사형임을 알게 되었습니다. 그리하여 나는 알게 모르게 지고 왔던 그 무거운 짐을 벗었습니다.

좋으신 하나님은 늘그막에 얻은 독자 이삭을 제물로 바치려 한 아브라함의 대단한 믿음에는 애초부터 관심이 없었습니다. 오히려 아브라함에게 이삭 대신 준비(여호와 이레)하신 숫양(아일)을 통하여 장차 희생 제물되실 예수를 보여주시려고 상황과 환경을 이끄셨던 것입니다.

신실하신 하나님은 먼저 아브라함에게 은혜로 주신 믿음을 통해 의롭다 여겨주시고 이후 아브라함을 하나씩 훈련시켜가심으로 마침내는 믿음의 조상이 되게 하셨던 것입니다.

아브라함의 하찮은 믿음(피스티스, 창 15:6)에도 불구하고 하나님의 신

실하심(피스토스, 형용사형)은 아브라함을 한 눈금씩 훈련시켜 자라나게 하셔서 마침내는 100세에 얻은 귀한 아들까지도 바칠 수 있는 믿음(피스 튜오, 페이도, 창 22장)을 허락하셨다는 사실에 도전과 함께 한없는 위로를 받았습니다. 곧 우리는 하나님의 은혜로 주신 믿음으로 믿음에 이르게 되어 세월의 흐름에 따라 점점 더 자라나게 되는 것이지요. 이 일에 세미하게 간섭하시는 성령하나님의 인도하심의 원리를 깨닫게 되어 그저 기쁘고 감사할 뿐입니다.

나는 이선일 박사와 이성혜 대표가 공저한 히브리서 장편(掌篇) 주석 〈오직 믿음, 믿음, 그리고 믿음〉의 원고를 읽고 구약의 말씀과 로마서와 갈라디아서에서 제시한 3가지 믿음(명사, 동사, 형용사)에 대해 더욱 분명하고 확실하게 정리할 수 있었습니다.

또한 히브리서의 기록자는 정확하게 알 수 없지만 분명한 것은 성령하나님이 저자라는 것입니다. 나는 이 책을 읽으며 이선일 박사와 이성혜 대표가 히브리서의 저자이신 성령하나님의 도움을 구하며 주석을 쓰고 정리했음을 생생하게 느낄 수 있었습니다.

저자는 기독론(Christology)에 대해 여러 각도로 분명하게 알 수 있도록 정리해 주고 있으며 조직 신학에 따른 체계적인 정리와 명확한 해석을 통해 성경을 바르게 이해하는데 큰 도움을 주고 있습니다.

모든 사람은 스스로의 힘으로는 자신의 죄에서 벗어날 수가 없습니다. 또한 죄가 있는 상태에서는 하나님과 화목할 수도 없습니다. 그러므로 기독론과 구원론(Soteriology)을 알아가는 것은 아주 중요합니다.

사람의 죄를 해결할 수 있는 유일한 방법은 예수 그리스도를 믿는 것뿐입니다. 예수님은 신인양성의 하나님으로 역사상 유일한 의인이십니다. 아무 죄 없으신 예수님은 우리를 위하여 십자가에서 수치와 저주를 몽땅 안고 가셨습니다.

'영 단번에'

죽으시고 부활하신 예수님은 승천하셨습니다. 그 예수님은 승리주 하나님, 심판주 하나님으로 마지막 그날에 반드시 다시 오실 것입니다.

우리가 믿고 꼭 알아야 할 분, 예수님에 대해 그리고 믿음에 대해 더 깊고 넓게 알고 싶으신 분들께 이 책 히브리서 장편(掌篇) 주석 〈오직 믿음, 믿음, 그리고 믿음〉을 강력하게 추천합니다.

믿음의 해석서이자 영적 회복을 위한 백신

하상선 목사/ GEM(세계교육선교회) 대표, 마성침례교회 담임

다양하고 험악한 21세기를 살아가는 오늘의 그리스도인들은 다음의 3가지 질문에 흔쾌히 답할 수 있어야 한다.

첫째, 당신은 진정으로 거듭났습니까?

둘째, 당신은 오늘도 성령충만함으로 살아갑니까?

셋째, 당신의 인생에서 진정한 주인은 누구입니까?

위의 3가지 질문에 당당하게 대답할 수 있는 근거는 예수, 그리스도, 생명에 대한 진실된 믿음이다.

코로나 팬데믹(Pandemic)으로 인해 온 지구촌이, 대한민국이 어둠의 장막으로 덮혀버렸다. 코로나 바이러스에 대한 지나친 두려움이 삶의 현장을 마비시킬 뿐 아니라 초토화시키고 있다. 최악의 상황은 자유로운 신앙생활과 교회에서의 성경공부모임, 코이노니아, 공예배, 모든 사역 활동 등에 대한 지독한 제한과 어처구니없는 방해이다.

나는 작금에 코로나 바이러스보다 더 무서운 바이러스를 목도하고 있다. 그것은 예배를 등한시하는 바이러스이다. 그 바이러스는 점점 더 퍼져나가면서 바야흐로 교회를 서서히 무너뜨리고 있다. 이런 영적인 감염병은 복음에 대한 무관심, 영혼에 대한 무관심, 구원에 대한 무관심으로 확장되어 가고 있다. 그런 현상들을 바라보노라니 절로 눈물이 난다. 아프다 못해 시리기까지 하다.

이러한 때에 이선일 박사와 이성혜 대표를 통해 〈오직 믿음, 믿음, 그리고 믿음〉이라는 제목으로 출간된 히브리서 장편(掌篇) 주석은 모든 그리스도인들이 바르게 그리고 쉽게 이해할 수 있는 믿음의 해석서이자 영적 회복을 위한 백신이라 하겠다.

히브리서에 대해 알렉산드리아 학파의 대표적 신학자였던 3세기의 오리게네스(Origenes)는 히브리서의 기록자는 하나님만 아신다라고 했지만 나는 바울이 기록자일 것이라는 이선일 박사의 의견에 전적으로 동의한다.

히브리서는 당시 유대교에서 기독교로 개종한, 안팎으로 엄청난 핍박을 받았던 히브리인들에게 믿음을 굳게 붙잡고 이겨나갈 것을 격려한 말씀이다.

히브리서에서 반복되어 나오는 핵심 단어 중 하나가 "더 좋은, 더욱 뛰어난"이라는 말이다. '더 좋은' 신앙, 소망, 약속, 제물, 본향, 부활 등을 통해 예수 그리스도께서 복음의 실체이심을 강조하고 있다. 그 예수님은 비교하기도 민망하지만 선지자보다 뛰어나고, 천사보다 뛰어나고, 모든 제사장보다 뛰어나신 큰 대제사장이시다.

'신약의 레위기서'라는 별명이 말해주듯이 히브리서에는 구약의 제도와 절기 등 복잡한 율법에 의거한 제사제도가 많이 나온다. 이선일 박사와 이성혜 대표가 쓴 히브리서 장편(掌篇) 주석 〈오직 믿음, 믿음, 그리고 믿음〉은 이를 쉽게 풀어주었다. 또한 십자가 보혈을 통한 '영 단번'의 죄사함과 구원의 은혜를 믿음의 조상들의 삶을 반추하며 우리에게 올바른 영적 삶으로 인도하고 있다. 그러므로 종말시대를 살아가고 있는 모든 신앙인들의 영적 회복의 백신으로써 이 책을 필독서로 추천한다.

바야흐로 지금 우리는 강력한 영적 회복의 백신이 필요한 때이다.

믿음의 백신, 예배 회복의 백신, 잃어버린 사명 회복의 백신, 영혼 구원의 백신 등등…….

믿음(πίστις)과 충성(πιστός)은 같은 헬라어 어근을 가지고 있다. 충성은 내가 하고 싶어서 하는 일이 아니라 하지 않으면 안 될 일을 하는 것이다. 하나님은 오늘도 교회 된 우리를 향해 충성을 요구하신다. "네가 죽도록 충성하라 그리하면 내가 생명의 면류관을 네게 주리라(계 2:10)" 그 충성의 기본 자원이 바로 믿음이다.

한편 믿음은 바라는 것들의 실상(휘포스타시스, ὑπόστασις, nf)이다. '실상'이란 기초, 또는 받침대라는 의미이다.

소망의 하나님이 계심에도 불구하고 점점 더 소망을 잃어가는 모든 세대와 모든 예수쟁이들에게 이선일 박사와 이성혜 대표가 공저한 히브리서 장편(掌篇) 주석 〈오직믿음. 믿음. 그리고 믿음〉이 새롭고 튼튼한 받침목 역할을 충분히 감당하게 될 것이라 확신한다.

하나님께서는 태초부터 지금까지 사람을 부르시고 훈련시키셔서 당신의 일을 감당하게 하셨다. 그 일에 두 사람을 들어쓰셨다. 그리하여 본 저서가 세상에 나오게 되었다. 이 책이야말로 말씀을 사모하며 이 시대에 하나님의 일꾼이 되려는 사람에겐 하나님의 훈련 총서요, 영적 회복의 지침서가 될 것으로 확신한다. 더 나아가 육신을 입고 살아가는, 이 땅에서 고난과 핍박 가운데 믿음을 붙들고 인내로 살아가는 모든 성도들의 치료제가 되리라 확신한다.

예수 그리스도 안에서 한 피 받아 한 몸 이룬 형제로서 또한 이선일 박사의 동역자로서 나는 이 책이 코로나로부터 시작된 영적 바이러스의 근원을 제거하는 강력한 영적 백신이 될 것을 확신하며 기쁨으로 추천한다.

코로나 시대 성도들이
살아갈 방향을 제시하는 은혜의 선물

이홍남 목사/ 벧 국제학교 교장

이 시대의 아픔은 무엇일까?

복음의 능력이 희미해지고 그로 인해 말씀에 해이해진 것이다.

그렇다면 복음이 능력을 상실하기라도 했는가?

오늘날 한국교회 공동체와 성도들은 눈에 보이지도 않는, 감기 바이러스의 일종인 코로나19 바이러스로 인해 일부 교회가 폐쇄되고 신앙의 자유를 제한받고 예배조차도 비대면으로 드려지는 상황을 맞고 있다. 악한 영의 세력들은 이런 상황을 교묘하게 이용하며 우리의 신앙을 더욱 옥죄고 있다. 그럼에도 불구하고 교회는 숨소리조차 내지 못하는 듯하다.

만약 그렇다면, 우리의 믿음은 살아 있기는 한가?

"하나님. 정말 왜 이러세요?"

다들 삶의 현장이 너무 힘들고 어렵다보니 이렇게 부르짖는 소리가 점점 더 거세어지고 있다.

그런 상황에서 이선일 박사와 이성혜 대표가 공동 집필한 히브리서 장편(掌篇) 주석 〈오직 믿음, 믿음, 그리고 믿음〉은 우리의 삶에서 어떻게 믿음을 유지하고 복음의 능력을 힘입어 살아갈 것인지에 대해 방향을 제시하고 있다. 성경을 한 구절 한 구절씩 풀어가며 설명하고 있다. 그렇기에 이 책은 하나님께서 오늘의 우리들에게 준 은혜의 선물이라고 말하고 싶다.

이선일 박사는 예수 그리스도 안에서 나의 귀한 믿음의 동역자이자 친구이다. 그는 신대원을 다녔다. 작가이다. 생리학 박사로서 정형외과 전문의이기도 하다. 선교사이며 청년 사역자, 성경 교사이다. 그런 그는 지금까지 자신의 궤도를 이탈하지 않고 변함없이 자신의 정체성 그대로 살아왔다. 그런 그를 보며 나는 늘 감동한다.

그에게 펼쳐졌던 삶의 현장은 언제나 긴박감이 넘쳤고 지금도 그러하다. 그는 하루를 25시간으로 여기며 '바쁘지 않게' '알차게' 살아간다. 그는 유한된 한 번 인생에서의 핵심가치와 우선순위에 따라 살아간다.

그는 정형외과 의사이기에 일견 편안하게 살아왔을 것이라고 지레 짐작하는 사람들이 많다. 나는 그를 잘 안다. 그의 삶은 다양하면서 동시에 고난의 투쟁사라고 말해도 과언이 아닐 정도이다. 그는 힘들고 거친 삶의 현장에서 지금까지 묵묵히 흔들리지 않고 말씀만을 붙잡고 믿음의 길을 걸어가는 모습을 보여주었다. 그것이야말로 복음의 능력이라고 이야기하고 싶다.

이선일 박사와 이성혜 대표가 공저한 히브리서 장편(掌篇) 주석 〈오직 믿음, 믿음, 그리고 믿음〉은 한 절 한 절 성경 원문을 대조해 가면서 복음에 대하여 그리고 믿음에 대하여 설명하고 있다.

단순해 보이지만 그 깊이는 가늠하기가 어렵다.

그들이 공저한 이 히브리서 장편(掌篇) 주석 〈오직 믿음, 믿음, 그리고 믿음〉이라는 책이 보이지 않는 믿음의 길을 걸어가며 힘들어하는 모든 형제들에게 그리고 삶이 힘들어 지친 성도들에게 천국의 길을 밝히는 믿음의 나침반이 될 수 있기를 기도하며 강력하게 추천하는 바이다.

다른 하나님, 한 분 하나님을 따라가면서.

흔들리는 그리스도인들에게
바른 믿음을 알려주는 책

김철민 대표/ CMF Ministries, LA, USA

청년 사역자이자 성경 교사, 의료선교사인 이선일 박사는 삼위하나님의 말씀을 따라 오직 말씀, 오직 복음으로만 살 뿐아니라 청년을 향한 피끓는 열정을 가진 분이기도 합니다. 코로나가 창궐하기 전 미국 CMF선교원에 와서 선교사들과 청년들에게 밤늦은 시간까지 성경말씀을 강해하며 복음을 전하던 그의 모습은 제겐 큰 도전이었고 감동이었습니다. 그런 그는 예수 그리스도 안에서 나의 동역자이자 나의 의동생이기도 합니다. 나는 그를 존중하고 사랑합니다.

얼마 전 이선일 박사는 공저자 이성혜 대표와 함께 쓴 히브리서 장편(掌篇) 주석 〈오직 믿음, 믿음, 그리고 믿음〉이라는 제목의 원고를 보내주었습니다. 갈리디아서 장편(掌篇) 주석 〈오직 의인은 믿음으로 말미암아 살리라〉는 책이 나온 지 얼마되지도 않았는데 말입니다.

　나는 보내온 원고를 찬찬히 읽는 가운데 이번 히브리서 장편(掌篇) 주석 〈오직 믿음, 믿음, 그리고 믿음〉이라는 책 역시 오늘의 흔들리는 그리스도인들에게 바른 믿음을 알려주기 위해 성령님께서 그들을 사용하셨음을 느낄 수 있었습니다.

　그것은 마치 성령님께 감동된 사도 바울이, 초대 교회의 그리스도교로 개종했지만 안팎의 핍박과 거짓된 사상 등으로 마구 흔들렸던 유대인들에게 썼던 그 심정을 생생하게 보게 되었습니다.

　영적인 눈으로 오늘을 살펴보면 사회적, 정치적, 종교적으로 너무 어둡습니다. 그러다 보니 소망이 희미해지기까지 합니다. 그러나 근심할 필요가 없습니다. 역사의 주관자되시는 하나님은 역사에 어둠이 짙었을 때에 준비된 자들을 통해 반드시 당신의 일을 이루어가시기 때문입니다. 바로 이선일 박사와 이성혜 대표에게서 그 빛을 발견하고 나는 하나님께 영광을 올립니다.

　지난 2년 동안 이선일 박사는 사모님의 암 투병에 더하여 현 세대의 모순 속에서 깊은 아픔을 겪었습니다. 그를 통해 2,000년 전 초대교회 성도들의 아픔을 보다 더 생생하게 느낀 듯합니다 그것은 바로 유대교에서 기독교로 개종했던 히브리인들이 당면했던 문제들입니다.

　이선일 박사는 글을 쓰는 내내 삼위하나님의 인도하심을 경험했다라고 고백하며 주석을 집필하였습니다. 원고를 마감하는 마지막 순간이 되자 모든 문제가 해결되는 것을 느끼며 기쁨과 감사가 넘쳐났다라고 고백하였습니다. 그는 이 모든 것은 하나님의 은혜요 하나님의 함께 하심이라 고백하였습니다. 그런 이 박사님을 축복합니다. 동시에 공저자로 나선 이성혜 대표를 축복합니다.

동시에 모든 이들, 특히 이 책을 읽는 독자들이 그들과 한가지로 삼위하나님을 찬양하고 육신의 장막을 벗는 그날까지 하나님께만 영광(Soli Deo Gloria)을 돌리게 되길 간절히 소망합니다. 예수님 안에서 한 피 받아 한 몸 이룬 모든 지체들에게 크신 은혜가 있기를 소원합니다.

나는 이 원고를 받자마자 단숨에 읽어 나갔습니다. 성령님은 그동안 알았던 것을 더 견고하게 다져주셨고 몰랐던 부분을 차곡차곡 가르쳐 주셨습니다. 그때마다 주님이 주시는 평안을 체험할 수 있었습니다. 그동안 히브리서를 이해하는 것이 쉽지 않았던 모든 사람들에게 이 책은 큰 도움이 될 것입니다.

말씀을 사모하는 모든 분들께 히브리서 장편(掌篇) 주석 〈오직 믿음, 믿음, 그리고 믿음〉을 강추하는 바입니다.

그리스도인의 눈과 귀를 열어주는
선물이 될 것을 확신

박상춘 목사/ 미국 미시건 앤아버대학촌교회 담임

예수 그리스도 안에서 동역자이자 나의 친구인 이선일 박사가 쓴(공저자 이성혜 대표) 히브리서 장편(掌篇) 주석 〈오직 믿음, 믿음, 그리고 믿음〉은 구원이 상품화가 되었고 구원의 본질이 상실되고 있는 이 황무한 시대에 믿는 자들의 눈을 번쩍 뜨게 하는, 광야에서 외치는 자의 우뢰소리 같은 책이다.

이 책은 하나님의 은혜의 복음이 왜곡된 복음으로 빛을 잃어가는 듯한 이 시기에 강력한 복음의 생명이 아직도 꿈틀거림을 느끼게 한다.

이 책은 독자들의 눈을 끌기 위한 화려함과 세련됨, 미사여구는 없다. 그럴 여유조차 허락하지 않는다. 그저 복음을 외칠 뿐이다. 오직 은혜, 오직 믿음, 오직 말씀을 외칠 뿐이다. 그럼에도 불구하고 왠지 읽고 싶은 마음이 들게 한다. 그것이 이 책의 뿌리칠 수 없는 매력이다.

동시에 이 책은 3,500년이라는 시간을 훌쩍 뛰어넘어 마치 호렙산에 이른 모세에게 말씀하셨던, 불이 붙었으나 사라지지 않는 떨기나무 불꽃 가운데서 그를 부르시던, 여호와 하나님의 음성처럼 너무나도 긴급하다.

이 책은 무엇보다 믿음과 구원에 대해, 그 크기와 선명성에 대해 저자 이선일 박사(공저자 이성혜 대표)의 삶의 언어로 담아놓았다. 그는 구절 구절 해석을 통해 하나님의 은혜의 복음을 쉽게 그리고 선명하게 풀이하고 있다.

교회를 다니며 예수를 믿는다고는 하나 절박하지 않은 그리스도인들에게 저자와 공저자는 은근하면서도 강력한 복음의 능력 곧 말씀을 던짐으로 다시 우리의 눈을 뜨게 하고 귀를 열게 한다.

히브리서 장편(掌篇) 주석 〈오직 믿음, 믿음, 그리고 믿음〉을 읽다 보면 마치 BC 8-7세기의 이사야서를 보는 듯한 느낌이 들기도 한다. 이사야 선지자는 그 세대를 향해 우레 같은 광야의 소리를 발하면서 "너희가 듣기는 들어도 깨닫지 못할 것이요 보기는 보아도 알지 못하리라(이사야6:9)" 고 외쳤다.

나는 확신한다. 비록 황무한 땅에 있는 연약한 생명력이 권력으로 인해 베임을 당한다 할지라도 땅 밑에는 여전히 존재하는 뿌리로 인해 다시 살아나게 될 것을.

마찬가지로 복음을 진리로 믿는 그리스도인들을 아무리 박해한다고 하더라도 생명의 복음을 붙든 그들은 반드시 다시 살아나 역동적으로 복음을 전파하게 될 것을.

'복음의 능력으로 인해.'

'오직 믿음으로 인해.'

사람이 유한된 한 번 인생을 살아가며 좋은 책을 만나게 되는 것은 복(福)이다. 나는 그런 사람을 가리켜 '행복한 사람'이라고 말한다. 가장 행복한 사람을 꼽으라면 자신의 삶을 송두리째 뒤집어놓는 책을 만난 사람이다. 이는 마치 38년된 베데스다 연못가의 병자가 예수님을 만나 치유됨과 구원을 동시에 받은 것과 같다.

나의 친구 이선일 박사와 공저자 이성혜 대표를 축복하며 이 책 히브리서 장편(掌篇) 주석 〈오직 믿음, 믿음, 그리고 믿음〉은 그리스도인 독자에게 새롭고 풍성한 삶으로의 눈과 귀를 여는 영원한 선물이 될 것을 조금도 의심치 않기에 감히 추천하는 바이다.

2020년 12월 14일!

드디어 갈라디아서 장편(掌篇) 주석 〈오직 의인은 믿음으로 말미암아 살리라〉의 초고 전체를 한 번 퇴고했다. 혼자서 이리 뛰고 저리 뛰려니 조금 힘들었다. 그럼에도 불구하고 2021년 3월 31일 출간(탕구출판사)할 수 있었다.

앞서서 인도해가시고 곁에서 함께하시며 늘 동행하셨던 삼위하나님의 강권적인 역사하심에 그저 감사할 뿐이다. 동시에 이번에도 요한복음(공저자 이성진 전도사), 요한계시록(합본 개정판 공저자 이성진 전도사)과 마찬가지로 동역자인 히브리서 장편 주석의 공저자(이성혜 대표)가 있어 훨씬 든든했다.

나는 요한계시록의 장편(掌篇) 주석을 시작(2020. 8. 14 출판)으로 개정판(2020. 10. 28), 그리고 합본 개정판(2021. 7. 30)에 이르기까지 쉼 없이 달려왔다. 그리고는 연이어 요한복음을 썼는데 이때 분량만큼이나 복잡한 요한복음에서는 잠시 지치기도 했다. 그러나 삼위하나님께서 허락한 공저자들의 도움으로 인해 합본 개정판 요한계시록(공저자 이성진 전도사), 갈라디아서(공저자 황의현 전도사), 요한복음(공저자 이성진 전도사), 히브리서 장편(掌篇) 주석까지 오게 되었다. 감사하게도 히브리서는 나의 외동딸 이성혜 대표(LIVHIM, 기독교국제영화제 부이사장)가 공저자로 합류해 주었다. 천군만마(千軍萬馬)였다.

나는 유한된 한 번 인생을 살아가며 말씀의 본질에, 복음과 십자가의 본질에, 그리고 그리스도인들의 소망(엘피스)에 관해 청년들이 접근하기 쉽도록, 동시에 명확하게 개념을 전달하기 위해 7권(계, 요, 갈, 히, 롬, 행, 창)의 장편(掌篇) 주석을 쓰려고 한다. 동시에 성경공부모임을 병행하며 집회를 통해 적극적으로 선포하고 있다.

육체의 장막을 벗는 그날까지 부르심을 따라 보내신 곳에서 적극적으로 외치다가 부르시는 그날에 미래형 하나님나라로 가려고 한다. 그리하여 어제부터 오늘까지 달려왔다. 그날까지 앞만 보며 열심히 나의 달려갈 길을 뛰어가려 한다.

나는 유한되고 제한된 한 번 인생의 목적과 목표가 명확하고 뚜렷한 사람이다. 목적이 가치와 의미를 내포한 본질이라고 한다면 목표는 그에 따른 우선순위로서 비전이다. 일찍부터 멘토이자 목사였던 나의 아버지(이윤화 목사)로부터 빅터 프랑클(Viktor Emil Frankl, 1905-1997)의 로고테라피(logotherapy)에 대해 참 많이 들었다.

돌이켜보면, 모든 것에 일천(日淺, be short, be not long)한 나를 택해주신 신실하시고 고마우신 삼위하나님께 그저 감사 또 감사이다. 오직 하나님께만 영광과 찬양과 경배를 드릴 뿐이다.

매번 장편(掌篇) 주석의 처음 시작은 막막했다. 어디서 어떻게 시작해야 할지를 몰라 머뭇거렸다. 출발은 해야겠는데 손발이 움직여주지 않았다. 학자들인 친구에게 물어보면 너무 복잡했다. 목회자 친구들에게 물어보아도 비슷비슷한 대답이 왔다. 그래서 나는 나에게, 동시에 내 안에 계시는 주인 되신 성령님께 묻고 또 물었다. 성령님의 음성을 끈덕지게 기다렸다.

많은 경우 아무 소리도 들리지 않았다. 간혹 어떤 때에는 희미하게 들렸는데 정확히 알아들을 수가 없어서 당황할 때가 많았다. 깊은 묵상을 했으나 옳고 그름에 대해 분별하기가 힘들었다. 그러나 끝까지 그분의 손을 놓지 않았다. 끈덕지게 그분만을 붙들었다. 종국적으로는 분명하게 알아들을 수 있도록 내게 조곤조곤 말씀해 주시곤 했다.

분명한 것은,

"너는 기록자이고 내가 저자이다."

나는 곧바로 인정하고 순복(順服)했다. 또렷한 음성이 들리면 나는 주저없이 밤과 낮을 가리지 않았고, 나의 처지나 형편에 상관없이 달리고 또 달렸다.

그렇게 어떻게 시작되는지도 모른 채 글을 쓰다 보면 어느덧 끝이 보이곤 했다. 그렇게 하기를 이제 세 번째 장편(掌篇) 주석이다. 몰려오는 벅

찬 행복감이 나를 주체하기 어렵게 한다. 행복한 아픔이다.

2020년의 끝자락 겨울!

돌이켜보니 보름밖에 남지 않은 시점이었다. 당시 우리를 둘러싼 사회는 완전히 얼어붙어 있었다. 비단 추위 때문만은 아니다. 이상한 정치와 그릇된 정책들, 그동안의 누림에 감사치 않다가 이제는 완전히 주저앉아 버린 경제로 인한 추위는 체감의 그 강도를 더해가고 있었다.

망가져버린 공정사회의 시스템들, 사라져버린 정의(쩨다카)와 공의(미쉬파트, 심판), 정직함이나 우직함의 결과는 언제나 밑바닥을 기어야 하는 이상한 사회질서 현상, 요령과 눈치와 줄만 잘 서면 '깜량'도 안 되는 것들이 권력을 가지는 불공정한 사회, 실업자와 아르바이트와 일용직만 늘어가는 하향 평등의 사회, 인권과 자유는 나날이 목이 조여가는 사회, 이념이 우상이 되어 신앙의 자유가 구속된 지가 한참이나 지났음에도 무감각한 교회와 그리스도인들, 실력 없음이 들통나 버린 발가벗긴 다양한 종파의 모든 종교지도자들, 도피처(逃避處)화 된 종교적 위안과 방벽(防壁)만을 신앙으로 오해하며 자기 의를 쌓는 일에 만족해왔고 지금도 유지하려는 그리스도인들, 성경과 교리에는 관심조차 없는 기독교인들, Gender identity의 혼란과 Sexuality의 상실로 인한 인간 성(性)의 상실, 유형과 무형 교회들의 시나브로 허물어져감과 해체, 국가 정체성의 도둑맞음 등등……

엄청 찬바람이다. 거칠기까지 하다. 제법 세차다. 어느 지역에서는 그런 한파에 더하여 눈보라까지 덮쳤다고 한다. 눈이 얼음이 되고 빙판이 되어 사람들을 불편하게 한다. 그러나 육체적 불편은 아무것도 아닌 것을 점점 더 알게 될 것이다.

해가 바뀌어 2021년이 된 오늘까지 나는 영적인 추위를 많이 느껴왔다. 지금도 엄청 느끼며 떨고 있다. 그리스도인들이 다시 말씀으로 돌아가고 성경공부를 시작할 때이다. 제대로 말씀공부를 할 때가 되었다. 아버지 하나님이 주신 기회를 놓쳐서는 안된다. 그래서 나는 더욱더 박차를 가하며 성경 교사로서의 정체성대로 말씀을 연구하고 글을 쓰며 가르치고 있다.

지난해 말과 올해 초의 겨울은 조석(朝夕)으로 바람이 너무 세찼다. 이런 겨울이 계속된다면 끔찍할 것 같다. 간혹 알지 못하는, 아직은 다가오지 않은 미래에 대한 두려움이 몰려오기도 한다. 난 여러모로 추운 겨울이 싫다. 그런 내게 2019년은 아내의 암 투병으로, 2020년은 나라와 민족의 엉망진창된 상황으로 유난히 추위를 많이 탔다. 적어도 내게는 내우외환(內憂外患)이었다.

당시 내적으로는 아내의 병을 지켜보며 스스로의 곤고함 때문에 추웠고, 외적으로는 자유 대한민국이라는 공화국의 국민으로서 인권과 자유가 제한되어 힘들었다. 동시에 예수쟁이로서 신앙의 박해를 유난히 심하게 받기도 했다. 과장한다면, 그것은 1세기 로마의 압제 하에서 고통받았던 초대교회 성도들의 아픔같기도 했다.

정부 시스템의 공정과 정의를 잃어버린 무수한 정책들, 교묘한 권력들의 압제와 더불어 심지어는 마구 휘두르는 무자비한 소수 권력들의 전방위적인 압박들, 일방적으로 치우쳐 있는 편향된 법 집행 등등……. 초대교회 당시 유대교에서 기독교로 전향했던 히브리인들이 당면했던 그것이었다.

게다가 복음의 실종, 진리의 희미함, 상실된 복음의 힘, 복음 같아 보이나 뭔가 이상한 다른 복음, '오직 말씀'이 사라진 그 자리에 시끄럽게 꽹과리치듯 울려대는 저마다의 목소리들…….

총체적 난국이다.

이젠 정말 제2의 종교개혁이 일어나야 할 때이다. 500년 전에는 마틴 루터가 불씨를 살려냈다. 오늘은 누가 불씨를 지필 것인가? 더 나아가 누가 그 불씨를 제대로 살려 제2의 종교개혁의 불꽃으로 활활 피워 올릴 것인가?

'믿음으로 그렇게 살아가라'는 갈라디아서 장편(掌篇) 주석 〈오직 의인은 믿음으로 말미암아 살리라〉를 마친 후 곧장 〈오직 믿음, 믿음, 그리고 믿음〉이라는 히브리서 장편(掌篇) 주석에 도전했다. 그러나 나는 출발선상에서 출발하라는 신호에도 불구하고 많이 머뭇거렸다.

'주저함'이라는 괴물이 정면에서 나를 막았다.

두려움! 심지어는 막연함까지…….

히브리서는 유대교에서 기독교로 전향한 히브리인들에게 보낸 서신이다. 그들은 안팎으로 핍박을 받았다. 내적인 핍박이라 함은 같은 동족인 유대인으로부터의 핍박과 회유를 말하며 외적인 압박이라 함은 로마정부의 권력과 정책(시스템)으로 인한 경제적 사회적 불이익 등등을 말한다.

나는 노년에 들어서며 오로지 성경연구에만 몰두하고 있다. 물론 정기적인 성경공부모임도 인도하고 있다. 나도 살고 그들도 살기 위해서이다. 나의 동역자들은 앞서가는 전도사님들, 목사님들, 전문인들인데 그들은 말씀만을 진실로 깊이깊이 사모하는 귀한 지체들이다. 한 번 인생의 소중한 가족들이다.

나는 점점 더 이상한 현상을 목도하고 있다. 그리스도인들 중 점점 더 말씀을 사모하는(꿀과 송이꿀처럼 달게 여기는) 무리와 그렇지 않은(그다지 관심이 없는, 교회 다니며 신앙생활하는 것을 동호회 정도로만 여기는) 무리가 확연하게 나뉘어지고 있는 것이다. 나는 그런 '두 갈래의 물줄기'를 알곡과 쭉정이를 가르는 하나님의 손길이요 양과 염소, 참 믿음과 거짓 믿음을 가르는 하나님의 경륜(Dispensation, 목적이 있는 특별한 섭리)이라고 생각하고 있다.

나는 정형외과 전문의이며 생리학 박사(Ph.D)이다. 임상의사(Clinician)이며 의학에 대한 기초적인 학문을 지극히 사랑하는 의사(Basic Scientist)이다. 성경 교사라고 하여 성경만 알고 의학에는 문외한은 아니라는 말이다. 즉 전공 부분에도 제법 탁월하다는 것이다.

그렇다고 하여 이쪽 저쪽 모두에 해박함을 자랑하려는 것은 아니다. 그저 지금까지 누구보다도 성경(영성)과 의학(전문성)을 열심히 공부해왔고 앞으로도 계속 공부하고 연구하겠다는 나의 결단이다. 나보다 앞서서 그의 인생을 살다간 같은 외과의사였던 영국의 복음주의 설교자 마틴 로이드 존스(1899-1981)를 뛰어넘으려고 얕은 물가에서 찰싹거리는 중이다.

나는 정규 신학을 공부한 사람이다. 신대원을 두 번이나 다녔다. 물론 왕복의 개념이었기에 부끄럽지만, 성경과 교리만큼은 어려서부터 제대로 배웠다. 나는 설교 목사이자 교육 선교사, 성경 교사이다. 감사하게도 내게는 일곱 분의 멘토가 있었다. 살뜰했던, 그러나 매서웠던 나의 멘토 중의 한 분이 나의 선친이신 이윤화 목사이다.

지난 30여 년 동안 나는 누구보다도 의사로서 성경 교사로서 치열하게 살아왔다. 진료와 시술, 수술 틈틈이 성경을 읽고 묵상하며 암송했다. 병원에 가장 먼저 출근하여 글을 썼고 진료가 끝나면 혼자 진료실에 남아 밤 늦게까지 앞서가는 신앙 선배들의 책을 읽고 또 읽었다. 예전에는 다독을 즐겼다면 지금은 엄선한 책을 정독하며 반복하여 읽는다.

드디어 프롤로그를 쓰고 있다.
'히브리서'이다.
"들으라, 쓰라, 그리고 기록해 나가라."
지금까지 그래왔던 것처럼 그렇게 듣고 쓰고 기록할 예정이다. 그래서 다시 행복해지고 있다.

나의 장점은 관심이 가는 부분이 생기면 몇 시간이고 참고서적들을 뒤적이며 무엇인가를 골똘히 생각하고 상상하는 것을 즐기는 것이다. 종국적으로는 반드시 끝을 보고야 만다. 일단 시작한 일은 반드시 결론을 맺는다는 것이다. 그러다 보니 그 바쁜 와중에서도 허접하기는 하나 최근 2-3년 사이에 10여 권의 책을 썼다. 남들은 나더러 이상하다고 고개를 갸웃(tilt one's head sideways)거리지만 내게는 그리 어려운 일이 아니다.
내게는 매사 매 순간 간섭하시고 함께하시며 뒤에서 밀어주시고 앞서서 이끌어가시며 인도하시는 삼위하나님이 계신다.

나하흐(ἐξάγω, נָחָה)의 성부하나님!
에트(אֵת)의 성자하나님!
할라크(הָלַךְ)의 성령하나님!

자, 이제 출발이다. 나의 주인이신 성령님의 말씀대로 세 번째로 히브리서 장편(掌篇) 주석 〈오직 믿음, 믿음, 그리고 믿음〉을 써 내려가려 한다. 이전의 장편(掌篇) 주석들과 마찬가지로 앞서간 신앙 선배들이나 학자들과 나의 생각을 주고받으면서 최종적으로는 주인 되신 성령님의 확인을 받을 것이다.

히브리서는 전체 13장 303구절로 되어있다.

1장에서는 예수님과 당시에 만연하던 천사 숭배 사상을 의도적으로 드러내며 창조주이신 예수님과 피조물인 천사를 비교하고 있다. 이에 대해 예수님은 하나님의 아들이시고 천사들은 구원얻을 후사들을 위하여 섬기라고 보낸 피조물(14)이라는 것을 콕 찝어 말씀하고 있다. 2-3절에는 기독론(Christology)의 정수(精髓, essence)를 요약하여 말씀하고 있다. 예수님은 만유의 후사(상속자)이시며 하나님 영광의 광채로서 하나님의 능력, 성품, 속성을 드러내신 분이시다. 그런 예수님은 하나님의 본체의 형상으로서 다른 하나님(기능론적 종속성), 한 분 하나님(존재론적 동질성)이신 삼위일체 하나님이시다. 예수님은 역사의 주관자 하나님, 구속주(대속주) 하나님, 승리주 하나님이시다.

2장에서는 당시 기독교로 개종한 히브리인들에게 1장에서 말씀하신 기독론(Christology)의 정수를 꼭 붙잡고 로마정부 권력의 압제나 핍박, 시스템의 불공정으로 인한 손해, 유대인들의 협박과 회유에 흔들리지 말 것을 당부하고 있다.

3장에서는 그 예수를 모세와 비교하며 예수는 하나님의 아들이시며 모세는 하나님의 온 집의 사환이라고 말씀하고 있다. 동시에 믿음의 요체, 복음의 요체이신 예수를 시작부터 끝까지 믿음으로 붙들라고 권고하고 있다. 그리하여 '남은 안식'인 가나안(미래형 하나님나라를 상징)에 들어가 영생을 누리라고 말씀하고 있다. 특별히 출애굽 1세대를 예로 들며 애굽의 노예에서 해방 후 가나안에 들어가지 못하고 광야에서 죽은 것을 빗대어 '남은 안식'에 들어가지 못한 것이라고 지적하셨다. 그 이유는 그들의 불순종과 불신 때문(3:18-19)이라고 분명하게 적시(摘示)하고 있다.

특히 4장은 우리의 한 번 인생을 상징하는 광야 생활에서 가나안에 이르기까지 오직 말씀을 기준과 원칙으로 살며 그 말씀만을 붙들고 의지할 (4:12, 14) 것을 권고(勸告) 하고 있다. 그리하여 예수 그리스도로 말미암아 매사 매 순간 하나님의 은혜의 보좌 앞에 당당히 나아갈 것을 가르쳐주고 있다(4:16). "보혈을 지나 하나님 품으로."

5-7장은 구약 율법의 대제사장(아론의 후손)과 멜기세덱의 반차를 따른 큰 대제사장이신 예수를 비교하고 있다. 더 나아가 이스라엘 민족의 국부인 아브라함 또한 비교를 위해 소환되고 있다. 멜기세덱의 반차를 따른 예수님은 의의 왕(멜기세덱, 공의에 인한 대가 지불, 구속)이요 살렘왕(평강의 왕, 사랑에 의한 구원)이셨다. 그 예수는 더 아름다운 직분으로, 더 좋은 약속으로, 더 좋은 언약의 보증이 되셨다.

8-10장에서는 율법인 첫 언약과 복음인 둘째 언약, 곧 새 언약을 비교하고 있다. 땅의 성소(성막)와 하늘의 성소(미래형 하나님나라), 시내산과 시온산, 매번 반복되어져 드려야만 하는 한시적, 제한적인 구약 율법의 제사와 예수 그리스도의 피로 드린 완전한 영 단번(once for all)의 제

사를 비교하고 있다. 이를 통해 우리는 하나님의 약속과 하나님의 은혜의 복음인 예수 그리스도 생명에 대한 담대한 믿음으로 나아가되 비록 현실 속에서 어려움이 닥칠지라도 뒤로 물러가거나 침륜에 빠지지 말것을 독려받고 있다.

11장은 믿음의 본질이 무엇이며 믿음에 대한 개념과 함께 믿음이 어떻게 역사하는지를 믿음의 선진들의 삶을 통해 보여주고 있다. 특히 전혀 그런 자질이 없던 사람을 하나님께서 택해주신 은혜, 과정(process)을 통하여 믿음의 성장(growth)과 성숙(maturity)을 이루게 하심으로 믿음의 선진이 되게 하신 하나님의 은혜에 감사할 것을 가르치고 있다.

12장은 그런 믿음의 창시자요 그 믿음을 온전케 하시는 이인 예수님께 집중하고 예수님께만 초점을 맞추어야 할 것을 당부하고 있다. 또한 한 번 인생 동안 우리를 향한 징계는 회복을 전제한 체벌임을 알고 하나님의 뜻을 잘 분별하여 인내하며 잘 견디어 나갈 것을 말씀하고 있다. 그런 우리들에게 장차 진동치 못할 나라(미래형 하나님나라)를 허락하마 약속하고 있다.

13장에서는 새 언약의 성취와 완성을 이루신, 그리고 반드시 이루실 예수 그리스도는 어제나 오늘이나 영원토록 동일하다라고 말씀하고 있다. 그 예수님은 우리를 위해 영문(진영, 성문, 서문) 밖에서, 골고다 언덕에서 불사름(십자가 죽음)이 되셨다. 이는 마치 대제사장이 지성소에 들어가 희생 제물인 짐승의 피를 뿌림으로 죄 사함을 얻고 그 나머지는 진영(영문, 성문, 서문) 밖에서 불살랐던 것과 같다. 우리는 그 예수에게로 나아가야 한다. 예수 그리스도로 말미암아 하나님께는 찬미의 제사를 올려야 할 것이다.

'찬미의 제사'란 하나님의 이름을 증거하는 '복음 전파'이다. 동시에 죄의 고백과 함께 '회개'하는 것이며 언행심사로 '감사'하는 것이 바로 입술의 열매라고 말씀하고 있다. 20-21절에서는 구원자이신 예수님은 양의 큰 목자이시며 우리의 주인이시고 당신의 피를 흘려주심으로 대속 제물, 화목 제물이 되신 분이라고 말씀하셨다. 평강의 하나님은 예수를 십자가 죽음에서 살리시고 예수를 통해 당신의 뜻을 행하셨으며 이로 인해 미래형 하나님나라에로의 입성과 영생이라는 소망(엘피스)을 허락하셨다.

사실인즉 404구절의 요한계시록보다, 879구절이나 되는 요한복음보다 훨씬 분량이 적어 시작부터 마음이 가볍기는 하다. 물론 149구절의 갈라디아서보다는 많아서 약간 긴장되기도 한다.

역시 요한계시록, 요한복음, 갈라디아서처럼 한 구절씩 순서대로 청년들에게 강의를 하듯 선명하게 주석을 달 것이다. 즉 이 글 또한 크리스천 청년들을 대상으로 하는 장편(掌篇) 주석의 성격이라는 것이다.

충실한 디딤돌의 역할!

이미 앞서 반복하여 언급했듯이 손바닥 만한 지식의 '얕고 넓은 강의(장편(掌篇) 주석)'라는 의미이다. 마치 장풍(掌風)의 허풍(虛風)처럼······.

미주에 참고도서 목록을 모두 다 밝혔다. 그러나 주로 참고한 도서는 그랜드 종합주석(16권, p14-243), 두란노 HOW주석(47권, p6-289), 토머스 슈라이너 히브리서 주석(토머스 R. 슈라이너 지음/장호준 옮김, 복 있는 사람, 2020, p10-774), 히브리서 강해(마틴 로이드 존스 지음/

정상윤 옮김, 복 있는 사람, 2019, p7-327), 히브리서(틴데일 신약주석 시리즈 15, D. 거쓰리 지음/김병모 옮김, CLC, 2015, p5-415), 메시지 신약(유진 피터슨, 복 있는 사람, 2009), 게제니우스 히브리어 아람어사전(생명의 말씀사), 스트롱코드 헬라어사전(로고스), 로고스 스트롱코드 히브리어 헬라어사전(개혁개정4판), 핵심 성경히브리어(김진섭, 황선우 지음, 2012), 핵심 성경히브리어(크리스챤출판사, 2013), 직독직해를 위한 히브리어 400 단어장(솔로몬), 직독직해를 위한 헬라어 400 단어장(솔로몬), 성경 히브리어(크리스챤출판사), 신약성경 헬라어 문법(크리스챤출판사) 등이다.

이들을 토대로 진료실에 파묻혀 나의 생각을 다시 조정하고 주시는 말씀(요 14:26)에 귀를 기울이려 한다. 그리고 성령님의 음성에 민감함으로 반복하여 묵상하면서 많은 부분을 첨삭했다.

매번 주석을 쓸 때마다 정해놓은 대원칙은 결코 흔들지 않으려고 무척이나 애를 쓰고 있다.

가장 먼저는 문자를 면밀하게 세심히 살피는 일이다. 한글번역과 영어, 헬라어, 히브리어를 모두 다 찾아 비교해본다. 어려서부터 익숙한 개역한글판 성경을 이용한다. 그러나 개역개정이나 공동번역조차도 터부시하지는 않는다. 더하여 표준새번역성경, 킹 제임스성경, 유진 피터슨의 메시지성경도 참고한다.

둘째는 단락을 떼어 읽지 않고 전후 맥락을 늘 함께 읽는다. 그리고는 왜 지금 이 사건을 그 부분에 기록했는지를 고민하며 이전 사건과 이후 사건의 연결고리를 파악하려고 애를 쓴다. 동시에 이 부분을 해석하기 위해 성경의 다른 부분을 찾아 연결시키려고 노력한다.

셋째는 말씀이 상징(symbolic)하고 의미하는 바나 예표(typological)하는 바가 무엇인지를 살핀다.

넷째는 배경(background)을 면밀히 살피는데 특히 역사적 배경(Historical background)이나 문화적 배경(Cultural background)을 찾아 성경의 원자자이신 성령님께서 당시의 기록자들을 통해(유기영감, 완전영감, 축자영감) 하시고자 했던 말씀의 원뜻을 파악하려고 노력한다. 더 나아가 오늘의 나에게 주시는 말씀에 귀를 기울인다.

종국적으로는 성경의 원저자이신 성령님께 무릎 꿇고 가르쳐주시고 깨닫게 해주시라(요 14:26)고 조용히 듣는 기도를 올린다. 아버지 하나님의 마음을 정확하게 알게 해 달라고 간구한다.

히브리서는 기록 연대나 기록자에 대해 의견이 분분하다. 나는 로마의 5대 황제 네로의 대박해시대(AD 65년경, AD 64. 7. 19 로마의 대화재 이후) 정도로 생각한다. 기록자는 정확하게 알 수 없으나 나는 아더 핑크와 마찬가지로 사도 바울을 기록자로 생각하고 있다.

그러나 확실한 것은 저자이다. 저자는 성령님이시기에 기록자를 모른다고 하여 멈칫거릴 필요는 없다. 사실 누가 기록했는가에 대하여는 그다지 관심도 없다. 나는 히브리서를 포함하여 14권을 바울서신이라고 생각하고 있다. 그렇게 맥을 잡아 지금까지 연구해왔다.

앞서 기록한 장편(掌篇) 주석들에서도 언급했지만 "오직 의인은 믿음으로 말미암아 살리라"는 말씀이 내게는 정겹다. 이 구절을 구분하여 이신득의 이신칭의는 로마서를, 믿음(피스티스, 피스튜오, 피스토스)에 관하여는 히브리서를, 그렇게 '오직 믿음'으로 살아가라에 관하여는 갈라디아서를 권한다. 나는 이들 3권을 '믿음 3총사'라고 불러왔다.

믿음 3총사는 현재형 하나님나라를 살아가는 그리스도인들에게 삶의 바른 태도인 '6 Sola'로 인도하여 간다.

Sola Scriptura(오직 말씀)

Sola Fide(오직 믿음)

Sola Gratia(오직 은혜)

Solus Christus(오직 예수)

Solus Spiritus(오직 성령)

Soli Deo Gloria(성삼위하나님께만 영광)이다.

우리는 유한된 한 번 인생을 살아가며 어제도 오늘도 우리가 붙들고 있는 본질을 흔들려는 악한 세력들로부터 많은 도전을 받았고 위협까지 받았다. 수시로 악한 영의 거대세력들로부터 무시무시한 공격을 받기도 한다. 이러한 때 숨죽이거나 뒤로 물러나면 결국은 필패(必敗)이다. 당당하고 담대하게 맞서야 한다. 실력을 갖추고 그들을 물리쳐야 한다.

그런 의미에서 갈라디아서 장편(掌篇) 주석에서 밝혔던 루터교 목사 프리드리히 구스타프 에밀 마르틴 니묄러(Friedrich Gustav Emil Martin Niemoller, 1892-1984)가 썼던 〈나치가 그들을 덮쳤을 때〉라는 시를 한 번 더 소개하고자 한다.

나치가 공산주의자들을 덮쳤을 때,
나는 침묵했다.
나는 공산주의자가 아니었다.

그 다음에 그들이 사회민주당원들을 가두었을 때,
나는 침묵했다.
나는 사회민주당원이 아니었다.

그 다음에 그들이 노동조합원들을 덮쳤을 때,
나는 아무 말도 하지 않았다.
나는 노동조합원이 아니었다.

그 다음에 그들이 유대인들에게 왔을 때,

나는 아무 말도 하지 않았다.

나는 유대인이 아니었다.

그들이 나에게 닥쳤을 때는,

나를 위해 말해 줄 이들이

아무도 남아 있지 않았다.

히브리서 장편(掌篇) 주석 〈오직 믿음, 믿음 그리고 믿음〉은 오늘을 함께 살아가는 이 땅의 교회들과 복음과 십자가, 오직 믿음에 대해 궁금히 여기는 모든 사람들에게, 특히 크리스천 청년들에게 저자와 공저자가 드리는 히브리서에 관한 팁이다.

매번 장편(掌篇) 주석을 쓸 때마다 느끼는 것이 있다. 어눌한 표현과 문맥의 미숙함, 그리고 일천한 지식이다. 그럼에도 불구하고 주석을 썼던 이유는 분명하다. 불씨를 던지고 싶은 것이다. 나의 불씨에 청년들이 불을 던짐으로 불꽃을 만들라는 일종의 선동이다. 어차피 나는 디딤돌, 마중물의 역할이다.

오직 말씀! 오직 복음! 오직 예수!

다시 말씀으로 돌아가자!

이 책을 읽은 후 조금 더 깊이 알고자 한다면 뒷편에 참고도서를 깨알같이 엄청 많이 풍성하게 붙여두었으니 꼭 구입하여 읽어 보라. 그러면 더욱 깊게, 그리고 훨씬 넓게 히브리서를 통해 신인양성의 예수님, 다른 하나님, 한 분 하나님이신 삼위일체 하나님을 알게 될 것이다.

'오직 믿음'으로 당당한 그리스도인이 되기를…….

늘 감사하는 것은 암 투병을 끝까지 의연하게 대처했던 소중한 아내 김정미 선교사의 마음씀씀이다. 그녀(Sarah)는 내가 답답해할 때마다 격려해 주었고 용기를 주었던 나의 친구이자 동역자이다. 그가 했던 말이 귓가에 쟁쟁하다.

'당신은 영적 싸움을, 나는 암과의 싸움을."

사랑하는 아내에게 감사와 사랑, 그리고 존중을 전하며 이 책을 헌정한다. 어설픈 주석을 쓰느라 끙끙거릴 때마다 그녀는 용기와 격려, 위로를 아끼지 않았다. 아내 김정미 선교사를 아는 모든 사람들은 그런 그녀에 대해 나의 말을 자신있게 증언할 것이다. 아울러 공저자인 외동 딸 성혜(LIVHIM대표)와 사위 의현(갈라디아서 공저자)에게, 큰 아들 성진(요한복음, 요한계시록 공저자), 막내 성준에게 감사와 사랑을 전한다.

이 책이 나오기까지 함께 해 준 도서출판 산지의 대표이자 친구인 조창인 작가와 김진미 소장(빅픽처가족연구소)에게 감사를 전한다. 조 작가는 내게 글 쓰는 재미와 글 쓰는 법을 가르쳐 준, 언제나 한결같은 나의 스승이기도 하다.

원고를 냉철하게 읽고 따끔한 충고도 아끼지 않은 나의 친구들, 동역자들, 선후배들, 성경공부팀들(고신의대 교수팀, 목회자 시니어팀, 목회자 주니어팀, 전문인팀, 침신 레마팀, 목원 카리스팀, 전문인 부부팀 등)에게 감사를 전한다. 매번 책을 출간할 때마다 그들의 도움이 있었다. 개중에는 그들의 바쁜 시간을 쪼개어 교정과 문맥을 잡아 주기도 했다. 그들과 함께 음으로 양으로 도움을 준 모두에게 감사를 전한다.

특히 추천사를 통해 많은 위로와 격려를 아끼지 않은 이현희 목사(샤론교회(양산) 담임목사, 재)가나안농군학교(영남)설립자, 유엔NGO 사)세계가나안운동본부(WCM) 총재), 이종삼 목사(티엔미션 대표, 꿈의학교 명예교장, 성경통독 강사), 하상선 목사(GEM(세계교육선교회) 대표. 마성침례교회 담임), 이홍남 목사(벨 국제학교 교장), 김철민 대표(CMF Ministries, LA, USA), 박상춘 목사(미국 미시건 앤아버대학촌교회 담임)에게 사랑의 마음을 전한다.

살롬!
오직 하나님께만 영광!

울산의 소망정형외과 진료실에서
Dr Araw 이선일
hopedraraw@hanmail.net

목차 · contents

괴짜의사 Dr. Araw의
쉽고 바르게 읽는 히브리서 장편(掌篇) 강의

레마이야기 1

기독론(Christology),
예수님은 누구신가?

1장에는 예수님은 누구신가, 왜 예수를 믿어야 하는가, 그 예수를 믿으면 어떻게 되는가에 관한 질문의 답으로서 '기독론(Christology)'의 정수(精髓, essence, (formal) quintessence)를 기술하고 있다. 동시에 비록 예수님과의 그 비교 자체가 망발(妄發, thoughtless words[remarks], ludicrous statements)이기는 하지만 피조물인 천사와 대조하며 예수 그리스도의 우월성, 유일성, 절대성을 강조하고 있다.

히브리서는 유대교에서 기독교로 개종한 히브리인들에게 쓴(프로스 헤브라이오스, πρός Ἑβραῖος) 서신 형식을 띤 설교문이다.

히브리서는 '신약의 레위기'라는 별명을 가지고 있을 만큼 구약의 제사 제도 및 제물, 성막기구, 율법, 제사장, 피 흘림, 믿음의 선진들 이야기 등 등의 복잡한 내용들이 많이 나온다. 이는 마치 구약의 레위기처럼 히브리서 또한 약간은 걸려서 넘어지기 쉬운, 암초 같은, 교리적으로 난해한 13장 303구절로 이루어진 정경이라는 것이다. 그러나 히브리서를 알고 나면 너무나 재미있을 뿐 아니라 기독교 교리의 핵심을 차곡차곡 개념화(conceptualization)할 수 있다.

히브리서의 저자는 의심의 여지가 없이 성령님이시다. 기록자는 학자들마다 의견이 분분하다. 심지어 오리겐(Origen) 같은 교부는 "하나님만 아신다(God only knows)"라고 했을 정도이다. 나도 그 의견에 수긍은 하지만 그럼에도 불구하고 히브리서를 바울서신으로 분류(아더 핑크도 주장)하여 '믿음 3총사(로마서, 히브리서, 갈라디아서)'라는 별명을 붙여 장편(掌篇) 주석을 썼다.

히브리서 전체는 크게 두 부분으로 나눌 수 있는데 1~12장까지는 교리에 관해, 13장은 그리스도인의 삶(성화, sanctification)에 관해 말씀하고 있다.

히브리서의 주제는 하나님의 아들, 예수 그리스도의 절대성과 우월성, 그리고 유일성이다. 이는 마태복음 17장의 변화산상에서 잘 보여주셨는데 예수님은 엘리야보다도, 모세보다도 비교할 수 없이 우월하신 분임을 가르쳐주셨다.

히브리서를 통하여는 '믿음'에 대한 헬라어 명사(피스티스), 동사(피스튜오, 페이도), 형용사(피스토스)적 개념을 정립하는 것이 아주 중요하다고 나는 생각한다. 그래서 이 책의 제목이 〈오직 믿음, 믿음, 그리고 믿음〉이다.

개념화(conceptualization) 작업을 위해 '믿음'이라는 헬라어를 연구해 보면 바른 신앙관을 정립할 수 있을 뿐 아니라 그 내용 또한 아주 흥미진진하다. 동시에 로마서 1장 17절을 깊이 묵상해 보면 3번(명사, 동사, 형용사)이나 반복된 '믿음'이라는 헬라어 단어의 미묘한 차이를 통해 〈오직 믿음, 믿음, 그리고 믿음〉에 대해 선명하게 알게 될 것이다.

"복음에는 하나님의 의가 나타나서 믿음(피스티스, πίστις, 명사, 하나님의 은혜로 선물로 주신 믿음, 허락하신 믿음)으로 믿음(피스튜오, πιστεύω, 페이도, πείθω, 동사, 때가 되어 만세 전에 하나님의 은혜로 택정된 내가 복음을 듣고 반응하는 믿음, 고백하는 믿음)에 이르게 하나니 기록된바 오직 의인은 믿음(피스토스, πιστός, 형용사, 하나님의 미쁘심, 신실하심)으로 말미암아 살리라" _롬 1:17

우리가 흔히 믿음을 얘기하면서 '믿음이 좋다, 믿음이 강하다, 믿음이 크다, 믿음이 많다'라고 표현하곤 한다. 그러나 이러한 말들은 교리적으로 볼 때 약간 조심할 필요가 있다고 나는 생각한다. 왜냐하면 '믿음'은 하나님의 은혜(Sola Gratia)로서 만세 전에 택정된 자에게 때가 되매 거저 주신 하나님의 선물이기 때문이다. 그러므로 우리가 '믿음으로 구원되었다'라고 할 때 그 믿음은 명사인 피스티스(주신 믿음, 허락하신 믿음)를 얘기하는 것이다.

한편 명사인 믿음(피스티스, 선물로 주신 믿음, 허락하신 믿음)의 '동사화 과정'을 신앙생활이라고 나는 정의한다. 이를 피스튜오 혹은 페이도(반응하는 믿음, 고백하는 믿음)라고 한다.

그리고 "오직 의인은 믿음으로 말미암아 살리라"에서 '믿음으로 말미암아'에서의 믿음은 형용사(피스토스)적 의미로서 '성부하나님의 신실하심으로, 미쁘심으로'라는 뜻이다. 결국 우리는 하나님의 미쁘심 때문에, 신실하심 때문에 살아나게 된 것이다

그러므로 로마서 1장 17절의 "복음에는 하나님의 의가 나타나서 믿음(피스티스, πίστις)으로 믿음(피스튜오, πιστεύω, 페이도, πείθω)에 이르게 하나니 기록된바 오직 의인은 믿음(피스토스, πιστός)으로 말미암아 살리라 함과 같으니라"에서 믿음은 각각 명사, 동사, 형용사적 의미를 가지고 있음을 알아야 한다.

1-1 옛적에 선지자들로 여러 부분과 여러 모양으로 우리 조상들에게 말씀하신 하나님이

"옛적에"란 구약을 가리킨다. 모든 성경은 하나님의 감동(영감,

inspiration)하심을 입은 사람들이 하나님께 받아(벧후 1:21) 하나님의 계시 혹은 묵시를 기록한 것이다. 특별히 담화, 찬송, 잠언, 시, 비유, 애가, 지혜 문학, 묵시 문학 등 '여러 모양'으로 계시되었고, 아브라함, 이삭, 야곱, 모세와 여호수아, 사무엘과 사울, 다윗을 비롯한 유대와 이스라엘의 열왕들과 선지자들, 그리고 포로에서 돌아온 백성들에게 '여러 부분'으로 조각조각으로 계시하셨다.

우리 삼위일체 하나님은 말씀하시는 하나님이시다. 그분은 참된 하나님이요 '한 분 하나님(존재론적 동질성), 다른 하나님(기능론적 종속성)'으로서 자기 백성과 소통하시면서 그들에게 당신의 뜻(델레마 데우)을 계시하시는 신실하신 하나님이시다.

"여러 부분과 여러 모양으로 말씀하셨다"에서 '여러 부분'이란 앞서 언급했듯이 여러 선지자들에게 각각 부분적으로 보여주셨다는 의미이다. '여러 모양'이란 직접적으로 혹은 간접적으로 말씀하시거나 환상, 천사의 계시, 선지자들의 말과 사건, 자연재해, 동물 등등으로 말씀(계시)하셨다는 의미이다. 즉 선지자들은 계시의 도구이며 하나님은 계시의 주체이다.

한편 히브리서 1장 1절은 헬라어 5개의 'π'로 시작하는 두운법(頭韻法, alliteration)으로 기록된 것[1]을 알 수 있다. "옛적에(πάλαι, 팔라이)", "선지자들(προφήταις, 프로페타이스)로", "여러 부분(Πολυμερῶς, 폴뤼메로스)과", "여러 모양(πολυτρόπως, 폴뤼트로포스)으로", "조상들(πατράσιν, 파트라신)에게"의 헬라어 단어 첫 알파벳이 'π'이다. 학자들

---

1 토머스 슈라이너 히브리서 주석, 복있는 사람, 2020, p97

은 이 부분을 연구하며 기록자의 능숙한 문학적 기교와 문체를 볼 수 있다고 말한다.

2 이 모든 날 마지막에 아들로 우리에게 말씀하셨으니 이 아들을 만유의 후사로 세우시고 또 저로 말미암아 모든 세계를 지으셨느니라

"이 모든 날"이란 '종말시대(교회시대)' 동안을 가리키는 것으로 예수님의 초림에서 재림 전까지의 모든 기간을 말한다. 한편 9장 26절의 "세상 끝"이란 이 구절과 달리 2,000년 전 예수님의 '초림의 때'를 가리킨다. "이 아들[2](υἱός, nm)"은 '예수 그리스도'를 가리킨다.

기독론의 첫 번째 질문은 '예수는 누구인가?'라는 것이다. 이에 대한 답은, 예수님만이 '만유의 후계자'라는 것이다. 왜냐하면 성부하나님께서 그 예수를 만유의 후사(전 우주적 상속자, 만물의 상속자)로 세우셨다고 하셨기 때문이다. 그 예수님은 완전한 인간이시자 유일한 의인으시며 온전한 신성을 가진 완전한 하나님이시다. 즉 하나의 본질, 하나의 실체(one substance)이시다.

기독론의 두 번째 답은 예수는 '창조주 하나님'이시라는 것이다. '아들

---

2 (υἱός, nm)는 a son, descendent, properly, a son (by birth or adoption); (figuratively) anyone sharing the same nature as their Father. For the believer, becoming a son of God begins with being reborn (adopted) by the heavenly Father – through Christ (the work of the eternal Son). In the NT, 5207)"이다.

됨과 상속자 됨'을 연결시킨 것은 아들이신 예수님이 상속자이며 창조주이심을 동시에 함의(含意)하는 것이다.

그렇기에 창세기 1장 1절에서는 엘로힘(하나님)이 레쉬트(부활의 첫 열매이신 예수 그리스도, 고전 15:20)로 말미암아 천지를 창조하셨다고 선포하고 있는 것이다.

"모든 세계(τοὺς αἰῶνας, the ages)"에서의 '세계'에 해당하는 헬라어는 아이논[3](αἰών, nm)인데 이는 '시대'라는 의미이다. 반면에 실제 창조된 '세계'의 헬라어는 코스모스(κόσμος)로서 서로 다른 단어를 사용한다. 그러나 종종 혼용하여 쓰기도 하는 것은, '창조 세계'는 오고, 오는 '시대'를 통하여 그분의 창조 질서 안에 존재함을 전제하기 때문이다. 즉 "모든 세계(창조 세계)를 지으셨느니라"는 것은 그 창조 세계가 하나님의 창조 질서 안에서 작동됨을 의미하는 것이다.

3 이는 하나님의 영광의 광채시요 그 본체의 형상이시라 그의 능력의 말씀으로 만물을 붙드시며 죄를 정결케 하는 일을 하시고 높은 곳에 계신 위엄의 우편에 앉으셨느니라

'예수는 누구인가?'라는 기독론의 세 번째 답은 하나님 영광의 광채

---

3 (αἰών, nm)은 an age, a cycle (of time), especially of the present age as contrasted with the future age, and of one of a series of ages stretching to infinity/aión (see also the cognate adjective, 166 /aiōnios, "age-long") - properly, an age (era, "time-span"), characterized by a specific quality (type of existence)이다.

^{4}($\mathring{\alpha}\pi\alpha\acute{\upsilon}\gamma\alpha\sigma\mu\alpha$)라는 것이다. '광채'는 '반사', '빛남'을 의미하는데 하나님의 영광을 '그대로 반사한다 혹은 드러낸다'라는 것이다. 즉 예수님은 하나님의 능력, 성품, 속성을 드러내는 영광의 삶을 사셨다는 것이다.

'하나님의 영광의 광채'에서 '광채'는 '드러냄'을 의미한다고 했다. 그러므로 '하나님의 영광'이란 하나님의 능력, 성품과 속성이 이 땅에 드러나는 것을 말한다. 하나님의 능력을 드러냄이란 '십자가 보혈로 구원을 허락'하심을, 하나님의 성품과 속성을 드러냄이란 하나님의 공의와 사랑의 결정체인 '십자가를 통해 다 이루심'을 의미한다.

그렇기에 예수님이 '하나님의 영광의 광채'라는 것은 성부하나님과 똑같은 본질(빌 2:6, 본체)을 가지고 있음을 의미한다. 왜냐하면 하나님의 영광을 반사하는 존재는 하나님의 본성을 공유(bears the very stamp of His nature)하기 때문이다. 이해를 돕기 위해 요한복음 1장 14절이 사용되는데 이는 예수님의 전체 사역이 하나님의 영광을 보여주는 증거였다고 말씀하고 있는 것이다.

"말씀이 육신이 되어 우리 가운데 거하시매 우리가 그 영광을 보니 아버지의 독생자의 영광이요 은혜와 진리가 충만하더라"_요 1:14

'예수는 누구인가?'라는 기독론의 네 번째 답은 하나님의 '본체의 형상(존재론적 동질성)'이시다라는 것이다. "본체"란 헬라어로 휘포스타시스^5

---

4 아팡가스마($\mathring{\alpha}\pi\alpha\acute{\upsilon}\gamma\alpha\sigma\mu\alpha$)는 (from 575 /apó, "from" which intensifies 826 /augázō, "shine," derived from augē/"dawn") - properly, someone who literally "shines," (is radiant))이다.

5 휘포스타시스($\acute{\upsilon}\pi\acute{o}\sigma\tau\alpha\sigma\iota\varsigma$, nf)는 (lit: an underlying), (a) confidence, assurance, (b) a giving

(ὑπόστασις, nf)인데 이는 '존재(existence) 혹은 본질(essence)이라는 의미이다. 즉 독립된 개체로서의 실체, 본질이라는 것이다.

"형상"이란 헬라어로 카라크테르[6](χαρακτήρ, nm)인데 이는 '도장을 찍은 인(印)'이라는 뜻이다. 도장을 찍으면 그 인은 도장과 동일하나 도장과는 분리된 독립적인 존재가 된다.

마찬가지로 예수 그리스도가 '본체의 형상'이라는 것은 하나님과 동일한 본체(한 분 하나님, 존재론적 동질성)시나 구별된 존재(다른 하나님, 기능론적 종속성)임을 가리킨다.

'예수는 누구인가?'라는 기독론의 다섯 번째 답은 '능력의 말씀으로 만물을 붙드시는(섭리 하의 경륜, 경영, 통치) 역사의 주관자 하나님'이시다라는 것이다. "붙들다"의 헬라어는 페로[7](φέρω, v)인데 이는 '견디다, 유지하다'라는 의미이다.

이것은 예수 그리스도가 우주의 지속적인 안정의 중심에 있다라는 것

---

substance (or reality) to, or a guaranteeing, (c) substance, reality/(from 5259 /hypó, "under" and 2476 /hístēmi, "to stand") - properly, (to possess) standing under a guaranteed agreement ("title-deed"); (figuratively) "title" to a promise or property, i.e. a legitimate claim (because it literally is, "under a legal-standing") - entitling someone to what is guaranteed under the particular agreement)이다.

6 카라크테르(χαρακτήρ, nm)는 an impression, representation, exact reproduction; a graving-tool/properly, an engraving; (figuratively) an exact impression (likeness) which also reflects inner character)이다.

7 페로(φέρω, v)는 I carry, bear, bring; I conduct, lead; perhaps: I make publicly known/("allied to German fahren, Scotch bairn, 'bear,' " J. Thayer, Curtis) - properly, to bear, carry (bring) along, especially temporarily or to a definite (prescribed) conclusion (defined by the individual context). See also 5409 /phoréō ("habitual bearing")이다.

이다. 결국 이신론(理神論, deism)[8]자들의 주장은 사실이 아니다. 또한 '말씀(the Word, Logos)으로 붙들다'라는 것은 만물이 말씀으로 창조되었듯이 창조 세계의 안정성 또한 말씀으로 유지된다라는 의미이다.

'예수는 누구인가?'라는 기독론의 여섯 번째 답은 '죄를 정결케하시는 분'이라는 것이다. 그런 예수님은 구속주로서 초림(성육신)하셨고 대속 죽음(십자가)을 통해 우리의 죄를 정결케 하셨다. 이후 재림하셔서 모든 것을 심판하실 것이다.

마지막 '예수는 누구인가?'라는 기독론의 일곱 번째 답은 높은 곳에 계신 위엄의 우편에 앉으신 분으로 '승리주 하나님'이시라는 것이다. 신약의 중심 주제인 '그리스도의 승귀(빌 2:9-11, 골 1:15-18, 엡 1:21, 벧전 3:22)'를 엿볼 수 있다.

"우편"이란 '권능(출 15:6, 12), 보호(시 16:8, 73:23, 사 42:10), 승리(시 20:6, 21:8)'를 가리키는데 보컴(Richard Bauckham) 교수는 예수님은 하나님과 '동등한 정체성'을 가진 분이라고 해석했다.

"하나님 보좌 우편에 앉다"라는 것은 예수께서 '승리주 하나님'이 되셨다라는 의미이다. 하나님 보좌 좌편이나 앞뒤로 앉으면 안되나라는 문제가 아니다. 이는 역사적 배경이나 문화적 배경을 보면 알 수 있다.

당시 로마 황제들은 영토 확장에 관심이 많았다. 그러다 보니 장군들을

---

8 18세기 계몽주의 시대의 대표적인 사상으로 신이 세계를 창조한 후에는 직접적으로 세계에 간섭하지 않는다는 것이다. 두산백과

전쟁터로 파송하곤 했는데 승전하여 돌아오면 대대적인 환영을 해 주었다. 승리한 장군이 드디어 4두마차를 타고 황궁으로 들어오면 황제는 개선장군을 향해 이리로 올라오라는 명령을 한다. 그리고는 홀을 선물하며 너는 승리했으니 내 우편으로 오라고 했다.

즉 '우편'이란 '승리'라는 의미이고 '하나님 보좌 우편에 앉으셨다'는 것은 승리주 하나님이라는 의미이다.

참고로 P. E. Hughes에 의하면 앉아 있는 자세는 서 있는 것보다는 훨씬 더 성취되고 완성된 높은 명예의 자리라고 했다. 한편 '서 있는 그리스도의 모습'은 사도행전 7장 56절에 나타나 있다. 즉 스데반의 순교 시에 인자가 하나님 우편에 서 있었다라고 되어 있다. 이때의 예수님은 중보자로서의 인자라는 의미를 함의하고 있다.

이상의 일곱 가지는 골로새서 1장 13-23절과 더불어 기독론의 정수(精髓) 중의 정수이므로 늘 기억하고 있어야 할 것이다.

4 저가 천사보다 얼마큼 뛰어남은 저희보다 더욱 아름다운 이름을 기업으로 얻으심이니 5 하나님께서 어느 때에 천사 중 누구에게 네가 내 아들이라 오늘날 내가 너를 낳았다 하셨으며 또 다시 나는 그에게 아버지가 되고 그는 내게 아들이 되리라 하셨느뇨

이 구절에서는 창조주이신 예수 그리스도를 피조물인 천사와 비교하고 있는 바 그 자체가 어불성설(語不成說)이며 불경한 짓이라고 나는 생각한다. 그러나 히브리서는 예수 그리스도의 우월성, 유일성, 절대성을 강조

하는 것이기에 당시 그들이 추앙하고 있던 천사와의 비교는 어차피 불가피할 것 같다.

한편 천사 숭배 사상은 골로새 사람들(골 2:18)에게서 나타났던 모습이기도 하다. '천사 숭배 사상'이란 하나님을 향한 천사들의 숭배하는 모습을 환상으로 보는(당시 가장 높은 신앙 수준이라고 생각함) 사람에 대한 경외감과 부러움에서 비롯되었다. 시간이 지나며 그들에 대한 부러움과 열망은 왜곡되어 대상이 바뀌면서 천사들을 부러워하다가 종국적으로는 천사들을 숭배하기에까지 이르게 된 것을 말한다. 그들은 결국 점점 더 은사주의(恩賜主義, charismatism), 금욕주의(禁慾主義, aceticism)에 빠지게 된다.

"아름다운"의 헬라어는 디아포로스(διάφορος, adj, varying, excellent)인데 이는 '더 나은, 훨씬 더 우월한'이라는 의미이다.

"이름"의 헬라어는 오노마[9](ὄνομα, nn)이며 히브리어는 쉠(שֵׁם)이다. 당시 '이름'은 사람들을 구별하는 수단 그 이상이었다. '본성'을 표현하기도 했다. 계시록(13:16-14:1)에서는 '이름(표)'이 소속, 소유라는 의미로 사용되었다.

"나는 그에게 아버지가 되고 그는 내게 아들이 되리라"는 것은 사무엘하 7장 14절(11-17절)의 말씀인 바 나단 신탁을 통해 다윗에게 하신 하

---

9 오노마(ὄνομα, nn)는 a name, authority, cause/name; (figuratively) the manifestation or revelation of someone's character, i.e. as distinguishing them from all others. Thus "praying in the name of Christ" means to pray as directed (authorized) by Him, bringing revelation that flows out of being in His presence. "Praying in Jesus' name" therefore is not a "religious formula" just to end prayers (or get what we want)이다.

나님의 언약 즉 '다윗 언약'이다. 이는 '구속'의 핵심이기도 하다.

　단수로 쓰인 '하나님의 아들'은 '맏아들(주권자, 통지차)'인 예수 그리스도를 가리키지만 '하나님의 아들들'이라고 쓰인 복수의 경우는 거의 항상 천사들을 가리킨다(창 6:2, 4, 욥 1:6, 2:1, 38:7, 시 29:1, 89:6, 138:1).

6 또 맏아들을 이끌어 세상에 다시 들어오게 하실 때에 하나님의 모든 천사가 저에게 경배할지어다 말씀하시며 7 또 천사들에 관하여는 그는 그의 천사들을 바람으로, 그의 사역자들을 불꽃으로 삼으시느니라 하셨으되

　"맏아들"의 헬라어는 프로토토코스[10](골 1:15, 18, 롬 8:29, πρωτότοκος, adj)인데 이는 예수 그리스도를 가리키는 것으로 '먼저 나신 자(골 1:15, 모든 피조물의 맏아들, 죽은 자들의 맏아들, 많은 형제들 중에서 맏아들)'로서 '근원 혹은 시작'이라는 것과 '상속자'라는 이중적 함의가 들어있다.

　"세상에 다시 들어오게 하실 때에"라는 것은 만왕의 왕이요 만주의 주로 오실(계 19:16) 예수 재림의 때를 가리킨다.

　"경배하다"의 헬라어는 프로스퀴네오[11](προσκυνέω, v)인데 이는 '~에게 무릎을 꿇다'라는 의미이다. 히브리어로는 바라크(בָּרַךְ, v, to kneel,

---

10　프로토토코스(골 1:15, 18, 롬 8:29, πρωτότοκος, adj, first-born/(from 4413 /prótos, "first, pre-eminent" and 5088 /tíktō, "bring forth") - properly, first in time (Mt 1:25; Lk 2:7); hence, pre-eminent (Col 1:15; Rev 1:5))

11　프로스퀴네오(προσκυνέω, v)는 I go down on my knees to, do obeisance to, worship/(from 4314 /prós, "towards" and kyneo, "to kiss") - properly, to kiss the ground when prostrating before a superior; to worship, ready "to fall down/prostrate oneself to adore on one's knees" (DNTT); to "do obeisance" (BAGD)이다.

bless)인데 이는 '하나님께 무릎 꿇고 경배하는 자는 복받은 사람'이라는 의미이다. 참고로 '복'을 의미하는 히브리는 에쉐르(אֶשֶׁר, nm)이고 헬라어는 마카리오스(μακάριος, adj)이다.

7절은 시편 104편 4절의 인용인 바 '바람을 그의 천사(사자)로 삼으시며 불꽃을 그의 사역자(섬기는 자)로 삼으시느니라'로 번역해야 한다(G. W. Buchanan). 그렇다고 하여 바람이 천사들이며 불꽃은 하나님의 사역자들이라고 해석하는 것은 옳지 않다. 오히려 천사들은 하나님을 섬기는 사역자들로서 자연질서 가운데 바람과 불, 비나 무지개와 같은 자연현상들을 보낼 수 있다. 이때 '바람과 불'은 저항할 수 없는 강력한 자연적인 힘들을 말하며 능동적으로는 힘을 발휘하지 못하는 것을 상징하고 있다. 즉 천사는 사람들보다는 강력하나 스스로 어떤 일을 할 수 없으며 예수님과는 아예 비교할 수도 없다라는 의미를 담고 있는 것이다.

한편 천사들(앙겔로이, ἄγγελοι)과 종들(레이투르고이, λειτουργοί)의 임무는 둘 다 '섬기는 것'이며 하나님의 아들 예수의 임무는 '다스리는 것(8-9)'이기에 완연한 차이가 있음을 알아야 한다.

8 아들에 관하여는 하나님이여 주의 보좌가 영영하며 주의 나라의 홀은 공평한 홀이니이다 9 네가 의를 사랑하고 불법을 미워하였으니 그러므로 하나님 곧 너의 하나님이 즐거움의 기름을 네게 부어 네 동류들보다 승하게 하셨도다 하였고

8-9절은 시편 45편 6-7절을 인용하고 있으며 특히 8절에서는 하나님

의 아들 예수 그리스도는 진정한 근본 하나님이심을 드러내고 있다.

"주의 나라의 홀(규, ῥάβδος, nf, a rod, staff, staff of authority, scepter)은 공평[12](유뒤테스, εὐθύτης, nf)한 홀(규)"이다. 이는 예수 그리스도의 주권(우주적 통치권)의 정의로움을 함의하고 있는 말씀이다.

한편 히브리 시(詩)에서는 한 개념이 나오면 그 뒤에 반대 개념이 뒤따른다.[13] 예를 들면 '의(δικαιοσύνη, nf)'를 사랑하고 '불법(ἀνομία, nf)'을 미워한다라는 말씀에서 잘 볼 수 있다.

"너의 하나님이 즐거움의 기름을 부었다"라고 한 것은 '예수님은 성부 하나님의 유일한 기름부음 받은 자'라는 의미인 그리스도, 메시야이심을 지칭하고 있는 것이다. '즐거움의 기름(ἔλαιον ἀγαλλιάσεως, with the oil of exultation)'이란 '날아갈 듯한 행복감'을 말한다. 얼핏 인간적인 생각에 초림의 구속주로 오신 예수님의 십자가 보혈이라는 아픔, 고통을 상상해보면 예수님의 그 행복감을 이해하기가 쉽지 않은 것도 사실이다.

"동류들"이란 천사들을 가리킨다.

10 또 주여 태초에 주께서 땅의 기초를 두셨으며 하늘도 주의 손으로 지으신

12　유뒤테스, εὐθύτης, nf)는 straightness, uprightness/properly, straight (upright), as with complete justice - literally "without deviation" (unnecessary delay)이다.

13　'의(δικαιοσύνη, nf, (usually if not always in a Jewish atmosphere), justice, justness, righteousness, righteousness of which God is the source or author, but practically: a divine righteousness)'를 사랑하고 '불법(ἀνομία, nf, lawlessness, iniquity, disobedience, sin)'을 미워한 다에서 볼 수 있다.

바라 11 그것들은 멸망할 것이나 오직 주는 영존할 것이요 그것들은 다 옷과
같이 낡아지리니 12 의복처럼 갈아 입을 것이요 그것들이 옷과 같이 변할 것이
나 주는 여전하여 연대가 다함이 없으리라 하였으나

10-12절까지는 시편 102:25-27절의 말씀을 인용하고 있으며 예수님
은 창조주 하나님이시고 영존하시는 하나님이심을 밝히고 있다. 즉 땅과
하늘은 튼튼해 보이나 피조물로서의 '유한성, 제한성'이 있음을 드러내면
서 동시에 변치 않으실(안정성) 예수 그리스도의 영원성(영존성)을 대조
하고 있다.

"주"란 헬라어로 퀴리오스[14](κύριος, nm)인데 이는 '만물의 주재자, 우
리의 주관자, 주권자'라는 의미이다.

13 어느 때에 천사 중 누구에게 내가 네 원수로 네 발등상 되게 하기까지 너는
내 우편에 앉았으라 하셨느뇨

"우편에 앉다"라는 것은 승리주 하나님이라는 의미이다. 로마시대에는
승전한 장군이 개선장군이 되어 돌아오면 황제는 그 장군을 자신의 보좌
우편에 앉히곤 하였던 역사적 배경이 있다.

한편 이 구절은 천사에게 하신 말씀이 아니라 그리스도 메시야이신 예
수님께 하신 성부하나님의 말씀이다.

"발등상(footstool, ὑποπόδιον, nn, (literally, "under the feet") –

---

14 퀴리오스(κύριος, nm)는 lord, master, sir; the Lord/properly, a person exercising absolute
ownership rights; lord (Lord)이다.

properly, a footstool; (figuratively))"이란 당시 왕이나 고관들의 좌석 앞에 있던, 발을 올려 놓는 자리를 가리킨다. 고대사회에서는 전쟁의 승리자가 패배자의 목이나 머리에 발을 얹음으로 완전한 승리를 과시하는 상징적인 행동이기도 했다. 시편 110편 1절의 "네 원수로 발등상 되게 하기까지"에서 예수 그리스도는 십자가에서 대속 죽음을 당하셨으나 부활, 승천하심으로 사단의 세력을 정복하셔서 당신의 발등상이 되게 하셨다.

14 모든 천사들은 부리는 영으로서 구원 얻을 후사들을 위하여 섬기라고 보내심이 아니뇨

결국 모든 천사들은 '섬기는 영들'로서 '장차 구원을 얻을 상속자들'을 섬기라고 보냄을 받은 피조물들이다. 그렇기에 천사를 숭배하거나 그를 의지하거나 두려워할 필요가 없다.

"구원을 얻을[15](상속할, κληρονομεῖν, 클레로노메인/κληρονόμος, nm)"이라는 것은 구원받은 성도들이 미래형 하나님나라에 들어가는 것(입성과 영생)을 말한다. 그렇기에 구원받은 성도는 또한 만유의 후사로서 그리스도와 함께한 공동상속자(롬 8:17)이다. 결국 히브리서 3-4장의 남은 안식에 들어갈 상속자, 9장의 유언을 이어받을 상속자, 11장의 믿음에 의해 주어진 약속들을 받을 상속자이다.

---

15 클레로노메인(κληρονομεῖν, /κληρονόμος, nm)는 an heir, an inheritor/(a masculine noun derived from 2819 /kléros, "lot" and nemō, "to distribute, allot") - an heir; someone who inherits./κλῆρος + νόμος)이다.

흘러 떠내려 갈까
염려하노라

"흘러 떠내려 갈까 염려하노라"

"그러므로"

"모든 들은 것을"

우리는 단단히, 견고히, 처음 시작 때부터 마지막 끝까지 붙잡아야 한다.

"그러므로"라는 단어에는 당시의 상황이 고스란히 함의(含意)되어 있다. 영적으로는 천사 숭배 사상이, 정책적으로는 교묘한 로마의 시스템이, 권력으로는 로마정부의 압제가 있었다. 그중 가장 힘든 것은 동족인 유대인들의 압박과 회유였다.

오늘날의 우리도 2,000년 전의 그 당시처럼 이 모양 저 모양으로 혼돈과 혼란, 핍박과 박해 속에서 곤고함을 안고 살아가고 있다. 그런데 이 모든 것의 원인 제공은 실상은 우리 자신에게 있음을 알아야 한다. 사실을 따져보면 그것은 우리가 '본질'을 놓쳤기 때문에 생긴 것들이다. 기준과 원칙에서 흔들렸기 때문이다. 그런 가운데 미혹하는 무리들의 거센 물결은 마치 나이아가라 폭포의 떨어지는 거대한 물줄기와도 같다.

그렇다면 우리가 굳게 붙잡아야 할 것은 무엇인가? 끝까지 놓지 말아야 할 것은 무엇인가? 그것은, '예수, 그리스도, 생명'이다.

'6 Sola'[16]이다.

---

16 6 Sola란 Sola Scriptura(오직 말씀), Sola Gratia(오직 은혜), Sola Fide(오직 믿음), Solus Christus(오직 예수), Solus Spiritus(오직 성령), Soli Deo Gloria(오직 삼위하나님께만 영광)을 가리킨다.

분명한 '기독론(Christology, 히 1:2-3, 골 1:13-23)'이다.

1장에서는 기독론(Christology)의 핵심을 2-3절과 함께 골로새서 1장 13-23절을 통해 일곱 가지로 요약했다. 동시에 비교하기도 민망하지만 예수님과 천사를 대조하며 구별했다.

2장에서는 우리의 주인 되시고 구세주가 되시는 예수 그리스도만이 '큰 구원(복음, 신구약성경인 하나님의 말씀)'이심을 강조하며 예수님만을 '굳게 붙잡으라'고 말씀하고 있다.

예수님은 근본 하나님의 본체시나 하나님과 동등됨을 취할 것으로 여기지 아니하시고 낮고 천한 인간으로 오셨다(빌 2:5-8). 성부하나님의 유일한 기름부음 받은 자, 곧 그리스도 메시야로 성육신(incarnation)하셨다. 성부하나님은 우리를 '위하여' 속량제물로 당신의 아들 예수 그리스도 즉 "한 몸"을 예비하신 것이다(히 10:5, 시 40:6, 마 1:20, 눅 1:30-31, 35).

때가 되매 예수님은 우리를 대신하여 수치와 저주를 상징하는 십자가에서 희생 제물이 되심으로 우리를 죄와 사망의 그늘에서 해방시키시고 생명과 성령의 법을 허락하셔서 자유(롬 8:1-2, 갈 5:1)를 주셨다.

한편 성육신하신 예수님은 완전한 인간으로[17] 오셨기에 9절에서는 "천사들보다 잠간 동안 못하게 하심(성육신)을 입었다"라고 하셨으며 10절에서는 "고난(십자가 수난)을 통하여 온전케 되셨다"라고 말씀하고 있다.

11절에는 "거룩하게 하시는 이, 그리스도와 거룩하게 함을 입은 자들

---

17 흔히 사람들은 무의식적으로 '인간의 몸을 입고, 인간의 옷을 입고' 오셨다라고 표현하는데 나는 '인간으로 오셨다'라고 표현하는 것이 맞다고 생각한다. 자칫하면 도케티즘(Docetism, 가현설, 假現說, 도케오, δοκέω, 보이다)에서 파생되었다)으로 오해하기 쉽기 때문이다.

인, 우리들이 한 근원에서 났다"라고 말씀하고 있다. 할렐루야! 즉 비록 창조주이신 예수님이지만 성육신하심으로 예수님과 우리는 한 형제가 되었다라는 것이다.

그러므로 14절에서는 "자녀들이 혈과 육에 속하였으매 그도 또한 같은 모양으로 혈과 육을 함께 지니셨다"라고 했고 그렇기에 17절에는 "그가 범사에 형제들과 같이 되셨다"라고 말씀하신 것이다.

2장의 마지막절인 18절은 그리스도 메시야이신 그 예수님께서 우리를 대신하여 "시험을 받아 고난"을 당하셨기에 언제 어디서나 우리의 시험 받는 것을 도우신다라고 말씀하고 있다.

2-1 그러므로 모든 들은 것을 우리가 더욱 간절히 삼갈지니 혹 흘러 떠내려 갈까 염려하노라

"그러므로"라는 한 단어 속에 함의된 당시의 시대적 상황은 매우 복잡하고 혼란스러웠다. 영적으로는 천사 숭배 사상이 그리스도인들을 엉뚱한 길로 내몰았고, 정책적으로는 로마의 시스템이 그리스도인들을 교묘하게 괴롭혔으며, 무자비한 로마의 권력은 사정없이 그들을 내리쳤다. 설상가상으로 동족이라는 유대인들은 협박과 회유로 그들의 마음을 뒤흔들어 놓고 있었다. 즉 사단의 공격, 돌발상황이 쉴 새 없이(ceaselessly) 그

들을 흔들고 있었던 것이다.

"모든 들은 것"이란 예수, 그리스도, 생명이라는 복음의 이야기를 말한다. 한편 복음을 들은 대상은 유대교에서 기독교로 개종한 유대인[18]이다.

"삼가다"란 헬라어는 프로세코[19]($\pi\varrho o\sigma\acute{\varepsilon}\chi\omega$, v)인데 이는 '더욱 많이 주의하다, 유념하다, 착념하다'라는 의미이다.

"흘러 떠내려가다"의 헬라어는 파라레오[20]($\pi\alpha\varrho\alpha\varrho\varrho\acute{\varepsilon}\omega$, v)인데 이는 '부주의하게 지나치다, 미끄러지다', '반지가 손가락에서 미끄러져 나가다'라는 의미이다. 이는 역풍 때문에 목적지에 도착하지 못하고 흘러 떠내려가는 것 즉 '조난 혹은 표류'를 가리킨다. 공동번역은 '바른 길에서 벗어나는 것'으로 번역했다. 우리는 한 번 인생을 망망대해 가운데서 떠내려갈 것이 아니라 거슬러 올라감으로 항해해야 할 것이다.

먼저는 우리가 '흘러 떠내려가지 않으려면' 기초(터, 데멜리오스, $\theta\varepsilon\mu\acute{\varepsilon}\lambda\iota o\varsigma$, nm, nn, (properly, an adj: belonging to the foundation), a foundation stone)부터 견고해야 한다. 그 터(기초)에 있어서의 방점은 '터' 위에 주어지게 될 '재료'가 아니라 그 '터' 자체가 '누구냐'라는 것이다. 그 기초(터)는 반석(터, 마 7:25-26, 고전 3:10-11)이신 예

---

18 일반적으로 메시야닉 쥬(Messianic Jew, 예수님을 구세주로 영접한 유대인)라고 하지만 엄밀히 말하면 메시야닉 쥬는 유대교라고도 할 수 있다. 〈메시야닉 쥬의 정체〉, 현대종교, 2019

19 프로세코($\pi\varrho o\sigma\acute{\varepsilon}\chi\omega$, v)는 (a) I attend to, pay attention to, (b) I beware, am cautious, (c) I join, devote myself to/(from 4314 /prós, "towards" and 2192 /éxō, "have") – properly, have towards, i.e. to give full attention; to set a course and keep to it)이다.

20 파라레오($\pi\alpha\varrho\alpha\varrho\varrho\acute{\varepsilon}\omega$, v)는 (lit: I flow past, glide past, hence) I am lost, perish, or merely: I drift away (fall away) from duty/(from 3844 /pará, "from close-beside" and 4483 /rhéō, "to flow, drift") – properly, to float (flow) alongside, drifting past a destination because pushed along by current)이다.

수 그리스도이다.

"염려하노라"라는 것은 신앙의 위기 상태임을 알고 잘 대처하라는 의미를 담고 있다.

2 천사들로 하신 말씀이 견고하게 되어 모든 범죄함과 순종치 아니함이 공변된 보응을 받았거든

"천사들로 하신 말씀"은 구약의 율법을 가리킨다. 전승에 의하면 모세가 율법을 받을 때 천사들의 중보(中保)를 통해(행 7:53, 갈 3:19) 율법을 받았기에 '천사들로 하신 말씀'이라고 표현했다는 것이다.[21]

"모든 범죄함과 순종치 아니함"은 율법을 준수치 않은 것을 말하며 "공변된 보응"이란 '하나님의 공의로운 형벌'을 의미한다.

3 우리가 이같이 큰 구원을 등한히 여기면 어찌 피하리요 이 구원은 처음에 주로 말씀하신 바요 들은 자들이 우리에게 확증한 바니

"큰 구원"이란 하나님의 말씀인 구약과 신약 모두를 의미한다. 즉 그리스도께서 친히 선포한 구원의 진리인 복음(히 1:2)을 가리킨다.

"등한히 여기다"라는 헬라어는 아멜레오[22]($\dot{\alpha}\mu\epsilon\lambda\acute{\epsilon}\omega$, v)인데 이는 마치

---

21 그랜드종합주석 16권, 성서교재간행사, p45

22 아멜레오($\dot{\alpha}\mu\epsilon\lambda\acute{\epsilon}\omega$, v)는 I neglect, am careless of, disregard/(from 1 /A "not" and 3199 / mélō, "have concern, be affected") – properly, without concern, unaffected, viewing something

'자신과는 아무런 상관이 없는 양 내버려두는 것'을 의미하며 '혼인잔치의 비유'를 보여주고 있는 마태복음 22장 1-14절에서 언급했던 사람들의 행태와 흡사하다.

4 하나님도 표적들과 기사들과 여러 가지 능력과 및 자기 뜻을 따라 성령의 나눠 주신 것으로써 저희와 함께 증거하셨느니라

3-4절을 통하여 성경(복음)이 곧 하나님의 말씀, 즉 예수, 그리스도, 생명이라고 할 수 있는 3가지 근거 즉 내적 증거를 들라면 다음과 같다.

첫째, 예수 그리스도께서 친히 인간 역사의 한가운데로 오셔서 공생애 동안에 지속적으로 천국 복음(복음을 통해 하나님나라의 누림과 입성, 그리고 영생)을 선포(Teaching & Preaching)하셨기에 그 말씀(성경)은 하나님의 말씀(케리그마, 로고스)이다.

둘째, 예수 그리스도의 복음을 직접 듣고 성령에 감동된 사도들과 증인들에 의해 그리스도의 복음(말씀)이 하나님의 말씀인 것이 확증되었고 그들에 의해 전해졌다.

셋째, 하나님께서는 사도들이 복음을 전할 때 함께 역사하셔서 성령의 여러 표적들과 기사들로 이 계시(성경, 말씀)의 진실성을 친히 증거하시며 복음의 신적 권위를 뒷받침해 주셨다. 그런 하나님의 협력적 증거는 다시 다음의 3가지로 나타났다.

---

as being without significance, i.e. without perceived value ("of no moment")이다.

첫째는 "표적들과 기사들"이다.[23] 표적의 헬라어는 세메이온(σημεῖον, nn)인데 이는 '표징'으로서 '초자연적 역사'를 말한다. 기적의 헬라어는 테라스(τέρας, nn)인데 이는 '눈에 보이는 경이로운 사건 자체(요 6:14, 12:18, 행 5:12)'를 가리킨다.

둘째는 "여러가지 능력"이다.[24] '능력'이란 헬라어로 뒤나미스(δύναμις, nf)인데 이는 '놀라운 일을 행하시는 하나님의 권능(마 7:22, 막 6:2)'을 말한다. 이는 표적과 기사 둘 다를 포함하는 광의(廣義)의 의미이다.

셋째는 "성령의 나눠 주신 것"인데 이는 '하나님의 주권적인 뜻에 의한 선물(행 5:32)'을 말한다.

5 하나님이 우리의 말한 바 장차 오는 세상을 천사들에게는 복종케 하심이 아니라

"장차 오는 세상"이란 '흔들리지 않는 나라, 진동치 못할 나라'로서 분명한 장소 개념인 미래형 하나님나라를 의미한다. 히브리서의 다른 곳에서는 '장차 받을 본향(11:14)', '하늘의 예루살렘(12:22)', '장차 올 도성

---

23 표적의 헬라어는 세메이온(σημεῖον, nn, a sign (typically miraculous), given especially to confirm, corroborate or authenticate)인데 이는 '표징'으로서 '초자연적 역사'를 말하며 기적의 헬라어는 테라스(τέρας, nn, a miraculous wonder, done to elicit a reaction from onlookers; an extraordinary event with its supernatural effect left on all witnessing it, i.e. a portent from heaven to earth)인데 이는 '눈에 보이는 경이로운 사건 자체(요 6:14, 12:18, 행 5:12)'를 가리킨다.

24 '능력'이란 헬라어로 뒤나미스(δύναμις, nf, (a) physical power, force, might, ability, efficacy, energy, meaning (b) plur: powerful deeds, deeds showing (physical) power, marvelous works/ (from 1410 /dýnamai, "able, having ability") - properly, "ability to perform" (L-N); for the believer, power to achieve by applying the Lord's inherent abilities. "Power through God's ability") 이다.

(11:16, 13:14)'이라고도 했다. 그런 미래형 하나님나라에는 예수 그리스도가 만왕의 왕이요 만주의 주(계 19:16)이시다. 그렇기에 지금까지의 세상은 천사들에게 복종했으나 장차 오는 세상에서는 그렇지가 않다. 곧 "천사들에게는 복종케하심이 아니라"는 의미는 미래형 하나님나라는 '예수께서 다스리는 나라'라는 것이다. 즉 천사들에 의해 통치될 나라가 결코 아니라는 의미이다.

6 오직 누가 어디 증거하여 가로되 사람이 무엇이관대 주께서 저를 생각하시며 인자가 무엇이관대 주께서 저를 권고하시나이까

"누가 어디 증거하여 가로되"라는 것은 공동번역에서는 '성경에 어떤 이가 이렇게 증거한 곳이 있습니다'로 되어있고, 유진 피터슨의 메시지 바이블에는 '성경에 이렇게 기록되었습니다'로 되어있다.

어거스틴은 "신약은 구약 안에 감추어져 있고 구약은 신약 안에서 드러난다(Novum Testamentum in Vetere latet, Vetus in Novo patet.)"라고 했다. 우리가 신약과 구약을 바르게 연결하며 해석해야함을 잘 말해주고 있다.

"사람이 무엇이관대 주께서 저를 생각하시며 인자가 무엇이관대 주께서 저를 권고하시나이까"라는 것은 시편 8편 4절의 말씀인 바 하나님께서 태초에 인간을 존귀하게 창조하셨음에 대한 찬양인 것이다. "사람"과 "인자" 둘 다가 가리키는 것은 죽음의 고난을 받으심으로 인하여 영광과 존귀로 관 쓰신 예수 그리스도를 말한다. 결국 성육신(사람)하신, 인자이

신 예수를 향한 성부하나님의 돌보심을 함의하고 있다.

"저를"이란 예수님을 가리키며, "주께서"라는 것은 성부하나님께서 "생각하시며 권고"하심을 말씀하고 있다.

7 저를 잠간 동안 천사보다 못하게 하시며 영광과 존귀로 관 씌우시며

이 구절은 시편 8편 5절을 인용한 말씀이다. 유대인의 전통적 인간관에서는 천사들이 인간보다 높은 존재로 인식되고 있었다. 그러다 보니 인간으로 오신 예수님이 '잠간 동안($\beta\varrho\alpha\chi\acute{\upsilon}$ $\tau\iota$, a little some)' 천사보다 못하게 되셨다라고 표현한 것이다.

동시에 "천사"는 성부하나님을 상징(시 8:5)하기도 하기에 근본 하나님이신 예수께서 천사(성부하나님)보다 낮아지셨음을 의미(빌 2:5-8)하기도 한다. 존재론적 동질성과 기능론족 종속성을 상기하면 이해가 될 것이다.

또한 "천사보다 못하게 되셨다"라는 것은 완전한 하나님이신 예수께서 인성으로서의 고통을 당하실 것과 죽음을 당하실 것을 상징한 것이기도 하다.

"영광과 존귀로 관 씌우시며"라는 것에서는 성육신하신 그리스도께서 대속 사역을 성취하신 후 부활, 승천하셔서 본래의 신적 영광을 회복하신 그리스도의 승귀(Ascension of Christ)를 드러내고 있다.

8 만물을 그 발 아래 복종케 하셨느니라 하였으니 만물로 저에게 복종케 하셨

은즉 복종치 않은 것이 하나도 없으나 지금 우리가 만물이 아직 저에게 복종한 것을 보지 못하고 9 오직 우리가 천사들보다 잠간 동안 못하게 하심을 입은 자 곧 죽음의 고난 받으심을 인하여 영광과 존귀로 관 쓰신 예수를 보니 이를 행하심은 하나님의 은혜로 말미암아 모든 사람을 위하여 죽음을 맛보려 하심이라

7절과 9절에서의 "천사"란 성부하나님으로 해석(마소라 사본, MT, Masoretic Text)할 수도 있고 그냥 천사로 해석할 수도 있다. 아무튼 그 예수를 믿어 구원을 얻은, 창조의 절정인 우리는 예수님과 연합(Union with Christ)되어 장차 미래형 하나님나라에서 '영광과 존귀로 관'을 쓰게 된다(계 20:4). 그러므로 이 땅에서 인간들이 천사들에게 복종하는 것은 잠시일 뿐(칠십인 역)[25]이라는 의미이다.

8절에서의 "만물"은 현재형 하나님나라에서는 창세기 1장 28절에서 말씀하신 '모든 것'을 가리킨다. 실제로 인간은 이 땅을 다스리고 하나님의 영광과 피조물의 유익을 위해 그것들을 경작(עָבַד, 아바드, 창 2:15, cultivate, to work, serve)하도록 부름을 받았다. 그렇기에 미래형 하나님나라에서는 만물의 범위 안에 천사들도 포함될 것이라고 나는 생각한다. 물론 천국에서는 '하나님 안에서'이기에 삼위하나님만이 신의 본체이시다. 우리는 신과 방불한 자로 살아가기는 하지만 하나님 외에는 수직적인 높고 낮음은 의미가 없는 것 또한 사실일 것이다.

예수 그리스도의 왕권(Kingship, Royal authority)이 성취되는 3단계를 소개하면 다음과 같다. 첫째는 근본 하나님이신 예수 그리스도께서

---

25 토머스 슈라이너 히브리서 주석, 복있는 사람, p148-149

성육신하심으로 천사보다 잠깐 동안 못하게 된 단계(2:7, 10-13)이다. 둘째는 사망의 세력을 잡은 마귀를 십자가로 멸하심으로 무저갱에 묶어 버리는 단계(2:14-18)로서 '이미~아직(already~not yet)'이다. 셋째는 죽음을 이기시고 부활 승천하심으로 만물을 그 발아래 복종시키는 단계 (2:8, 17-18)이다.

10 만물이 인하고 만물이 말미암은 자에게는 많은 아들을 이끌어 영광에 들어 가게 하시는 일에 저희 구원의 주를 고난으로 말미암아 온전케 하심이 합당하 도다

"만물이 인하고 만물이 말미암은 자(롬 11:36, 골 1:16)"라는 것은 예수님은 '창조주 하나님, 역사의 주관자 하나님'이라는 의미이다. 성부하나님은 예수를 그리스도 메시야로 이 땅에 보내셔서 대속 죽음을 통해 "많은 아들을 이끌어 영광에 들어가게" 하셨다.

"많은 아들"이란 만세 전에 성부하나님의 은혜로 택정된 영적 자녀 즉 성도들(엡 1:3-5)을 가리킨다. 16절에서는 "아브라함의 자손"을 가리킨다.

"영광에 들어가게 하시는 일"이란 초림주이신 예수 그리스도를 통해 구원을 받은 후 재림주이신 예수님과 함께 미래형 하나님나라에 들어가 삼위하나님의 영광을 누리며 영생을 누리게 되는 일(계 21:11, 23)을 말한다.

일반적으로 '주(主)'의 헬라어는 퀴리오스(κύριος, nm, lord, master/ properly, a person exercising absolute ownership rights; lord (Lord))이다. 그러나 이 구절에서 "구원의 주(主)"로 쓰인 헬라어는 아르

케고스[26]($\dot{\alpha}\varrho\chi\eta\gamma\acute{o}\varsigma$, nm)이다. 이는 구원의 섭리와 경륜에 있어 '창시자, 개시자, 개척자, 선구자'라는 의미로서 신약에 단 4회(히 2:10, 12:2, 행 3:15, 5:31)만 사용되었다.

"온전케 하다"의 헬라어는 텔레이오오[27]($\tau\epsilon\lambda\epsilon\iota\acute{o}\omega$, v)인데 이는 '어떤 목적지나 목표에 이르다'라는 의미이다. 그러므로 "고난으로 말미암아 온전케 하심이 합당하다"라는 것은 예수님이 성육신하셔서 그리스도 메시야로서 십자가 대속 죽음을 통해 하나님의 구원 계획을 온전히 성취했다라는 것을 가리킨다.

11 거룩하게 하시는 자와 거룩하게 함을 입은 자들이 다 하나에서 난지라 그러므로 형제라 부르시기를 부끄러워 아니하시고

"거룩하게 하시는 자"가 예수 그리스도라면 "거룩하게 함을 입은 자"는 성도인 우리들이다.

"다 하나에서 난지라"에서 '하나'란 성부하나님을 가리킨다. 예수 그리스도는 영원 전부터 계셨고 우리는 그 예수를 믿음으로써 거듭 태어났다. 그러므로 '근원'이 같은 예수님과 우리는 하나님 안에서 한 '형제' 관계가

---

26 아르케고스($\dot{\alpha}\varrho\chi\eta\gamma\acute{o}\varsigma$, nm)는 founder, leader/(from 746 /arché, "the first" and 71 /ágō, "to lead") - properly, the first in a long procession; a file-leader who pioneers the way for many others to follow)이다.

27 텔레이오오($\tau\epsilon\lambda\epsilon\iota\acute{o}\omega$, v)는 (a) as a course, a race, or the like: I complete, finish (b) as of time or prediction: I accomplish, (c) I make perfect; pass: I am perfected/to consummate, reaching the end-stage, i.e. working through the entire process (stages) to reach the final phase (conclusion)이다.

된 것이다.

"형제라 부르기를 부끄러워 아니하시고"의 이유는 14절의 "그도 또한 한 모양으로 혈육"에 함께 속하셨기 때문이다. 그러므로 17절의 "범사에 형제들과 같이 되심이 마땅하도다"에 연결된다.

예수님은 성육신하셔서 충성된 대제사장으로 대속 제물이 되셨다(히 2:9, 14-15, 17). 그 예수님은 모든 일에 우리와 같이(성육신, 완전한 인간) 되셨지만 유일한 의인으로서 죄는 전혀 없으시다(히 4:15, 완전하신 하나님). 즉 예수님은 신인(神人)양성(兩性)의 하나님이시다.

12 이르시되 내가 주의 이름을 내 형제들에게 선포하고 내가 주를 교회 중에서 찬송하리라 하셨으며

'종의 노래'인 시편 22편 22절의 말씀을 인용한 것이다. 다윗이 왕위에 오르기까지 사울왕에게 온갖 핍박과 수난을 당하다가 결국 하나님의 도우심으로 왕위에 오르게 될 것을 바라보며 하나님을 찬양한 것이다. 그러므로 이 구절과 시편 22편을 가리켜 '메시야의 수난과 영광'의 회복에 대한 메시야 예언시(메시야 시편)라 부른다.

또한 히브리서는 예수님 자신이 시편의 이 구절을 언급하며 '함께 형제된(2:11, 17)' 교회들에게 하나님의 이름을 선포하고 하나님을 찬송할 것이라고 말씀하고 있다.

"교회"란 헬라어로 에클레시아[28]($\dot{\epsilon}\kappa\kappa\lambda\eta\sigma\acute{\iota}\alpha$, nf)인데, 이는 에크($\dot{\epsilon}\kappa$, from, from out of)와 칼레오($\kappa\alpha\lambda\acute{\epsilon}\omega$, v, (a) I call, summon, invite, (b) I call, name)의 합성어로서 '세상으로부터 불러냄을 당한 성도들의 신앙공동체'를 말한다.

13 또 다시 내가 그를 의지하리라 하시고 또 다시 볼지어다 나와 및 하나님께서 내게 주신 자녀라 하셨으니

이사야 8장 17-18절의 인용구인 본절은 이사야 선지자가 앗수르의 침략에 직면(유다의 아하스 치하에서 북이스라엘과 시리아의 위협을 배경-북이스라엘과 시리아는 앗수르에 의해 정복당함)했을 때 '나와 나의 자녀들은 하나님을 의지하여 난관을 극복하겠다'라고 했던 그 선언이다.

히브리서에는 예수께서 성부하나님이 허락하신 자녀들과 더불어 사망을 이기고 다스리겠다고 말씀하고 있다. 이사야와 히브리서의 묘한 대조를 잘 살펴야 할 것이다.

히브리서의 "내가 그를 의지하리라"에서 '내가'라는 일인칭 대명사는 예수님을(이사야 8장17-18절에서의 '내가'는 이사야 선지자를), '그를'이 가리키는 것은 성부하나님이다. 그러므로 예수님도 성부하나님을 의

---

28 에클레시아($\dot{\epsilon}\kappa\kappa\lambda\eta\sigma\acute{\iota}\alpha$, nf)는 an assembly, congregation, church; the Church, the whole body of Christian believers/(from 1537 /ek, "out from and to" and 2564 /kaléō, "to call") – properly, people called out from the world and to God, the outcome being the Church (the mystical body of Christ) – i.e. the universal (total) body of believers whom God calls out from the world and into His eternal kingdom)이다.

지하여(기름부음을 받아 그리스도, 메시야로 보내심을 받아) 대속 사역을 성취하셨음을 가리킨다.

이는 마치 이사야 선지자가 시리아와 북이스라엘의 위협으로 아하스왕과 백성들이 떨고 있던 그 때에 '하나님만을 신뢰하고 하나님만을 두려워하라'고 했던 것과 같다.

"볼지어다~자녀라"는 것은 예수님 안에서 한 지체로서 모두가 다 하나님의 자녀임을 강조하는 것이다.

14 자녀들은 혈육에 함께 속하였으매 그도 또한 한 모양으로 혈육에 함께 속하심은 사망으로 말미암아 사망의 세력을 잡은 자 곧 마귀를 없이 하시며

하나님의 아들이 하늘 영광을 버리고 종의 형체를 가져 비천한 사람이 된 것(성육신의 목적)은 사망의 세력을 잡은 자 곧 마귀를 무력화시켜 죄에 종노릇하는 인간을 구원하여 자유케하기 위함이었다.

혈과 육은 인간 본성을 가리키는 것으로 "혈과 육에 속하심"이란 참 하나님이시면서 참 사람이심(히 9:14, 2:9, 5:8)을 나타낸 것으로 신인양성의 하나님이라는 의미이다.

"혈육"이란 하나님의 형상을 따라 육신과 생명되는 피를 받아 창조된 인간을 가리킨다(마 16:17, 엡 6:12). 하나님이신 예수님은 성육신하셔서 인간과 하나님 사이의 참된 중보자(히 4:15)가 되셨다.

15 또 죽기를 무서워하므로 일생에 매여 종 노릇 하는 모든 자들을 놓아주려 하심이니

예수 그리스도로 인하여 우리는 자유함을 얻게(갈 5:1)되었고 심판으로부터(요 5:24, 29), 세상의 얽매임으로부터(요 17:14), 사단의 권세로부터(행 26:18), 율법으로부터(엡 2:15), 죽음으로부터(히 2:15), 두려움으로부터(히 13:6), 죄로부터(벧전 2:24), 종의 멍에로부터(갈 5:1)의 자유를 얻게 되었다.

누구나 할 것 없이 모든 인간은 죽음 이후의 미지의 세계로 인해 육신적 죽음을 두려워한다. 그러나 그리스도인들은 비록 육체를 가졌기에 필연적으로 닥칠(히 9:27) 죽음 앞에서 모두가 다 비슷하게 두려워할 수는 있으나 부활의 소망(고전 15:12-24)을 가지고 있기에 세상과 조금은 달라야 한다. 요한복음 11장 25-26절의 말씀이 우리에게 용기를 더해준다.

"예수께서 가라사대 나는 부활이요 생명이니 나를 믿는 자는 죽어도 살겠고 무릇 살아서 나를 믿는 자는 영원히 죽지 아니하리니 이것을 네가 믿느냐"_요 11:26-26

16 이는 실로 천사들을 붙들어 주려 하심이 아니요 오직 아브라함의 자손을 붙들어 주려 하심이라

"붙들어주다"의 헬라어는 에필람바노마이²⁹(ἐπιλαμβάνομαι, v)인데

---

29 에필람바노마이(ἐπιλαμβάνομαι, v)는 I lay hold of, take hold of, seize (sometimes with beneficent, sometimes with hostile, intent)/(from 1909 /epí, "on, fitting" intensifying 2983 / lambánō, "aggressively take") - properly, lay hold of something, showing personal initiative ("focused resolve") that "matches" the seizing (i.e. laying hold of what is "apt, meet")이다.

이는 '돕다, 구원해주다'라는 의미이다.

"아브라함의 자손"이란 영적인 아브라함의 자손인 영적 이스라엘(롬 11:26) 곧 이면적 유대인(롬 2:29)을 가리키며 예수를 믿은 후 하나님의 자녀 된 모든 사람들을 가리킨다.

17 그러므로 저가 범사에 형제들과 같이 되심이 마땅하도다 이는 하나님의 일에 자비하고 충성된 대제사장이 되어 백성의 죄를 구속하려 하심이라

이 구절에서는 하나님이신 예수 그리스도의 낮아지심과 하나님이신 예수님의 우리와 형제 되어주심에 대해 말씀하고 있다. 성육신하신 이유는, 율법에 매여 종 노릇하고 있는 인간의 죄를 영 단번(once for all)에 구속하기 위함이었다. 그런 예수 그리스도를 가리켜 "자비하고 충성된 대제사장"이라고 한다. 그 예수는 참 하나님이셨고 참 사람이셨다.

한편 "범사에 형제들과 같이 되셨다"라는 것은 성육신하셨다라는 것이지 타락하고 부패한 인간 본성까지 입으셨다는 말은 아니다.

'모든 일에 우리와 똑같이 시험을 받으셨으나(롬 8:3) 죄는 없으셨다(히 4:15)'라는 의미이다. "마땅하도다"의 헬라어는 오페일로[30](ὀφείλω, v)인데 이는 '~할 의무를 지니다, 필요하다'라는 의미이다. 즉 예수님의 성육신 사건은 인간의 구속을 위해 반드시 필요했다라는 의미이다.

---

30 오페일로(ὀφείλω, v)는 I owe, ought/(a primitive verb, NAS dictionary) - to owe, be indebted, i.e. obliged to rectify a debt ("ought")/("owe") refers to being morally obligated (or legally required) to meet an obligation, i.e. to pay off a legitimate debt)이다.

"자비한"이란 헬라어는 엘레에몬($\dot{\epsilon}\lambda\epsilon\dot{\eta}\mu\omega\nu$, adj, full of pity, merciful, compassionate/merciful, acting consistently with the revelation of God's covenant)인데 이는 '긍휼이 여기는'이라는 의미로 상대의 입장을 공감(sympathy)하고 상대의 아픔 속으로 들어가는(empathy) 것을 가리킨다.

"충성된"의 헬라어는 피스토스[31]($\pi\iota\sigma\tau\acute{o}\varsigma$, adj)인데 이는 '자기의 맡은 일을 성실히 감당하는'이라는 의미이다. 더 나아가 '하나님의 신실하심, 미쁘심'을 나타내기도 한다. 그렇기에 "자비하고 충성된 대제사장"이라는 것은 인류에 대하여는 미쁘심과 신실하심이 전제된 자비의 마음이었고 하나님에 대하여는 성실하고 충성되었음을 함의하고 있다.

"대제사장"의 헬라어는 아르키에류스[32]($\dot{\alpha}\varrho\chi\iota\epsilon\varrho\epsilon\acute{u}\varsigma$, nm)인데 이는 '백성의 죄를 대속하는 역할을 감당하는 자'라는 의미이다. 구약시대에는 반복적으로 짐승을 희생 제물로 드렸으나 '그리스도는 대제사장'으로서(히 3:1, 4:15, 5:10, 7:26, 8:1, 9:7) 영 단번(once for all)에 당신의 몸을 희생 제물로 드리셨다.

18 자기가 시험을 받아 고난을 당하셨은즉 시험받는 자들을 능히 도우시느니라

---

31 피스토스($\pi\iota\sigma\tau\acute{o}\varsigma$, adj)는 trustworthy, faithful, believing/**pistós** (an adjective, derived from 3982 /**peíthō**, "persuaded") - properly, faithful (loyalty to faith; literally, fullness of faith); typically, of believing the faith God imparts)이다.

32 아르키에류스($\dot{\alpha}\varrho\chi\iota\epsilon\varrho\epsilon\acute{u}\varsigma$, nm는 high priest, chief priest/**arxiereús** (from 746 /**arxé**, "chief, pre-eminent one" and 2409 /**hiereús**, "a priest") - a chief-priest, i.e. a leader among priests)이다.

이 구절에서 "시험을 받다"의 헬라어는 페이라조[33]($\pi\varepsilon\iota\varrho\acute{\alpha}\zeta\omega$, v)인데 이는 '사단의 유혹(temptation, 히 4:15, 마 4:1-11, 26:36-42, 눅 4:2)'을 가리킨다.

한편 성경에서 '시험'이라는 말이 사용될 때에는 문맥을 고려하여 다음의 3가지(test, trial or training, temptation)로 잘 나누어 해석해야 한다.

첫째는 Trial or Training의 경우이다. 이때의 헬라어는 페이라($\pi\varepsilon\tilde{\iota}\varrho\alpha$, nf)와 굼나조[34](딤전 4:7-8, 히 5:14, 11:29, 36, 12:11, 벧후 2:14, $\gamma\upsilon\mu\nu\acute{\alpha}\zeta\omega$, v)이다.

둘째는 Test의 경우인데 이때의 헬라어는 도키마조[35](벧전 1:7, 요일 4:1, 딤전 3:10, 엡 5:10, 고후 13:5, $\delta o\kappa\iota\mu\acute{\alpha}\zeta\omega$, v)이다.

셋째는 Temptation의 경우이다. 이때의 헬라어는 페이라스모스[36](벧전 1:6, $\pi\varepsilon\iota\varrho\alpha\sigma\mu\acute{o}\varsigma$, nm)이다.

---

33 페이라조($\pi\varepsilon\iota\varrho\acute{\alpha}\zeta\omega$, v)는 to make proof of, to attempt, test, tempt/(from 3984 /**peíra**, "test, trial") - "originally to test, to try which was its usual meaning in the ancient Greek and in the LXX" (WP, 1, 30). "The word means either test or tempt" (WP, 1, 348). Context alone determines which sense is intended, or if both apply simultaneously)이다.

34 굼나조(딤전 4:7-8, 히 5:14, 11:29, 36, 12:11, 벧후 2:14, $\gamma\upsilon\mu\nu\acute{\alpha}\zeta\omega$, v)는 to exercise naked, to train/(from 1131 /**gymnós**, "to train, naked or wearing a loin cloth") - properly, naked or lightly clad, as with an ancient Greek athlete in a sporting event; (figuratively) to train with one's full effort, i.e. with complete physical, emotional force like when working out intensely in a gymnasium)이다. $\delta o\kappa\iota\mu\acute{\alpha}\zeta\omega$

35 도키마조(벧전 1:7, 요일 4:1, 딤전 3:10, 엡 5:10, 고후 13:5, $\delta o\kappa\iota\mu\acute{\alpha}\zeta\omega$, v)는 I put to the test, prove, examine; I distinguish by testing, approve after testing; I am fit/(from 1384 /**dókimos**, "approved") - properly, to try (test) to show something is acceptable (real, approved); put to the test to reveal what is good (genuine)이다.

36 페이라스모스(벧전 1:6, $\pi\varepsilon\iota\varrho\alpha\sigma\mu\acute{o}\varsigma$, nm)는 (a) trial, probation, testing, being tried, (b) temptation, (c) calamity, affliction/(from 3985 /**peirázō**) - temptation or test - both senses can apply simultaneously (depending on the context). The positive sense ("test") and negative sense ("temptation") are functions of the context (not merely the words themselves)이다.

결국 그 의미(시험, 훈련, 역경, 고난, 환난, 유혹 등)가 서로 겹치는 부분이 있어 성경을 읽어나갈 때 '시험'이라는 단어가 나오면 그 전후 문맥을 잘 고려하여 해석함이 마땅하다.

믿는 도리의 사도, 대제사장이신 예수를 깊이 생각하라

1장에서는 기독론(히 1:2-3, 골 1:13-23)을 통해 예수님은 누구신가, 왜 믿어야 하는가, 예수를 믿으면 어떻게 되는가에 대해 말씀해 주셨다.

2장에서는 그 예수님께서 성육신하셔서 우리를 위하여 십자가 수난과 죽음을 당하셨음을 말씀하고 있다. 초림의 예수님은 그리스도, 메시야로 이 땅에 오셔서 그렇게 다 이루셨다(새 언약의 성취). 십자가에 달려 죽으신 예수님은 죽음을 이기시고 3일 만에 부활하셨다. 이후 이 땅에 40일간 계시다가 500여 형제가 보는 가운데 승천하셨다. 하나님의 보좌 우편에 계신 승리주 하나님이신 그 예수님은 하나님의 일에 자비하고 충성된 대제사장으로 우리의 모든 죄를 구속하신 대속주이시다.

승리주로 장차 재림하실 예수님은 심판주이시기에 그날에는 모든 것을 심판하실 것이다.

3장에서는 그 예수님이 바로 우리의 믿는 도리의 사도이시고 대제사장이라고 말씀하고 있다. 2장 17절에서는 하나님의 일에 자비하고 충성된 대제사장이신 예수님은 우리의 죄를 구속해 주신 신실하신 하나님이심을 말씀하고 있다.

특히 3장 1-6절에서는 예수님의 대제사장으로서의 역할을 하나님의 소명(부르심)과 사명(보내심)에 신실했던 모세와 대조하고 있다.

모세가 하나님의 온 집(하나님의 백성)을 섬긴 신실한 종이었다면 예수님은 성부하나님의 유일한 기름부음 받은 자이셨고 그리스도 메시야로 이 땅에 오신 신실한 대제사장(삼상 2:35, 대상 17:14)이셨다.

그 예수님은 우리를 친히 지으신 창조주 하나님의 아들이셨다. 하나님의 아들이신 예수 그리스도의 십자가 보혈과 구원에의 확신을 붙잡고 믿음과 순종으로 끝까지 견고히 붙잡을 것을 말씀하셨다. 한편 불신과 불순종으로 결국 가나안에 들어가지 못했던 출애굽 1세대를 예로 들어주시며 권고해 주셨다.

"불순종과 불신(불의)"
"맛사와 므리바"
그리고 르비딤(출 17장)

특별히 3장 6, 14절은 핵심절 중의 하나이다.

"그리스도는 그의 집 맡은 아들로 충성하였으니 우리가 소망의 담대함과 자랑을 끝까지 견고히 잡으면 그의 집이라"_히 3:6

"우리가 시작할 때에 확실한 것을 끝까지 견고히 잡으면 그리스도와 함께 참예한 자가 되리라"_히 3:14

3-1 그러므로 함께 하늘의 부르심을 입은 거룩한 형제들아 우리의 믿는 도리의 사도시며 대제사장이신 예수를 깊이 생각하라

"그러므로(Therefore)"란 헬라어로 호덴(ὅθεν, (a) whence, from which place, (b) wherefore)이다. 이 접속사 속에는 2장의 '성육신하신 예수께서 하나님의 일에 자비하고 충성된 대제사장으로서 인간 구원

을 위한 대속 사역을 성취하였으므로'라는 의미가 함축되어 있다.

"함께(partakers)"의 헬라어는 메토코스[37](μέτοχος, adj)인데 이는 '나누는 자, 친구, 동참자, 동반자'라는 의미이다. 예수님 안에서 한 지체된 믿음의 형제 자매들을 가리킨다.

"하늘의 부르심"에서 '하늘'은 '초월자이신 하나님(히 6:4, 8:5, 9:23, 11:16, 12:22)'을 가리킨다. '부르심'의 헬라어는 클레시스[38](κλῆσις, nf)인데 이는 만세 전에 성부하나님의 은혜로 택정하심을 따라 때가 되매 부름을 받게 되는 것을 가리킨다.

바울은 "거룩한 형제들아"라는 호칭을 '사랑하는 형제들아(고전 15:58, 고후 7:1)'라고 부르기도 했다. 한편 야고보는 '나의 형제들아(약 1:2, 2:1, 3:1, 5:12)'로 호칭했다. 이는 모두가 다 하나님의 자녀된 고귀하고 소중한 택함받은 자라는 의미이다.

"믿는 도리"에서 '도리(4:14, 10:23)'의 헬라어는 호몰로기아[39](ὁμολογία, nf)인데 이는 '일치된 의견, 신앙 고백, 복음의 요체, 하나님의 언약, 말씀'을 의미한다.

---

37 메토코스(μέτοχος, adj)는 sharing in, a sharer, partner, associate/(from 3348 /metéxō, "share in," derived from 3326 /metá, "with change afterward" and 2192 /éxō, "have") - properly, change due to sharing, i.e. from being an "active partaker with.")이다.

38 클레시스(κλῆσις, nf)는 a calling, invitation; in the NT, always of a divine call/(from 2564 / kaléō, "to call, summon") - calling; used of God inviting all people to receive His gift of salvation - with all His blessings that go with it (Ro 11:29; Eph 4:4; 2 Pet 1:10)이다.

39 호몰로기아(ὁμολογία, nf)는 an agreement, confession/(from 3674 /homoú, "the same, together" and 3004 /légō, "speak to a conclusion, lay to rest") - properly, a conclusion embraced by common confession (profession, affirmation)이다.

"생각하라"의 헬라어는 카타노에오[40]($\kappa\alpha\tau\alpha\nuo\acute{\epsilon}\omega$, v)인데 이는 '어떤 일에 몰두하다', '마음을 고정시키다'라는 의미로서 12장 2절에서의 주위를 두리번거리지 말고 예수님만 "바라보라"는 것을 가리킨다.

2 저가 자기를 세우신 이에게 충성하시기를 모세가 하나님의 온 집에서 한 것과 같으니

"저가"는 예수 그리스도를, "자기를 세우신 이"는 예수를 그리스도 메시야로 이 땅에 보내신 성부하나님을 가리킨다.

"세우다"의 헬라어는 포이네오($\pi o\iota\acute{\epsilon}\omega$, v, (a) I make, manufacture, construct, (b) I do, act, cause)인데 이는 '만들다, 지었다'라는 의미와 함께 '임명하다, 직무에 앉히다'라는 의미가 있다. 이 구절에서는 후자로 쓰였다. 즉 예수님은 성부하나님의 유일한 기름부음 받은 자, 그리스도 메시야로서 이 땅에 구속주이자 대속주로 오신(요 8:42) 것이다.

사실 예수님의 그 충성과 순종하심은 구약의 충실한 하나님의 일꾼이었던 모세(민 12:7)와는 비교조차도 하면 안 되는 것이다.

"하나님의 온 집"이란 처소의 의미가 아니라 '하나님의 자녀들 혹은 하나님의 백성들'을 가리킨다. 참고로 구약(민 12:7, 호 8:1)에서는 '선민 이스

---

40 카타노에오($\kappa\alpha\tau\alpha\nuo\acute{\epsilon}\omega$, v)는 to take note of, perceive/(from 2596 /katá, "down along, exactly according to" and 3539 /noiéō, "to think") – properly, to think from up to down, to a conclusion; to consider exactly, attentively (decisively); to concentrate by fixing one's thinking " 'to perceive clearly' (kata, intensive), 'to understand fully, consider closely' " (Vine, Unger, White, NT, 123)이다.

라엘'을, 신약(엡 2:21-22, 딤전 3:15, 벧전 4:17)에서는 '우주적 교회'를 의미
했다.

3 저는 모세보다 더욱 영광을 받을 만한 것이 마치 집 지은 자가 그 집보다 더
욱 존귀함 같으니라

이 구절에서 "집"은 우주적 교회를 지칭한다. 모세는 교회공동체
를 위해 수고한 사환(종)이었다. 그러나 예수 그리스도는 자신의 핏
값으로 교회를 창립하신 분(마 16:18, 행 20:28)으로서 집을 '지은 이(ὁ
κατασκευάσας αὐτόν, the one having built it/"순 혹은 싹", 슥 6:12-
13, 3:8, 학 2:20-23)'[41] 곧 하나님이시다.

4 집마다 지은 이가 있으니 만물을 지으신 이는 하나님이시라

이 구절에서 "집"은 모세를 가리키며 지은 이는 창조주 하나님이신 예
수 그리스도를 가리킨다. 그 예수는 삼위일체 하나님으로 창조주라는 것
이다.

5 또한 모세는 장래의 말할 것을 증거하기 위하여 하나님의 온 집에서 사환으

---

41 바벨론 포로에서 1차 귀환시 정치지도자(왕)는 스룹바벨이었고 종교지도자(제사장)는 여호수
아(예수아)였다. 그들은 스룹바벨성전을 봉헌하였다. 이 두사람의 각각의 역할을 통해 예수님은 진
정한 성전을 봉헌하셨던 것이다.

모세가 "장래에 말할 것을 증거"했다라는 것은 율법이 몽학선생(초등교사)으로서 그리스도에게로 인도하는, 그리스도의 복음을 증거한 것(Peake, Michel, Dods)이라는 해석에 나는 동의한다.

"하나님의 온 집(in all the house)"이란 앞서 히브리서 3장 2절에서도 언급했듯이 장소의 의미가 아니라 '하나님의 자녀들 혹은 하나님의 백성들'을 가리킨다.

"사환으로"라는 말에서 '사환'의 헬라어는 데라폰[42]($\theta\varepsilon\varrho\acute{\alpha}\pi\omega\nu$, nm)인데 이는 '주인을 섬기면서 주인의 집을 관리하는 일꾼'을 가리킨다. 그렇기에 모세는 하나님의 피조물이며 예수 그리스도는 하나님의 아들이심을 대조하면서 구별하고 있는 것이다.

6 그리스도는 그의 집 맡은 아들로 충성하였으니 우리가 소망의 담대함과 자랑을 끝까지 견고히 잡으면 그의 집이라

"아들"은 헬라어로 휘오스[43]($\upsilon\acute{\iota}\acute{o}\varsigma$, nm)인데 이는 5절의 "사환($\theta\varepsilon\varrho\acute{\alpha}\pi\omega\nu$, nm)"과 대조되는 말이다.

"소망의 담대함", "자랑", "끝까지 견고히 잡으면"의 이 세가지는 하나

42　데라폰($\theta\varepsilon\varrho\acute{\alpha}\pi\omega\nu$, nm)은 a servant, attendant, minister/an attendant (minister) giving "willing service" (S. Zodhiates, Dict)이다.

43　휘오스($\upsilon\acute{\iota}\acute{o}\varsigma$, nm)는 properly, a son (by birth or adoption); (figuratively) anyone sharing the same nature as their Father. For the believer, becoming a son of God begins with being reborn (adopted) by the heavenly Father – through Christ (the work of the eternal Son). In the NT)이다.

님의 자녀로서 마땅히 지녀야 할 태도이다. 한편 "소망"이란 예수 그리스도의 십자가 보혈을 통한 구원의 확신을 가리키는 것으로 구체적으로는 예수 그리스도로 말미암아 미래형 하나님나라에의 입성과 영생을 의미한다.

7 그러므로 성령이 이르신 바와 같이 오늘날 너희가 그의 음성을 듣거든

"성령이 이르신 바와 같이"라는 말은 '성령의 감동으로(히 9:8, 10:15, 딤후 3:16, 벧후 1:21)'라는 의미이다.

"오늘날"이란 예수님의 초림으로 인해 예수 그리스도 새 언약이 성취되어 은혜로 복음이 주어진 신약시대 혹은 교회시대를 의미한다. 이러한 시대를 살아가며 그리스도인들은 예수 그리스도의 복음에 큰 귀를 기울여야 할(고후 6:1-2) 것이다.

8 노하심을 격동하여 광야에서 시험하던 때와 같이 너희 마음을 강팍케 하지 말라

"노하심을 격동하여"라는 것은 출애굽 후 광야에서 출애굽 1세대가 자유인으로 지내면서도 불평과 불만, 잦은 반복된 원망을 계속하여 늘어놓음으로 결과적으로 하나님의 진노를 불러 일으켰던 것(출 17:1-7, 민 20:13)을 가리킨다.

'시험하다'라는 뜻의 히브리어는 맛사(מַסָּה, a place in the desert

where Israelites rebelled)이며 이는 동사 나사(נָסָה, v, to test, try)에서 파생되었다.

'다투다, 불평하다'라는 뜻의 히브리어는 므리바(מְרִיבָה, nf, strife, contention)이며 이는 리브(רִיב, v, to strive, contend)에서 파생되었다.

즉 '맛사(시험)와 므리바(다툼)'는 하나님에 대한 불순종과 불신으로서 마음이 강퍅(완악)하게 된 것(시 95:8, 출 17:7)을 가리킨다. 결국 그들은 불신과 불순종으로 인해 "남은 안식"인 가나안에 들어가지 못하게 된다(히 3:18-19). 바로 출애굽 1세대의 모습이다.

"강퍅하다"의 헬라어[44]는 스클레뤼노(σκληρύνω, v)인데 이는 '말라서 단단해지다, 완악하다'라는 의미이다. 형용사 스클레로스(σκληρός)에서 파생되었다. 참고로 의학용어 중에 동맥경화증(Artherosclerosis)이라는 단어가 있는데 이중 '경화증(Sclerosis, 스클레로시스)'이라는 말은 혈관이 딱딱하게 되는 것으로 '강퍅'이라는 헬라어(σκληρός, 스클레로스)에서 나왔다.

9 거기서 너희 열조가 나를 시험하여 증험하고 사십 년 동안에 나의 행사를 보았느니라

---

44 스클레뤼노(σκληρύνω, v)는 properly, to harden; become inflexible (literally "dried out"); (figuratively) obstinately stubborn, resisting what God says is right)인데 이는 '말라서 단단해지다, 완악하다'라는 의미이다. 형용사 스클레로스(σκληρός, properly, hard (because dried out); (figuratively) stiff, stubborn (unyielding) describing people who "won't budge" (bend, submit), or what is unyieldingly harsh)에서 파생되었다.

"너희 열조"란 출애굽 1세대를 가리킨다. 앞서 언급했던 "시험하다"의 헬라어는 페이라조(πειράζω, v, to make proof of, to attempt, test, tempt)인데 이는 '유혹하다, 증명하다, 조사하다, 시도하다'라는 의미이다.

"증험하다"의 헬라어는 도키마조[45] (δοκιμάζω, v)인데 이는 '입증하다, 확인하다, 조사하다'라는 의미인데 상기 두 단어의 의미는 약간 중첩되어 있어 반복하여 강조하고 있음을 알 수 있다.

결국 '시험하여 증험하다'라는 것은 앞서 8절에서 언급한대로 '맛사(시험)와 므리바(다툼)'와 같은 형식으로 사용된 것으로 하나님에 대한 불순종과 불신으로 인해 마음이 강퍅(완악)하게 된 것(시 95:8, 출 17:7)을 가리킨다. 결국 그들은 불신과 불순종으로 인해 강퍅하게 되어 가나안에 들어가지 못했다.

"사십 년 동안에 나의 행사를 보았느니라"는 것은 출애굽 후 광야에서 행하신 하나님의 모든 권능(신 2:7, 8:4)을 말한다.

10 그러므로 내가 이 세대를 노하여 가로되 저희가 항상 마음이 미혹되어 내 길을 알지 못하는도다 하였고

"이 세대"란 출애굽 1세대를 가리킨다.

---

45 도키마조(δοκιμάζω, v)는 I put to the test, prove, examine; I distinguish by testing, approve after testing; I am fit/(from 1384 /dókimos, "approved") - properly, to try (test) to show something is acceptable (real, approved); put to the test to reveal what is good (genuine)이다.

"미혹하다"의 헬라어는 플라나오[46]($\pi\lambda\alpha\nu\acute{\alpha}\omega$, v)인데 이는 '죄를 짓다, 길을 벗어나다'라는 의미로 '분별하다'라는 말과 반대되는 개념이다.

11 내가 노하여 맹세한 바와 같이 저희는 내 안식에 들어오지 못하리라 하셨다 하였으니

　이 구절은 민수기 14장 30절의 말씀을 배경으로 한 것으로 '남은 안식'에 들어오지 못할 것이라는 말씀이다.

　"안식"이란 하나님께서 약속하신 장소, 곧 가나안에의 '입성과 정착'을 함의하는 말이다. 즉 가나안이란 미래형 하나님나라의 입성과 영생의 예표이기도 하다.

12 형제들아 너희가 삼가 혹 너희 중에 누가 믿지 아니하는 악심을 품고 살아계신 하나님에게서 떨어질까 염려할 것이요

　이 구절은 성도된 자들의 마땅한 삶의 태도(요일 4:20-21)에 대해 강조하고 있다.

　죄성을 타고난 인간은 하나님의 은혜에 의해 예수 그리스도의 십자가 구속으로 말미암아 비록 의롭다 칭함을 받기는 했으나 already~not yet

---

46　플라나오($\pi\lambda\alpha\nu\acute{\alpha}\omega$, v)는 I lead astray, deceive, cause to wander/properly, go astray, get off-course; to deviate from the correct path (circuit, course), roaming into error, wandering; (passive) be misled)이다.

의 상태이므로 자신에게도 상대에게도 삼가 조심하고 절제하는 것이 그리스도인으로서 바른 삶의 태도라는 것이다.

"악심"이란 예수 그리스도를 믿지 않는 불신(히 3:19)과 불순종(히 3:18)을 말한다. '복음의 진리'에 대한 핵심은 예수 그리스도를 믿기만(빌 2:12) 하면 누구든지 구원을 얻게 된다(롬 10:13)라는 것이다.

13 오직 오늘이라 일컫는 동안에 매일 피차 권면하여 너희 중에 누구든지 죄의 유혹으로 강퍅케 됨을 면하라

"오늘"이란 '종말시대(교회시대)'를 가리키는 것으로 '주의 날(벧후 3:10), 마지막 날, 종말의 끝날'과 대조되는 말이다.

"피차 권면하여"라는 말은 공동체의 중요성과 지체의 소중함을 동시에 함의하는 말이다. 교회공동체의 중요성과 대면 예배의 소중함이 여기에 있다.

"죄의 유혹으로"에서의 '그 죄($\tau\tilde{\eta}\varsigma$ $\dot{\alpha}\mu\alpha\varrho\tau\dot{\iota}\alpha\varsigma$, 테스 하마르티아스)'는 구체적으로 불순종과 불신(12절)을 말한다. '유혹'의 헬라어는 아파테[47] ($\dot{\alpha}\pi\dot{\alpha}\tau\eta$, nf)인데 이는 '속임수, 기만'이라는 의미로서 사단의 전형적인 수법(창 3:4-5)이기도 하다.

---

47 아파테($\dot{\alpha}\pi\dot{\alpha}\tau\eta$, nf)는 a false impression, made to deceive or cheat - i.e. deceit motivated by guile and treachery (trickery, fraud)이다.

"시작할 때"란 처음 그리스도를 믿은 때를, "확실한 것(히 3:6, 소망)"이란 예수 그리스도 십자가 보혈로 인한 구원에의 확신을, "끝까지"란 개인의 죽음 혹은 역사적 종말인 재림 예수님의 최후 심판의 때를, "견고히 잡으면"이란 하나님을 굳세게 신뢰하면이라는 의미이다.

즉 "시작"이란 초림의 예수를 믿고 붙잡는 것이며 "끝까지"라는 것은 재림의 예수님이 오시는 그날까지를 가리킨다.

한편 우리가 할 일은 그분을 "끝까지 견고히" 잡는(히 3:6, 14) 것이다. 그 결과 우리는 그리스도와 함께 참예한 자가 된다.

반면, 말씀에서 떠나면(Warren Wiersbe) 먼저는 기준과 원칙이 희미해지게 되어 삶의 방향이나 가치관에서 우왕좌왕(표류)하게 된다. 점점 더 의심의 골은 깊어지게 되고 죄에 대하여는 무디어지게(둔감하게) 된다. 그러다 보면 조금씩 불순종이 늘어가다가 결국에는 배도(배교)하게 되어버린다.

"그리스도와 함께 참예한 자가 되리라"는 것은 하나님나라의 기업(하늘나라의 시민권)을 상속받게 된다는 의미이다. 즉 하나님나라에로의 입성과 영생 가운데 삼위하나님의 영광을 받아 지극히 귀한 보석같이 빛난 삶을 누리게 될 것이라는 의미이다.

"성경에 일렀으되"란 출애굽기 17장 2-7절의 배경을 담고 있으며 시편 95편 7-8절의 말씀이다.

"대저 저는 우리 하나님이시요 우리는 그의 기르시는 백성이며 그 손의 양이라 너희가 오늘날 그 음성 듣기를 원하노라"_시 95:7

16 듣고 격노케 하던 자가 누구뇨 모세를 좇아 애굽에서 나온 모든 이가 아니냐 17 또 하나님이 사십 년 동안에 누구에게 노하셨느뇨 범죄하여 그 시체가 광야에 엎드러진 자에게가 아니냐 18 또 하나님이 누구에게 맹세하사 그의 안식에 들어오지 못하리라 하셨느뇨 곧 순종치 아니하던 자에게가 아니냐 19 이로 보건대 저희가 믿지 아니하므로 능히 들어가지 못한 것이라

16절은 하나님을 거역한 자들(민 14:8, 11)인 출애굽 1세대에 관한 언급이고 17절은 출애굽 1세대 중 하나님의 진노를 받은 자들(민 14:22-23)을, 18절은 그 진노의 결과 하나님의 남은 안식 즉 가나안에 들어가지 못하게 되었음을 말씀하고 있다.

"아니냐"의 헬라어는 티스(τίς)인데 이는 명확한 대상을 지칭하는 의문사이다. 결국 출애굽 1세대가 가나안에 들어가지 못한 것은 하나님의 진노의 대상인 두가지 원인 즉 '믿음 없음(불신)과 순종치 아니함(불순종)' 곧 패역함 때문이었다.

이를 로마서 1장 18절에서는 불의(아디키아, 불신)와 경건치 않음(진리를 순종치 않을 뿐 아니라 진리를 막는 불순종함)이라고 지적하고 있다.

한편 민음(피스티스)에는 반드시 순종(경건한 신앙생활, 즉 민음의 동사화 과정)이라는 열매가 뒤따라야 한다.

은혜의 보좌 앞에
담대히 나아갈 것이니라

우리는 성부하나님의 유일한 기름부음 받은 자 곧 그리스도 메시야이신 구원자(Savior) 예수를 통해 하나님의 은혜의 보좌 앞에 당당히 나아갈 수 있게 되었다.

할렐루야!

그 예수는 우리를 위하여 대속 제물이 되셨고 하나님과 우리 사이의 중보자(Peacemaker)로서 죄로 인해 막힌 담을 허물어주셨다. 우리의 화목 제물이 되신 것이다. 그 결과 우리는 예수 그리스도를 힘입어 하나님의 은혜의 보좌 앞으로 담대히 그리고 당당히 나아가게 된 것이다.

"보혈을 지나 하나님 품으로."

이곳 4장에는 "그의 안식에 들어갈 약속이 남아있을지라도(1), 남은 안식(8), 그의 안식(1, 9), 저 안식(3, 11), 내 안식(3, 5)" 등등 '안식'이라는 단어가 많이 언급되어 있다. 이 부분에 주목해야 한다.

모든 그리스도인들은 예수를 믿어 이 땅에서 성령님을 주인으로 모신 현재형 하나님나라가 되어 '지금 안식(샬롬의 4가지 의미[48])'에 들어가게 된다. 이를 '지금 안식'을 누리며 살아간다고 말한다. 또한 장차 예수님의 재림 후에는 백보좌 심판을 통해 미래형 하나님나라에서 '영원한 안식 혹은 남은 안식'을 누리게 된다. 특별히 4장에서는 이 둘을 구분하고 있는 것이 아주 흥미롭다.

나는 '안식'을 둘로 나누어 강의해왔다. 첫째는 예수를 믿은 후 우리 안에 내주하시는 주인(주권자) 되신 성령님의 통치와 질서, 지배 하에서 '지금 안식'을 누리며 살아가는 현재형 하나님나라에서의 삶이다. 둘째는 예수님의 재림 후 분명한 장소 개념인 미래형 하나님나라에서 '영원한 안식' 속에서의 영생을 누리는 삶이다. 이를 '남은 안식'이라고 한다.

결국 '지금 안식'이든 '남은 안식'이든 간에 '안식'은 예수 그리스도를 통해서만 동시에 예수 그리스도 안에서만 가능함을 알아야 한다.

---

48 히브리어 샬롬의 헬라어는 에이레네인데 이는 4가지 주요 의미가 있다. 첫째는 하나님과의 바른 관계(창조주, 피조물)로서 하나님과의 하나됨(영접과 연합, Union)이며 둘째는 하나님안에서의 안식, 하나님 안에서만 견고함을 누리는 것이다. 셋째는 번영(prosperity)이며 넷째는 평화, 화평, 평온함을 의미한다.

그 예수님만이 그리스도, 메시야이시다. 히브리서는 '오직 믿음'에 대해 말씀하셨다. 히브리서는 1장에서 예수님이 누구이며 왜 믿어야 하며 그 예수를 믿게 되면 어떻게 되는가라는 기독론(Chistology)의 핵심(히 1:2-3, 골 1:13-23)을 선명하게 말씀하고 있다.

한편 히브리서에서 예수님과 대조하여 비교되고 있는 믿음의 선진(先進, advancement)들은 다음과 같다.

모세는 '하나님 온 집(하나님의 자녀)'의 충성된자(3:2)였고 여호수아는 '이스라엘(하나님 온 집 즉 하나님의 자녀)'을 가나안으로 인도한 자(4:8-9)였다.

아브라함은 '모든 민족(하나님 온 집 즉 하나님의 자녀)'의 복의 근원이 된 자(6:13-15)였고 멜기세덱은 영원한 제사장 직분을 소유한 자(7:1-3)였다.

아벨은 자신이 드린 제사로 의롭다함을 얻은 자(11:4)였고 에녹은 하나님과 동행함으로 하나님을 기쁘시게 한 자(11:5)였으며 노아는 세상을 정죄하고 심판하였으며 동시에 구원의 방주로 인도한 자(11:7)였다.

상기 언급된 모든 조상들의 예표가 바로 예수 그리스도이시다. 그 예수님이 곧 "말씀이 육신이 되신(요 1:14)" 하나님이시다. 그러므로 우리는 '하나님의 말씀'을 붙들어야(계 14:12) 한다.

"하나님의 말씀은 살았고 운동력이 있어 좌우에 날선 어떤 검보다도 예리하여 혼과 영과 및 관절과 골수를 찔러 쪼개기까지 하며 또 마음의 생각과 뜻을 감찰하시나니"_히 4:12

"성도들의 인내가 여기 있나니 저희는 하나님의 계명과 예수 믿음을 지키는 자니라"_계 14:12

4-1 그러므로 우리는 두려워할지니 그의 안식에 들어갈 약속이 남아 있을지라도 너희 중에 혹 미치지 못할 자가 있을까 함이라

"그러므로"는 3장 18-19절의 '순종치 않음과 믿음 없음의 결과 하나님 나라에 들어가지 못하였으므로'라는 의미이다. 당연히 이런 부분을 경계해야 하고 그 결과에 대해 우리는 두려워해야 한다.

"두려워하다"의 헬라어는 동사 포베오마이[49](φοβέομαι)인데 이는 '영적 자만에 빠지지말고 나태하지 말며 순종과 믿음을 간직하고 더욱 긴장하라'는 의미이다.

"그의 안식에 들어갈 약속이 남아있다"라는 것의 배경은 다음과 같다. '세상'을 예표하는 애굽에서의 노예생활에서 벗어나 하나님의 통치, 질서, 지배 하에 들어갔던, 비록 광야 생활이기는 했으나 현재형 하나님나라를 누렸던, 이스라엘 백성들의 광야의 삶이 '지금 안식'이라면 '남은 안식'이란 출애굽 후 광야를 거쳐 종국적으로 들어가 정착하여 살게 될 가나안 입성을 말한다. 그 '가나안 입성'이란 영적으로는 장차 미래형 하

---

49 포베오마이(φοβέομαι)는 to fear, withdraw (flee) from, avoid/to put to flight, to terrify, frighten See 5401 (phobos))이다.

나님나라에 들어가는 것(입성, 막 1:15, 눅 6:20)과 영생을 의미한다.

"약속"의 헬라어는 에팡겔리아[50]($\dot{\varepsilon}\pi\alpha\gamma\gamma\varepsilon\lambda\acute{\iota}\alpha$, nf)인데 이는 '공고, 선 언'으로서 '하나님의 신실하신 약속'을 의미한다.

"미치지 못할 자"라는 것은 악심을 품고 불신과 불순종으로 일관(히 3:18-19, 7-12)했던 출애굽 1세대를 가리킨다. "미치지 못하다"의 헬라어는 휘스테레오[51]($\dot{\upsilon}\sigma\tau\varepsilon\varrho\acute{\varepsilon}\omega$, v)인데 이는 '너무 늦어지다, 목표에 도달하지 못하다, 양이 부족하다'라는 의미로서 '시작은 했으나 끝을 보지 못하다' 라는 것을 가리킨다.

2 저희와 같이 우리도 복음 전함을 받은 자이나 그러나 그 들은 바 말씀이 저 희에게 유익되지 못한 것은 듣는 자가 믿음을 화합지 아니함이라

"저희"는 출애굽 당시의 이스라엘 백성들을, "우리"는 영적 이스라엘 백성인 오늘의 성도들을 가리킨다. 전자는 가나안 땅을, 후자는 미래형 하나님나라를 약속으로 받았다.

"복음"이란 만세 전에 하나님의 택정된 자들에게 때가 되매 들려주시 는 '하나님의 은혜의 복된 소식(토 유앙겔리온 테스 카리토스 투 데우)'을 가리킨다.

---

50 에팡겔리아($\dot{\varepsilon}\pi\alpha\gamma\gamma\varepsilon\lambda\acute{\iota}\alpha$, nf)는 a summons, a promise/epí, "appropriately on" and **aggellō**, "announce") – a promise which literally "announces what is fitting" (apt, appropriate)이다.

51 휘스테레오($\dot{\upsilon}\sigma\tau\varepsilon\varrho\acute{\varepsilon}\omega$, v)는 to come late, be behind, come short/(from 5306 /**hýsteros**, "last") – properly, at "the end," i.e. coming behind (to "be posterior, late"); (figuratively) coming behind and therefore left out; left wanting (falling short)이다.

"듣는 자가 믿음을 화합지 아니함"이라는 것은 '복음을 받아들이지 아니하면'이라는 의미이다. 즉 복음을 전해들었어도 받아들이지 않았기에 저들에게는 유익이 되지 못했다라는 의미이다.

캘빈(Calvin)은 '하나님의 약속을 믿는 믿음은 인간의 최소한의 책임과 의무를 동반한다'라고 했다.

3 이미 믿는 우리들은 저 안식에 들어가는도다 그 말씀하신 바와 같으니 내가 노하여 맹세한 바와 같이 저희가 내 안식에 들어오지 못하리라 하셨다 하였으나 세상을 창조할 때부터 그 일이 이루었느니라

"이미 믿는 우리들"은 '지금 안식'에 들어와 영원한 안식을 누리게 된 사람들이다. 즉 예수를 믿으므로 하나님과의 바른 관계(샬롬) 속에서, 예수님 안에서 안식을 누리게 된 것을 말한다. 이후 완전하고도 진정한 안식인 '영원한 안식, 남은 안식, 저 안식'에 들어가게 된다. 그렇기에 "저 안식"이란 미래형 하나님나라에서의 영생 즉 '영원한 안식'을 가리킨다. 가만히 보면 '지금 안식'과 '남은 안식'을 누리게 된 '이미 믿는' 우리들은 지금도 앞으로도 영원히 안식을 누리는 것이다.

우리는 아직까지는 'already~not yet'이기에 지금은 예수님 안에서 내주하시는 성령님으로 인해 안식(지금 안식)을 누리지만 앞으로 예수님의 재림 후 우리는 '저 안식(남은 안식, 영원한 안식)'을 영원히 누리게 될 사람들이다.

"들어가는도다"의 헬라어는 에이세르코마이[52]($\varepsilon i \sigma \acute{\varepsilon} \varrho \chi o \mu \alpha \iota$, v)인데 이는 동작이나 상태가 진행 중임을 나타내는 현재 중간태 직설법동사 ($\mathrm{E} i \sigma \varepsilon \varrho \chi \acute{o} \mu \varepsilon \theta \alpha$, 에이세르코메다)이다. '이미~아직(already~not yet)'이라는 것이다. 그렇기에 예수를 믿은 우리는 '지금 안식' 속에서 현재형 하나님나라를 누리며 살아가는 것이며 장차 육신적 죽음이라는 '이동(아날뤼오, 딤후 4:6)'을 통해 '영원한 안식' 가운데 미래형 하나님나라에서 영생을 누리게 될 것이다.

"내가 노하여~내 안식에 들어오지 못하리라"는 것은 앞서 히브리서 3장 11절의 반복적인 말씀인 바, 이는 시편 95편 11절의 말씀이다. 그렇기에 우리는 불신과 불순종을 경계해야 한다.

"세상을 창조할 때부터 그 일이 이루었느니라"는 것은 만세 전에 하나님의 은혜로 택정된 하나님의 백성은 반드시 하나님나라에 들어가게 됨(요 3:16)을 의미한다. 선택과 유기교리를 생각케 한다.

4 제 칠일에 관하여는 어디 이렇게 일렀으되 하나님은 제 칠일에 그의 모든 일을 쉬셨다 하였으며 5 또 다시 거기 저희가 내 안식에 들어오지 못하리라 하였으니

"제 칠일에 관하여는 어디 이렇게 일렀으되"의 근거는 창세기 2장 2-3

---

52 에이세르코마이($\varepsilon i \sigma \acute{\varepsilon} \varrho \chi o \mu \alpha \iota$, v)는 to go in (to), enter/(from 1519 /eis, "into, unto" and 2064/erxomai, "come") - properly, come into, go (enter) into; (figuratively) to enter into for an important purpose - for the believer, doing so to experience the result of the Lord's eternal blessing)이다.

절이다.

히브리서 4장 4-10절까지는 '안식'에 관한 설명이다. 안식은 천지창조 이래로 계속되고 있으며 장차 미래형 하나님나라에서 영원한 안식으로 완성될 것이다.

"하나님은 제 칠일에 그의 모든 일을 쉬셨다"라고 하셨는데 이는 첫째 날부터 제 육일까지 모든 것을 창조하신 후 제 칠일째 되는 날에 쉬셨다 (안식하셨다)라는 의미이다.

한편 십계명의 4계명은 "안식일을 기억하여 거룩히 지키라"고 하셨다. 여기에는 이중적 함의가 있다. 첫째는 창조주 하나님을 기억하라는 것(출 20:11)이고 둘째는 예수님 안에서만 안식이 가능하다는 것으로 예수님 안에서만 안식하라는 것(신 5:15)이다. 그렇기에 4계명을 말씀하고 있는 출애굽기에는 창조의 이야기가 나오는 반면, 신명기에는 안식이 없던 종에게 해방을 통한 자유를 허락하셔서 안식과 쉼을 허락하시는 하나님의 이야기가 나온다.

일반적으로 '안식'에 반대되는 개념을 '노동'으로 생각하는 경향이 있다. 창세기 3장 17, 19절을 보면 얼핏 그럴 수 있다는 생각이 든다. 인간의 타락으로 노동이 주어졌기 때문이다. 그러나 창세기 1장 28절, 2장 15절을 가만히 살펴보면 인간의 타락 전에도 노동이 있었음을 알 수 있다.

"생육, 번성, 땅에 충만, 땅을 정복하고 다스리라", "다스리며(아바드, 경작하다, עָבַד, cultivate, to work, serve) 지키게(솨마르, 일하게, שָׁמַר, to keep, watch, preserve, guard) 하시며" 등의 원어를 살펴보면 잘 알 수 있다. 그러므로 노동은 안식의 반대 개념이 아니다.

5절은 시편 95편 11절에 근거한 것으로 '내 안식'에 못 들어가는 것은 불순종과 불신 때문이다. "내 안식"이란 하나님 아버지의 집(미래형 하나님나라, 영원한 안식, 아버지의 품, 마 6:26, 32)을 가리킨다.

6 그러면 거기 들어갈 자들이 남아 있거니와 복음 전함을 먼저 받은 자들은 순종치 아니함을 인하여 들어가지 못하였으므로

"거기 들어갈 자들이 아직 남았다"라는 것은 지금도 하나님의 약속(언약)은 여전히 유효하다는 것이다. 하나님의 택정된 자들 즉 지금은 땅(세상)에 있으나 복음을 통해 장차 하나님께로 나아올 자들(카데마이, 계 14:6, ἐπὶ τοὺς καθημένους ἐπὶ τῆς γῆς)은 복음이 들려진 후 그들의 '순종과 믿음'을 통해 하나님의 안식에 들어갈 수 있음을 함의하고 있다.

한편 "복음 전함을 먼저 받은 자들"이란 출애굽 1세대를 말하며 그들은 순종치 아니함으로 가나안에 들어가지 못했다. "들어가지 못한 자"라는 것은 하나님의 백성이 아닌, 땅(세상)에 속한자(τοὺς κατοικοῦντας ἐπὶ τῆς γῆς)"를 가리키는데 이들에 대하여는 민수기 14장 1-38절에서 또렷하게 말씀하고 있다.

7 오랜 후에 다윗의 글에 다시 어느 날을 정하여 오늘날이라고 미리 이같이 일렀으되 오늘날 너희가 그의 음성을 듣거든 너희 마음을 강팍케 말라 하였나니

다윗(BC 1040-970/대략 BC 1,000년)은 모세로(BC 1527-1406/대략 BC 1,500년)부터

약 500년 후의 사람이다. 다윗의 글은 시편 95편을 가리킨다. 이 구절은 다윗의 입을 빌려 말씀하신 분이 바로 하나님이심을 드러내고 있다.

"오늘날~강퍅케 말라"는 것은 히브리서 3장 7-8, 15절과 시편 95편 7-8절의 말씀이다.

8 만일 여호수아가 저희에게 안식을 주었더면 그 후에 다른 날을 말씀하지 아니하셨으리라

하나님은 여호수아를 통해 가나안 땅에의 입성을 허락(수 21:44)하셨다. 그러나 그것은 참된 영원한 안식으로서의 진정한 분깃은 아니었다. 왜냐하면 500년 후의 다윗에게 다시 안식을 허락하겠다고 7절에서 말씀하셨기 때문이다.

결국 여호수아나 다윗을 통하여 말씀하셨던 그 안식은 둘 다 참된 안식인 미래형 하나님나라를 예표한 것이다. 진정한 안식인 '가나안(미래형 하나님나라)'에서의 영원한 안식은 그들을 통해서가 아니라 예수 그리스도를 통해서만 그곳(미래형 하나님나라)에서 참된 안식(남은 안식, 그의 안식, 저 안식, 히 4:9-11)을 영원히 누리게 될 것이라고 말씀하신 것이다.

9 그런즉 안식할 때가 하나님의 백성에게 남아 있도다

"안식"이란 십계명의 4계명으로서 아버지 하나님을 신뢰하며 찾고 부르짖고 아버지의 집(품)으로 돌아가 그 안에 거하는 것을 말한다. 내가 주인 삼은 모든 것을 내려놓고 아버지 하나님께 모든 것을 맡기고(믿음) 순종하는 것을 가리킨다.

"남은 안식"이란 성도들이 이 땅에서의 일을 그치고 육신적 죽음과 더불어 수고와 고통의 때를 마침으로 미래형 하나님나라에서 영원한 유업을 얻게 되는 것(계 14:13)을 가리킨다.

10 이미 그의 안식에 들어간 자는 하나님이 자기 일을 쉬심과 같이 자기 일을 쉬느니라

"그의 안식에 들어간 자"란 '성도들'을 가리킨다. 또한 '이미 그의 안식에 들어갔다'라는 것은 예수를 믿음으로 하나님과의 바른 관계(샬롬) 속에서 그분 안에서의 안식을 누리게 된 것을 말한다.

"하나님이 자기 일을 쉬심과 같이"라는 것은 천지창조 후 7일째 안식하셨음을 말한다. 즉 삼위하나님은 엿새 동안 창조의 역사를 보시기에 좋게 다 이루었기에 일곱째 날에 쉬셨다는 것이다. "자기 일을 쉬느니라"는 것은 하나님과의 바른 관계 속에서 하나님과 하나(연합, Union with Christ)된 우리는 하나님의 쉬심과 같이 우리 또한 그분 안에서 안식을 누리게 된다라는 의미이다.

그리스도인은 육신적 죽음과 더불어 최종적으로 하나님의 안식에 들어가게 된다. 그곳에서 누리게 될 그리스도인의 최종적인 영원한 안식은 이 땅에서의 수고와 고통을 그치고 영생을 누리게 되는 것을 의미한다.

조심할 것 중 하나는 '일을 쉬느니라'고 한 부분이다. '일을 쉰다'라고

하여 하나님의 안식으로 들어간 성도들은 이 땅에서 자신의 의로운 일(노동과 수고, 하나님의 뜻을 따른 사역)을 중단하고 이후로는 하나님의 은혜만 의지하면 된다라는 식으로 해석하는 것은 곤란하다. 다시 부언하지만 노동과 안식은 반대 개념이 아니다. 하나님 안에서 땀과 눈물로 생명을 살리는 모든 노동은 그 자체가 안식이다. 진정한 안식이다.

11 그러므로 우리가 저 안식에 들어가기를 힘쓸지니 이는 누구든지 저 순종치 아니하는 본에 빠지지 않게 하려 함이라

우리는 "저 안식"을 갈망해야 한다. 그러기 위하여는 히브리서 3장 12절, 18-19절에서 본보기로 주신 출애굽 1세대의 악심(惡心) 즉 불신과 불순종에 빠지지 않도록 긴장하고 근신해야 할 것이다.

12 하나님의 말씀은 살았고 운동력이 있어 좌우에 날선 어떤 검보다도 예리하여 혼과 영과 및 관절과 골수를 찔러 쪼개기까지 하며 또 마음의 생각과 뜻을 감찰하나니

"하나님의 말씀"이라는 것은 '하나님의 계시'라는 뜻과 함께 '로고스이신 예수 그리스도'를 가리키는 이중적 의미를 가지고 있다.

"좌우에 날선 검"이라는 문자적인 표현은 사사기 3장 16절과 계시록 1장 16절, 2장 12절에 동일하게 나온다.

하나님의 말씀인 검(엡 6:17)은 우리가 걸어가는 유한된 한 번 인생길에

서 "내 발의 등이요 내 길의 빛(시 119:105)"이다. 칠흑 같은 세상의 어둠 속에서 불확실하고 불안전한 인생을 밝혀주시는 세상의 빛이요 생명의 빛이다. 그렇게 하나님의 말씀인 '검'은 우리를 '살리는 칼'이다.

동시에 그 하나님의 말씀은 우리 삶의 절대적인 기준과 원칙으로서 하나님이 싫어하시는 부분을 잘라내는, 죄와 사망의 권세는 죽여버리는, 사단의 권세를 죽여버리는 그리스도인의 공격용 무기이다. 그런 면에서 적을 섬멸하는 데 사용되는, 강력한 힘을 발휘하는 '죽이는 칼'이기도 하다.

"영"은 프뉴마[53]($\pi\nu\epsilon\hat{v}\mu\alpha$, nn)인데 이는 '사람의 영적 측면 즉 하나님과 관련된 그의 생명'을 가리킨다. 반면에 "혼"은 프쉬케[54]($\psi\upsilon\chi\acute{\eta}$, nf)인데 이는 영적 경험과 상관없는 '사람의 생명 즉 그 자신, 그의 감정 및 생각과 관련된 그의 생명'을 가리킨다.[55]

"생각"의 헬라어는 엔뒤메시스[56]($\dot{\epsilon}\nu\theta\acute{v}\mu\eta\sigma\iota\varsigma$, nf)이다. 특히 저변에 깔려있는 자기 생각들의 모음을 가리킨다. 한편 "뜻"의 헬라어는 엔노이아[57]($\check{\epsilon}\nu\nu o\iota\alpha$, nf)인데 이는 여러모로 깊이 생각(엔뒤메시스, $\dot{\epsilon}\nu\theta\acute{v}\mu\eta\sigma\iota\varsigma$)하

---

53 프뉴마($\pi\nu\epsilon\hat{v}\mu\alpha$, nn)는 wind, breath, spirit/properly, spirit (Spirit), wind, or breath. The most frequent meaning (translation) of 4151 (pneúma) in the NT is "spirit" ("Spirit"). Only the context however determines which sense(s) is meant)이다.

54 프쉬케($\psi\upsilon\chi\acute{\eta}$, nf)는 (a) the vital breath, breath of life, (b) the human soul, (c) the soul as the seat of affections and will, (d) the self, (e) a human person, an individual/(from psyxō, "to breathe, blow" which is the root of the English words "psyche," "psychology") – soul (psyche); a person's distinct identity (unique personhood), i.e. individual personality)이다.

55 히브리서, CLC, D. 거쓰리 지음/김병모 옮김, p1, 74-175

56 엔뒤메시스($\dot{\epsilon}\nu\theta\acute{v}\mu\eta\sigma\iota\varsigma$, nf)는 deliberation, pondering, pl. thoughts/literally, inner-passion, the emotional force driving meditation and reflection (see 1771 /énnoia on their "underlying conception")이다.

57 엔노이아($\check{\epsilon}\nu\nu o\iota\alpha$, nf, thinking, thoughtfulness, moral understanding/(from 1722 /en,

는, 용의주도한 견해나 태도를 의미한다.

13 지으신 것이 하나라도 그 앞에 나타나지 않음이 없고 오직 만물이 우리를 상관하시는 자의 눈 앞에 벌거벗은 것 같이 드러나느니라

"벌거벗다"의 헬라어는 트라켈리조[58]($τραχηλίζω$, v)인데 이는 '하나님의 시야에서 어느 것 하나라도 감추어질 수 없다 혹은 개방되었다, 완전히 노출되었다'라는 의미이다. 더 나아가 '목을 뒤로 젖히다, 정복당하다, 엎드리도록 강요당하다'라는 의미도 있는데 이는 '완전히 벌거벗기다'의 은유적 표현이다.

결국 만물은 하나님 앞에서 마치 머리가 뒤로 젖혀진 채, 하나님이 샅샅이 살펴보듯이 벌거벗겨지게 될 것을 말씀하고 있다. 그렇기에 그리스도인들은 하나님 앞(Coram Deo)에서 면전의식(잠 15:3, 대상 28:9, 렘 16:17, 시 11:4, 33:13)을 지니고 살아야 한다. 약간은 긴장감을 가지고 성령님께서 주시는 능력 안에서 거룩함(살전 4:3)으로 살아가기 위해 몸부림쳐야 한다.

14 그러므로 우리에게 큰 대제사장이 있으니 승천하신 자 곧 하나님 아들 예수시라 우리가 믿는 도리를 굳게 잡을지어다

"engaged in," which intensifies 3563 /noús, "mind") - properly, the "engaged mind," i.e. what a person (literally) has "in-mind" (BAGD, "insight"); settled (thought-out) opinions, attitudes)이다.

58   트라켈리조($τραχηλίζω$, v)는 to take by the throat, to overthrow, I am laid bare, laid open/ to bend back the neck of the victim to be slain, to lay bare or expose by bending back; hence, tropically, to lay bare, uncover, expose이다.

"큰 대제사장"이란 아론 계열의 '대제사장'과 구별하기 위해 쓴 것으로 대제사장 되신(히 2:17, 3:1) 예수님을 지칭하며 '큰'이라는 수식어를 일부러 붙인 것이다.

"굳게 잡다"의 헬라어는 크라테오[59](κρατέω, v)이다.

"믿는 도리"란 하나님의 아들 예수 그리스도를 지칭하는데 이는 복음의 요체, 복음의 핵심인 '말씀, 언약'을 의미한다,

15 우리에게 있는 대제사장은 우리 연약함을 체휼하지 아니하는 자가 아니요 모든 일에 우리와 한결 같이 시험을 받은 자로되 죄는 없으시니라

"연약함"이란 헬라어로 아스데네이아[60](ἀσθένεια, nf)인데 이는 '질병, 미숙함, 한계를 갖고 있음'을 의미한다. 신(神)인(人)양성의 예수님은 인성으로서 인간의 모든 것을 친히 겪으시고 아는 분이었기에 인간의 연약함을 긍휼히 여기는 분이시다. 이 구절에서 사용된 이중부정(二重否定, double negative)의 표현은 긍정의 표현보다 훨씬 더 세게 다가온다.

"체휼하다"의 헬라어[61]는 쉼파데오(συμπαθέω, v)인데, 16절 '긍휼'의

---

59 크라테오(κρατέω, v)는 to be strong, rule/to place under one's grasp (seize hold of, put under control). From κράτος, nn, **krátos** (from a root meaning "to perfect, complete," so Curtius, Thayer) - properly, dominion, exerted power)이다.

60 아스데네이아(ἀσθένεια, nf)는 want of strength, weakness, illness, suffering, calamity, frailty/properly, without strength (negating the root sthenos, "strength"). See 772 (asthenēs)이다.

61 쉼파데오(συμπαθέω, v)는 to have a fellow feeling with, sympathize with인데 이는 16절 '긍휼'의 헬라어 엘레오스(ἔλεος, nm, nn, mercy, pity, compassion/(translating OT 2617 / **kataisxýnō**, "covenant-loyalty, covenant-love" in the OT-LXX over 170 times) - properly, "mercy" as it is defined by loyalty to God's covenant)의 의미와 상통한다.

헬라어 엘레오스(ἔλεος, nm, nn)의 의미와 상통한다. 이는 '아픔을 함께 한다'라는 의미의 영단어 Sympathy(동병상련, 同病相憐)와 아예 상대의 '아픔 속으로 들어간다'라는 의미의 영단어 Empathy를 가리킨다.

16 그러므로 우리가 긍휼하심을 받고 때를 따라 돕는 은혜를 얻기 위하여 은혜의 보좌 앞에 담대히 나아갈 것이니라

"은혜의 보좌 앞에 담대히 나아가는 것"을 '기도(prayer)'라고 한다면 지속적으로 반복하여 기도하는 것을 '간구(supplicatiuon, continuous or successive prayer)'라고 한다.

'기도'는 하나님의 긍휼하심을 받게 하는 가장 적극적인 태도이다. 그러므로 기도하는 사람은 하나님께 대한 겸손이 몸에 배여있다. 기도하는 사람은 자신의 뜻보다는 하나님의 뜻에 우선순위가 있으며 하나님의 뜻에 가치를 두고 살아간다. 그기에 성령님께 주권을 드리고 그분의 지배와 질서, 통치를 갈망하며 살아간다.

반면 기도하지 않는 사람은 가장 교만한 사람이다. 특히 죄에 대한 진정한 회개를 하지 않는 것은 교만과 거만의 극치라고 할 수 있다. 잠언(16:18, 18:12)에서는 그러한 교만과 거만을 향해 '패망의 선봉이요 넘어짐의 앞잡이'라고 경고하고 있다.

집 나간 탕자의 이야기에서는 그가 저지른 죄의 경중에 관계없이 '다시 돌아온 것'의 중요성을 강조하고 있다. 그는 아버지의 자비와 긍휼하심

에 모든 것을 걸고 그 품으로 되돌아왔다. 즉 진정한 회개[62]인 호모로게오 (ὁμολογέω, v)/שׁוּב, to turn back, return/Aramaic תּוּב)를 통해 아버지 의 긍휼하심을 입게 되었던 것이다. '회개하다'의 또 다른 헬라어는 메타 노에오[63](μετανοέω, v)이다.

한편 호모로게오에는 삼중적 의미가 있는데, '찬미(praise & worship)하다', '감사하다(Give thanks)', '회개하다(repent)'이다. 결국 우리가 하나님께 지은 죄를 회개하는 것은 하나님의 편에서는 우리의 찬 양을 받으시는 것이라는 상징적 의미로서 고맙고도 황홀한 말씀이다.

---

62 호모로게오(ὁμολογέω, v)는 (a) I promise, agree, (b) I confess, (c) I publicly declare, (d) a Hebraism, I praise, celebrate/(from 3674 /homoú, "together" and 3004 /légō, "speak to a conclusion") - properly, to voice the same conclusion, i.e. agree ("confess"); to profess (confess) because in full agreement; to align with (endorse)/שׁוּב, to turn back, return/so Aramaic תּוּב)이다.

63 메타노에오(μετανοέω, v)는 to change one's mind or purpose, I repent, change my mind, change the inner man (particularly with reference to acceptance of the will of God), repent/(from 3326 /metá, "changed after being with" and 3539 /noiéō, "think") - properly, "think differently after," "after a change of mind"; to repent (literally, "think differently afterwards")이다.

메시야닉 신비
(Messianic Secret or Mystery)

근본 하나님이신 예수님은 성부하나님의 구속 계획을 '성취'하기 위해 인간으로 이 땅에 오셨다. 그는 근본 하나님의 본체이심에도 불구하고 하나님과 동등됨을 취할 것으로 여기지 않으셨다.

구원자이신 예수님은 성부하나님의 유일한 기름부음 받은 자로서 그리스도, 메시야로 이 땅에 오셨다. 그리하여 예수님은 소위 '그리스도의 전 생애적 고난'을 감당하신 것이다. 왜냐하면 성육신하신 예수님은 공생애 전까지 하나님의 본체이심에도 불구하고 일절 순종함으로 배우셨기 때문이다. 예수님은 인성으로서 모든 것을 하나하나 체득해가셨다. 소위 구약의 대제사장이 수동적 입장을 취하듯이 예수님 역시 대제사장으로서의 '수동적 입장'을 취하신 것이다.

그런 예수님은 하나님의 일에 자비하고 충성된 대제사장이시다(2:17). 대제사장으로서의 예수님은 인간의 모든 연약함을 체휼(συμπαθέω, v, to have a fellow feeling with, sympathize with/긍휼, ἔλεος)하셨다. 그렇기에 예수님은 십자가에 못박히기까지 수난과 조롱, 멸시와 천대를 아무 말 없이 모두 당하셨던 것이다. 결국 예수님의 고난은 성육신하심, 인성으로서의 모든 것을 배우신 수동적 태도, 십자가 수난과 죽음에 이르기까지 전 생애적 고난이었던 것이다.

다시 말하면 수동적인 구약의 대제사장적 사역을 온전히 따르심으로 근본 하나님이심에도 불구하고 예수님은 일체 앞서가지 않으셨던 것이다. 아버지 하나님의 뜻(델레마 데우)을 따라 온전히 수동적 입장을 취하셨는데 그것은 신비 중의 신비이다. 이를 메시야닉 신비(Messianic Secret or Mystery)라고 한다.

신구약 성경은 처음부터 끝까지 시종일관(始終一貫) "예수, 그리스도, 생명"을 강조하고 있다. 예수님만이 진정한 그리스도, 메시야이시며 그 예수를 믿는 자만이 구원(생명)을 얻게 된다는 것이다.

예수님만이 진정한 메시야(그리스도)이심을 드러낸 것을 '메시야닉 사인(Messianic sign)'이라고 한다. 이는 구약(사 29:18-19, 35:5-6, 42:7, 61:1/마 11:4-6, 눅 7:21-23, 4:17-19)에 이르기를, 장차 유대인으로 그러한 사역(표징, sign)을 하시는 분이 나타날 터인데 바로 그분이 메시야라는 것이다.

그리스도 메시야이신 예수님은 때가 되매 이 땅에 역사상 유일한 의인으로 오셨다. 공생애 전까지 모든 것을 행함에 있어 성부하나님의 뜻을 따라 일절 '수동적 입장'을 취하셨다. 이를 앞서 언급했듯이 '메시야닉 비밀 혹은 신비(Messianc Secret or Mystery)'라고 한다.

수동적 입장이란, 예수님은 완전한 하나님이시기에 수동적 입장을 취하실 필요도 이유도 없으시며 더 나아가 배울 것이 하나도 없는 완벽한 하나님이심에도 불구하고 모든 것에 성부하나님보다 앞서가지 않으셨고 오로지 아버지의 뜻을 따라 일절 순종함으로 배워가신 것을 말한다. 히브리서 5장 5-10절은 그렇게 말씀하고 있다.

그저 놀랍고 그저 황홀할 따름이다. 그저 아름답고 신비로운 사실을 목도하게 될 뿐이다.

예수님께서 수동적인 대제사장이 되신 상황을 설명하기 위해 구약의 대제사장적 기원에 대해 말씀하신 것이 히브리서 5장 1-4절까지이다. 즉 레위지파 중 아론 자손은 대대로 대제사장이 될 수 있었다. 이는 하나님이 허락하신 율법의 정한 바(출 28:1, 43, 29:1-9)였기 때문이다.

구약의 대제사장이 율법에 의거하여 수동적으로 주어지듯 대제사장으로 오신 예수님 또한 스스로 나서지 않고 수동적 입장을 취하셨다는 것이다. 그 예수님은 성부하나님의 유일한 기름부음을 받은 후 인간으로 이 땅에 오셔서 대제사장적 역할을 감당하셨는 바 성부하나님의 뜻을 따라 수동적으로 모든 것을 행하신 것이다. 마치 구약의 대제사장을 율법이 정한대로 아론의 자손이 물려받듯이.

단, 상기 언급한 두 대제사장의 차이가 있다면 구약의 대제사장은 아론의 반열이었으나 큰 대제사장으로서의 예수님은 멜기세덱의 반열이라는 것이다. 또한 예수님은 구약의 '대제사장'과 구별하기 위해 '큰 대제사장'으로 기술되었다는 것이다.

"멜기세덱"은 헬라어로 Μελχισεδέκ(Melchizedek, king and priest of Salem)인데 이는 히브리어 마르키-쩨데크(מַלְכִּי־צֶדֶק, "my king is right", an early king of Salem)에서 파생되었다. 한편 히브리어 '멜기세덱'은 두 단어 멜레크(מֶלֶךְ, nm, King)와 쩨데크(צֶדֶק, nm, rightness, righteousness)의 합성어이다.

5-1 대제사장마다 사람 가운데서 취한 자이므로 하나님께 속한 일에 사람을 위하여 예물과 속죄하는 제사를 드리게 하나니

"대제사장마다 사람 가운데서 취한 자"라고 한 것은 인간의 사정을 잘 아는 인간 중에서 선택되어져야 함과 아울러 완전한 대속 제사를 드리기에는 역부족인 제한된 인간이라는 의미가 함의되어 있다. 즉 구약에 있어서 이스라엘 백성의 대제사장이 되려면 두 가지 전제가 있어야 한다. 하나는 반드시 사람이어야 하며 다른 하나는 하나님의 부르심을 따라 수동적으로 되어야 하는 것이다. 그런 의미에서 천사는 부적격이다.

이는 신인(神人)양성(兩性)이신 예수님의 대제사장적 사역에 대한 중요한 함의를 드러내는 것이다. 즉 인간으로 오시되 유일한 의인으로 오신

대제사장이신 예수님은 수동적 입장을 취하심으로 인간의 사정도 잘 알 뿐 아니라 유일한 의인으로서 영 단번(영원성과 지속성, once for all)에 대속 제물 되심으로 모든 대속 제사를 완성하셨고 다 이루셨음을 드러낸 것이다.

"사람을 위하여"에서 '위하여(히 5:1, 3)'의 헬라어는 휘페르[64](ὑπέρ)인데, 이는 '대신하여'라고 번역하는 것보다 훨씬 낫다. 즉 예수님은 우리를 '위하여' 대속 제물 되셨다라고 해야 한다.

"예물"의 헬라어는 도론[65](δῶρον, nn)인데 이는 '희생 제물 혹은 번제물과 함께 드리는 소제물'을 가리킨다.

"속죄하는 제사(대속죄일, 욤 키푸르)"라는 것은 대제사장(출 28-29장)이 드렸던 자신과 이스라엘 온 백성들의 죄를 속하는 제사를 말한다. 이스라엘 종교력(7월 10일, 레 16:23-28, 25:9)으로 일 년에 한 번 드렸는데 죄를 대속하기 위한 희생 제물의 제사를 가리킨다. 레위기 16장에 의하면 대제사장은 자신과 가속을 위해 수송아지와 숫양을 잡았고 백성들을 위하여는 숫염소와 숫양을 희생 제물로 삼았다. 공통으로 드렸던 '숫양(아일 즉 예수 그리스도 예표, 창 22:8, 13)'이 바로 예수 그리스도이다.

---

64 휘페르(ὑπέρ)는 prep, over, beyond, on behalf of, for the sake of, concerning, gen: in behalf of; acc: above/properly, beyond (above); (figuratively) to extend benefit (help) that reaches beyond the present situation)이다.

65 도론(δῶρον, nn)은 a gift, present, a sacrifice/(a neuter noun derived from 1325/didōmi, to give) – gift (focusing on "the free nature of the gift," Zod, Dict). That is, something "uncaused" (not coerced, spontaneous)이다.

2 저가 무식하고 미혹한 자를 능히 용납할 수 있는 것은 자기도 연약에 싸여 있음이니라 3 이러므로 백성을 위하여 속죄제를 드림과 같이 또한 자기를 위하여 드리는 것이 마땅하니라

"무식하고 미혹한 자"라는 것은 '영적으로 어두운 하나님을 알지 못하는 자, 부지불식간에 죄를 범한 자, 하나님의 말씀으로부터 어긋나간 자'를 가리킨다. 2절에 의하면 '연약한 자'를 가리킨다.

"연약"의 헬라어는 아스데네이아[66]($\dot{\alpha}\sigma\theta\acute{\epsilon}\nu\epsilon\iota\alpha$, nf)인데 이는 '죄악됨 (sinfulness)'이라는 의미까지 포함한다[67]고 한다. 즉 '연약에 싸여있다'라는 것은 당신 자신도 죄인처럼 되셨다는 것을 가리킨다.

"용납하다"의 헬라어는 메트리오파데오[68]($\mu\epsilon\tau\rho\iota\sigma\pi\alpha\theta\acute{\epsilon}\omega$, v)인데, 이는 '동정심을 갖다, 부드럽게 대하다'라는 의미이다. 메트리오파데오 ($\mu\epsilon\tau\rho\iota\sigma\pi\alpha\theta\acute{\epsilon}\omega$)는 '온화한'이라는 의미의 헬라어 메트리오스($\mu\epsilon\tau\rho\acute{\iota}\omega\varsigma$, adv, moderately)와 '느끼다, 고통을 당하다'라는 의미의 헬라어 파도스 [69]($\pi\acute{\alpha}\theta\sigma\varsigma$, nn)의 합성어이다.

한편 앞 구절에서 밝혔듯이 구약의 인간 대제사장은 죄인된 자신을

---

66 아스데네이아($\dot{\alpha}\sigma\theta\acute{\epsilon}\nu\epsilon\iota\alpha$, nf)는 want of strength, weakness, illness, suffering, calamity, frailty/ properly, without strength (negating the root sthenos, "strength"). See 772 (**asthenēs**)이다.

67 토마스 슈라이너 히브리서 주석, p250

68 메트리오파데오($\mu\epsilon\tau\rho\iota\sigma\pi\alpha\theta\acute{\epsilon}\omega$, v)는 to hold one's emotions in restraint/(from metrios, "mediating," derived from metri, "an instrument for measuring" and 3806 /**páthos**, "feeling") - properly, to feel appropriately, i.e. with divinely-measured intensity ("God-controlled moderation")이다.

69 파도스($\pi\acute{\alpha}\theta\sigma\varsigma$, nn)는 that which befalls one, a passion, a suffering/from 3958 /**pásxō**, "having strong feelings") - properly, raw, strong feelings (emotions) which are not guided by God (like consuming lust)이다.

위하여도 속죄제를 드려야했다(레 16:6-17). 대제사장들이 하나님께 드렸던 감사와 헌신의 제사가 바로 번제(Burnt offering, 레 1:1-17, 결단, 헌신), 소제(Meal offering, 레 2:1-16, 헌신의 실행-겸손(가루)), 화목제[70](Peace or Fellowship offering, 레 3:1-17, 감사)였다.

속죄를 위한 제사로는 번제와 함께 속죄제(Sin or Purification offering, 레 4:1-35), 속건제(Quiet or Trespass offering, 레 5:1-19, 속죄제+배상)를 드렸다.

레위기 16장 1-34절을 통해 유대력 7월 10일의 대속죄일(day of atonement)을 좀 더 자세히 설명하면 다음과 같다.

대제사장과 자기의 권속을 위한 속죄 제물로는 수송아지를, 번제물은 숫양으로 삼았고 반면에 백성들의 속죄 제물로는 숫염소 두 마리를, 번제물로는 숫양을 드렸다. 공통점은 번제물인 '숫양'인데 이는 히브리어로 아일(אַיִל, nm, a ram)이다. 창세기 22장의 13절의 이삭을 위해 대신 죽은 그 숫양을 가리킨다. 이는 우리를 위해 대신 죽으신 예수님의 상징적 예표이다.

창세기 22장 8절, "하나님이(אֱלֹהִים, God) 자기를 위하여(לוֹ, to Himself) 친히 준비(יִרְאֶה-, will provide)하시리라"에서 히브리어 문장의 히브리어 세 단어 중 첫머리 글자를 모으면 아일(אַיִל)이 된다. 바로 하나님이 미리 준비하신 그 '숫양(아일)'이다.

한편 백성들을 위한 속죄 제물 중 숫염소 두 마리를 제비 뽑았다. 하나

---

70 화목제는 3가지가 있는데 서원제(하나님의 뜻을 구하는 삶), 낙헌제(조건없이 자원하여 드리는 제사, 일상적인 감사, 기쁨), 감사제(감사하는 삶, 레 7:12-13, 15, 대하 29:31, 시 50:14)이다.

는 여호와를 위해 속죄 제물로 드리고 다른 하나는 아사셀을 위해 살려두 었다가 속죄하기를 마친 후에 염소의 머리에 안수함으로 이스라엘 자손 의 모든 불의와 모든 죄를 덮어씌운 후 멀리 광야(영문 밖)로 보내버렸다. 이로써 그 아사셀에게 전가되었던 모든 죄는 말끔히 잊히게(지워지게) 된 다라는 의미이다.

아사셀이란 염소의 이름이 아니다. 히브리어로 아짜젤(עֲזָאזֵל, nm, entire removal)인데 이는 '완전한 제거, 내어 놓음'이라는 의미로써 에 쯔(עֵז, nf, female goat, goat, as sacrificial victim)와 아잘(אָזַל, v, to go)의 합성어(From ez and azal; goat of departure; the scapegoat – scapegoat)이다.

4 이 존귀는 아무나 스스로 취하지 못하고 오직 아론과 같이 하나님의 부르심 을 입은 자라야 할 것이니라

"이 존귀"는 대제사장(사독 계열) 직분의 존귀함을 가리킨다. 하나님은 아론 자손만을 택하시고 부르셔서 그 직분을 인정하셨다(출 28:1, 43, 29:1- 9). 참고로 요셉푸스(Titus Flavius Josephus)의 〈고대유대사〉에 의하면 아론부터 헤롯 성전이 무너지기 전까지 대제사장은 약 83명이 있었다고 전해진다.

"스스로 취하지 못한다"라는 것은 자원직도 아니요 선출직도 아니라는 것을 가리킨다. 즉 수동적 입장이라는 말이다.

5 또한 이와 같이 그리스도께서 대제사장 되심도 스스로 영광을 취하심이 아니요 오직 말씀하신 이가 저더러 이르시되 너는 내 아들이니 오늘날 내가 너를 낳았다 하셨고

"이와 같이"란 아론 반열의 대제사장이 수동적으로 하나님의 부름을 받은 것 같이 예수 그리스도는 성부하나님의 유일한 기름부음 받은 자로 인류의 중보자이신 큰 대제사장이 되셨다(요 5:30, 43, 8:54, 17:5, 빌 2:5-8)라는 것이다.

"말씀하신 이가 저더러 가라사대"에서 "말씀하신 이"는 성부하나님을, "저"는 예수님을 가리킨다.

"오늘날 내가 너를 낳았다"라는 말씀은 시편 2편 7절 말씀의 인용으로 하나님께서 다윗 왕권을 허락하셨고 그 다윗 언약(등불 언약)을 통해 영원하신 만왕의 왕 메시야께서 도래할 것을 노래한 것이다.

6 또한 이와 같이 다른 데 말씀하시되 네가 영원히 멜기세덱의 반차를 좇는 제사장이라 하셨으니

"다른 데 말씀하시되"라는 것은 '메시야 예언시'인 시편 110편 4절의 말씀을 가리킨다. 의의 왕이요 평강의 왕이신(히 7:2) 예수님은 하나님의 아들과 방불한 자(히 7:3)이시다. 또한 멜기세덱(창 14:18-20)이 모세의 율법 시대 이전 인물인 것처럼 그리스도 역시 율법이 제정되기 전부터 계셨다는 말이다. 아니 예수님은 태초부터 계신 하나님이시다.

"멜기세덱의 반차"라는 것은 아론의 반차를 따른 제사장직이 아님을 드러내고 있는 말이다. 더 나아가 예수님은 하나님의 공의(대가 지불, 구속 혹은 속량)를 만족시키기 위해 오신 의의 왕(מַלְכִּי־צֶדֶק, "my king is right", an early king of Salem)이심을 멜기세덱이라는 이름을 통해 드러내고 있다.

7 그는 육체에 계실 때에 자기를 죽음에서 능히 구원하실 이에게 심한 통곡과 눈물로 간구와 소원을 올렸고 그의 경외하심을 인하여 들으심을 얻었느니라

"육체에 계실 때에"라는 것에는 예수 그리스도께서 대제사장이 되기 위한 첫 번째 조건인 온전한 '사람(인성)'이었음을 드러내고 있는 말씀이다.

한편 이 구절은 겟세마네 동산의 기도(마 26:36-46, 막 14:32-42, 눅 22:40-46, 요 18:1)를 연상시킨다. 예수께서 눈물을 보이신 것은 누가복음 19장 41절과 요한복음 11장 35절에서도 볼 수 있다.

"가까이 오사 성을 보시고 우시며"_눅 19:41

"예수께서 눈물을 흘리시더라"_요 11:35

"그의 경외하심을 인하여"라는 것은 '예수님께서 하나님의 뜻(구속 계획)에 대한 경외 즉 순종하심을 인하여'라는 의미이다.

"들으심을 얻었느니라"는 것은 성부하나님의 뜻(구속 계획)인 예수님의 대속 사역 곧 수치와 저주의 십자가를 감당하심으로 언약을 성취하신 것을 말한다. 더 나아가 죽음 이기시고 부활, 승천하신 '그리스도의 승귀'

까지 함의하고 있다. 한편 아버지의 뜻을 따르는 예수님은 "나의 원대로 마옵시고 아버지의 원대로 하옵소서(마 26:39)"라고 하시며 결코 앞서가지 않으셨다.

8 그가 아들이시라도 받으신 고난으로 순종함을 배워서

이 구절에서의 핵심은 '고난', '순종', '배우다'라는 세 단어인데, 이는 기독교의 신비 중 하나이다.

여기서 '배우다'라는 것은 헬라어로 만다노[71]($\mu\alpha\nu\theta\acute{\alpha}\nu\omega$, v)인데 이는 '훈련하다, 습득하다, 몸소 체험하다'라는 의미이다. 이 구절에서는 '몸소 체험하다'라는 의미가 가장 가깝다. 하나님이신 예수님은 아버지의 뜻을 순종하심으로 고난을 감당하셨고 인성으로 오셔서 모든 것을 직접 몸소 체험하셨던 것이다.

예수님의 고난은 십자가 수난과 죽음뿐 아니라 성육신을 포함한 인성으로서의 배우심 등 전 생애적 고난이었다.

9 온전하게 되었은즉 자기를 순종하는 모든 자에게 영원한 구원의 근원이 되시고

---

71 만다노($\mu\alpha\nu\theta\acute{\alpha}\nu\omega$, v)는 I learn; with adj. or nouns: I learn to be so and so; with acc. of person who is the object of knowledge; aor. sometimes: to ascertain/(akin to 3101 /mathētés, "a disciple") - properly, learning key facts; gaining "fact-knowledge as someone learns from experience, often with the implication of reflection - 'come to realize' " (L & N, 1, 27.15)이다.

8절과 9절을 연결해보면 '순종함으로 온전하게 됨'을 알 수 있다. 한편 "온전하다"의 헬라어는 텔레이오오[72](τελειόω, v)인데 이는 '완벽하게 되다'라는 의미이다.

즉, 출애굽 1세대가 불신과 불순종으로 가나안 입성이 금하여졌다면(히 3:18-19) 우리는 신뢰(믿음)를 통한 순종으로 하나님의 자녀가 되었고 이후 가나안 입성(미래형 하나님나라)을 통해 그곳에서 영원한 안식을 누리게 될 것임을 말씀하고 있다.

"자기를 순종하는 모든 자"란 마태복음 16장 24절의 경우처럼 자기를 부인하고 자기 십자가를 지고 주님을 좇는 모든 성도들을 가리킨다.

"영원한 구원의 근원"이라는 말씀에서 '영원한 구원'이란 미래형 하나님나라에서의 '영생'을 의미한다. 한편 히브리서 전반에 걸쳐 기록된 '영원한 심판(6:2), 영원한 구원(5:9, 9:12), 영원한 성령(9:14), 영원한 유업(9:15), 영원한 언약(13:20)'등을 통해 특별히 '영원'을 강조하고 있음을 볼 수 있다. 결국 우리의 소망은 '영원'에 두어야 한다라는 것이다.

'영원'의 헬라어는 아이오니오스[73](αἰώνιος, adj)이며 '근원'의 헬라어

---

72 텔레이오오(τελειόω, v)는 (a) as a course, a race, or the like: I complete, finish (b) as of time or prediction: I accomplish, (c) I make perfect; pass: I am perfected/to consummate, reaching the end-stage, i.e. working through the entire process (stages) to reach the final phase (conclusion). See 5056 (telos)이다.

73 아이오니오스(αἰώνιος, adj)는 age-long, and therefore: practically eternal, unending; partaking of the character of that which lasts for an age, as contrasted with that which is brief and fleeting/ **aiónios** (an adjective, derived from 165 /**aión** ("an age, having a particular character and quality") - properly, "age-like" ("like-an-age"), i.e. an "age-characteristic" (the quality describing a particular age); (figuratively) the unique quality (reality) of God's life at work in the believer, i.e. as the Lord manifests His self-existent life (as it is in His sinless abode of heaven). "Eternal (166 /**aiónios**) life operates simultaneously outside of time, inside of time, and beyond time - i.e. what gives time its everlasting meaning for the believer through faith, yet is also time-

는 아이티오스[74](αἴτιος, adj)인데 이는 '창시자(ἀρχηγός, nm)'라는 의미도 있다.

10 하나님께 멜기세덱의 반차를 좇은 대제사장이라 칭하심을 받았느니라 11 멜기세덱에 관하여는 우리가 할 말이 많으나 너희의 듣는 것이 둔하므로 해석하기 어려우니라

"듣는 것이 둔하다"라는 것은 영적 상태가 어리다는 것으로 혼미한 심령(분별하지 못하는 머리), 보지 못할 눈(영적 소경), 듣지 못할 귀(롬 11:8) 곧 열린 귀(시 40:6)를 소유하지 못한 영적 귀머거리임을 가리킨다.

이 구절에서 '둔하다'라고 한 것은 영적 분별력의 결여는 물론이요 경청에 대한 갈망은커녕 게으르고(6:12) 말씀에 저항하는 것까지도 포함하고 있다.

'둔하다'의 헬라어는 노드로스[75](νωθρός, adj)인데 이는 '신경이 둔하고 무감각하다'라는 의미이다. 부정접두어 네(νή)와 '멀다'라는 의미의 헬라어 호데오(ὠθέω)의 합성어이다.

---

independent. See 165 (aiōn)이다.

74 아이티오스(αἴτιος, adj)는 the cause of, the originator of, causative of, responsible for, the cause, author; the culprit, the accused; the crime)인데 이는 '창시자(ἀρχηγός, nm, originator, author, founder, prince, leader/(from 746 /arxé, "the first" and 71 /ágō, "to lead") - properly, the first in a long procession; a file-leader who pioneers the way for many others to follow)'이라는 의미가 있다.

75 노드로스(νωθρός, adj)는 sluggish, slothful, blunt, dull, hence spiritually; sluggish, remiss, slack/properly, slow, sluggish (LS); (figuratively) dull because slothful; lazy, inert, listless (lackadaisical)이다.

12 때가 오래므로 너희가 마땅히 선생이 될 터인데 너희가 다시 하나님의 말씀
의 초보가 무엇인지 누구에게 가르침을 받아야 할 것이니 젖이나 먹고 단단한
식물을 못 먹을 자가 되었도다

이 구절인 5장 12절부터 6장 20절까지를 삽입장이라고 한다.

"때가 오래므로"에서의 "때"는 크로노스[76](χρόνος, nm)이다. '때'를
의미하는 헬라어에는 세 가지 단어가 있다. 이를 구분하면 약간의 차이를
통해 재미있는 사실을 알 수 있다.

첫째는 크로노스(χρόνος, nm)인데 이는 '물리적인 시간'을 가리킨다.
둘째는 카이로스(καιρός, nm, a fixed and definite time, the right
time, appointed time)인데 이는 '의미적인 시간'을 가리킨다. 셋째는
아이온[77](αἰών, nm)이다. 상기 세 단어를 구분하면 다음과 같다.[78]

한편 '계시된 말씀 혹은 기록된 말씀'을 가리키는 로고스인 "하나님의

---

76 크로노스(χρόνος, nm)는 time, a particular time, season/time (in general), especially
viewed in sequence (a "succession of moments"); time in duration in the physical-space world,
sovereignly apportioned by God to each person)이다.

77 아이온(αἰών, nm)은 a space of time, an age, an age, a cycle (of time), especially of the
present age as contrasted with the future age, and of one of a series of ages stretching to infinity/
(see also the cognate adjective, 166 /aiónios, "age-long") - properly, an age (era, "time-span"),
characterized by a specific quality (type of existence)이다.

78 a space of time (in general, and thus properly distinguished from kairos, which designates
a fixed or special occasion; and from aion, which denotes a particular period) or interval; by
extension, an individual opportunity; by implication, delay -- + years old, season, space, (X
often-) time(-s), (a) while

말씀"은 헬라어로 로기온[79](λόγιον, nn)이라고 하는데 그 형용사는 로기오스(λόγιος)이다.

"젖"과 "단단한 식물"은 각각 "하나님 말씀의 초보"와 "의의 말씀"을 지칭한다. '초보(初步)'란 것은 믿음과 순종에 대한 기독교 신앙의 초보(初步)를 가리킨다. 헬라인들은 상징적인 이 두 단어를 미성숙에서 성숙에로의 점진성을 강조하는 말로 사용하곤 했다.

한편 "단단한 식물을 못 먹는다"라는 것은 멜기세덱의 반차를 좇은 그리스도의 대제사장직에 관한 지식, 더 나아가 그리스도로 말미암는 구원에 관한 전반적인 지식(예수, 그리스도, 생명)에 대한 결여를 가리킨다.

13 대저 젖을 먹는 자마다 어린 아이니 의의 말씀을 경험하지 못한 자요

"어린아이"란 의의 말씀을 경험하지 못한 자로서 고린도전서 3장 1-3절은 '육신에 속한 자'라고 했는데 이는 '신령한 자'의 대척점에 있는 단어이다.

"의의 말씀을 경험하지 못했다"라는 것은 그리스도의 심오한 교훈을 실천하며 살아가지 않는다라는 의미이다. 아직은 '단단한 식물'을 의미하는 밥을 먹지 못하는 단계라는 것이다. 즉 '갓난 아이'단계이다.

한편 그리스도인들은 각각의 신앙 수준에 따라 5단계로 나눌 수 있다.

---

79 로기온(λόγιον, nn)은 a saying, an oracle, plur: oracles, divine responses or utterances (it can include the entire Old Testament)/(from 3056 /lógos) - a divine declaration; a statement originating from God)이며 그 형용사는 로기오스(λόγιος, learned, eloquent/(from 3056 /lógos, λόγος, nm, "reason, word") - properly, characterized by divine reason (used only in Ac 18:24))이다.

가장 초보는 '어린아이(갓난 아이)단계'이다. 이때에는 잘 먹고 잘 자고 잘 싸는 것(배변)만으로도 칭찬이 된다. 건강하게 자라며 잘 웃는 것만으로도 그 역할을 충분히 감당하는 것이다. 이 시기의 특징은 무조건 상대가 내게 잘해주어야만 하는 것이다. 나를 웃겨주어야 하고 나를 지극정성으로 돌봐줘야 한다. 모든 것의 중심은 '나'이다.

이후 세월이 흘러 육체적으로 성장하면 비록 머리(지혜)는 부족하지만 육체적 힘이 있는 '종의 단계'가 된다. 이때에는 시키는 것을 충성되게만 해도 칭찬이 된다. 아쉬운 점이 있다면, 시키는 일 외에는 더 나아가려하지 않는다는 것이다. 이 단계의 그리스도인은 '하라고 하신 것 다 했는데요'라는 말이 입에 붙어있다. 그저 매사 매 순간에 인정받는 것과 칭찬듣는 것에만 집중한다. 왜 칭찬해주지 않느냐라며 삐쭉거리기 일쑤다. 언제나 자신의 공로를 알아주기만을 바란다. '이만하면 되지 않았나요'라는 말을 자주 하곤 한다.

그 다음은 잘 훈련된 종으로서 지혜가 있는, 주인의 마음을 미리 파악할 줄 아는 단계이다. 2단계에 머물러 있는 종을 관리할 수 있는 '청지기의 단계'이다. 주인이 시키는 일에도 충성되지만 시키지 않은 일에도 충성한다. 주인의 다음 계획을 미리 알아차리고 먼저 행하는 '성숙한 종' 곧 '청지기'의 단계이다. 주인에게는 그야말로 천군만마(千軍萬馬)이다. 그러기에 청지기는 주인의 지극한 기쁨이다. 이 단계의 특징은 주인이 비록 칭찬하지 않더라도 쉽게 토라지지 않는다. 자신을 믿고 맡겨주는 것만으로 감사할 줄 아는 단계이다. 일일이 칭찬하지 않아도 자신을 향한 주인의 깊은 속 마음을 안다.

이후 주인과 동고동락(同苦同樂)을 함께하는 '제자의 단계'로 성숙한다. 이때에는 하루 24시간을 함께하며 주인의 모든 것을 배운다. 희로애락(喜怒哀樂)의 삶을 나누기도 한다. 주인의 아픔을 나의 아픔으로 받아들이고 주인의 기쁨을 온전한 나의 기쁨으로 여긴다. 청출어람 청어람(靑出於藍 靑於藍)이 되기 위해 땀과 눈물을 쏟으며 노력한다. 청출어람 청어람이란 '푸른색은 쪽에서 취했지만 쪽빛보다 더 푸르다'라는 뜻으로, '제자가 스승보다 더 뛰어나다'라는 의미이다. 이 단계의 아쉬운 점 중 하나는 독립적이지 못하고 주인 의존적이라는 것이다.

그리스도인이 살아있는 동안 최고 수준의 단계는 '사역자(사명자)의 단계'이다. 제자의 단계가 함께 살아가며 주인의 보조적인 역할을 감당하는 것이라면 사역자의 단계는 능히 독립적인 사역을 감당할 수 있게 된다라는 것이다. 종국적으로는 순교에 이르기까지 나아가게 된다.

14 단단한 식물은 장성한 자의 것이니 저희는 지각을 사용하므로 연단을 받아 선악을 분변하는 자들이니라

"지각"의 헬라어는 아이스데테리온[80](αἰσθητήριον, nn)인데 이는 '영적 분별력'을 말한다. "연단을 받는다"는 것은 그러한 '영적 분별력'을 키워나가는 것(고전 2:10-15)을 말하며 종국적으로는 그리스도의 장성한 분량

---

80 아이스데테리온(αἰσθητήριον, nn)은 organ of perception, perceptive faculty/(a neuter noun derived from aio, "perceive, discern through the senses") - properly, "the organ of sense" (BAGD), emphasizing the result of sensory experience (sensation) - i.e. moral feeling to know what is right or wrong in God's eyes (used only in Heb 5:14 and in the plural)이다.

이 충만하기까지(엡 4:13) 나아감을 가리킨다.

"선악"은 두 단어의 합성어[81]인데 이중 '선'은 헬라어로 칼로스(καλός, adj)라고 하며 '악'은 카코스(κακός, adj)라고 한다. 결국 선악(善惡)이란 윤리 도덕적 의미가 아니라 영적인 의미 즉 하나님의 진리의 말씀에 위배되느냐 아니냐의 문제이다.

"분변"의 헬라어는 디아크리시스[82](διάκρισις, nf)인데 이는 '판단, 분별'이라는 의미이다.

---

81 칼로스(καλός, adj)는 beautiful, as an outward sign of the inward good, noble, honorable character; good, worthy, honorable, noble, and seen to be so/attractively good; good that inspires (motivates) others to embrace what is lovely (beautiful, praiseworthy); i.e. well done so as to be winsome (appealing))이고 '악'은 카코스(κακός, adj, bad, evil//kakía, "inner malice") – properly, inwardly foul, rotten (poisoned); (figuratively) inner malice flowing out of a morally-rotten character (= the "rot is already in the wood")이다.

82 디아크리시스(διάκρισις, nf)는 distinguishing; hence: deciding, passing sentence on; the act of judgment, discernment/properly, a thorough judgment, i.e. a discernment (conclusion) which distinguishes "look-alikes," i.e. things that appear to be the same. (Note the intensifying force of the prefix, dia.) See also 1252 (diakrínō)이다.

튼튼하고 견고한 영혼의 닻,
예수 그리스도, 휘장 안 우리의 소망

성소와 지성소 사이에 가로막혔던 휘장은 지난날 죄인으로서 영적 죽음(영적 사망) 상태에 있던 우리에게는 지극(至極)한 아픔이었다. 그 휘장은 하나님과 우리 사이를 차단했던 단절의 벽이요 하나님과 죄인된 우리 사이를 가로막는 거대한 절망의 벽이었다. 그 앞에서 인간은 하염없이 절망해야만 했다. 휘장 안, 벽 너머의 지성소에 대한 간절함이 클수록 인간은 영 죽을 죄인인 자신을 보며 절망해야만 했다.

'때가 되매' 소망(엘피스)이신 예수님이 오셨다. 하나님의 공의에 따른 예수님의 대가 지불(속량)을 통해 우리는 휘장을 지나 지성소 안으로 들어가게 된 것이다. 이제 후로는 예수 그리스도를 힘입어 시시때때로 하나님의 은혜의 보좌 앞으로 당당히 나아갈 수 있게 되었다.

우리는 지난날 무수히 많은, 반복된 죄악의 구렁텅이 속에서 더러운 줄도 모르고 아니 더러워지는 줄도 모른 채 뒹굴며 살았었다. 죄성(罪性)을 지녔던 우리들은 알게 모르게 다양한 의도를 가지고 많은 죄를 짓곤 했다. 더 많이는 의식하지도 못한 채 죄를 지었다. 죄를 지은 우리들은 율법에 의거한 대로 매번 짐승을 데리고 성전 문을 들락거려야만 했다. 우리의 죄값을 대신하기 위해 짐승을 번제단(희생 제물 되신 예수 그리스도, 대제사장이신 예수 그리스도)에 드린 후 물두멍(생명수이신 예수 그리스도)에서 다시 나 자신을 철저히 점검해야만 했다. 언제나 거기까지였다.

그 다음부터는 우리를 대신하여 제사장이 성소에 들어갔다. 그는 정면에 보였던 금향단과 금향로(중보자되시는 예수 그리스도)의 올라가는 연기를 바라보며 무릎을 꿇고 간절히 중보했다. 북쪽에 놓여있던 떡상과 그 위에 놓인 12개의 떡을 통해 생명의 말씀이신 예수 그리스도로부터 풍성한 생명의 말씀을 먼저 먹고 그것을 우리에게 주었다. 그는 우리를 대신하여 남쪽에 위치해 있던 등대(촛대, 빛이신 예수 그리스도)를 바라보며 세상의 빛이요 생명의 빛을 알현했다.

마지막 관문이 남았다. 휘장 뒤의 지성소였다. 그곳에는 제사장이 아니라 대제사장만이 들어갈 수 있었다. 철저히 자신과 가족들과 백성들의 죄를 회개한 후에. 그것도 일 년에 단 한 번.

지성소 앞에 떡하니 버티고 있던 그 거대한 벽(휘장, 약 15Cm 두께의

꼰 실로서 자색, 홍색, 청색으로 됨. 황소 4마리의 힘이 들어가야 겨우 찢어짐)은 볼 때마다 주눅이 들었을 것이다. 일 년에 단 한 차례 들어갔던 대제사장이 가졌던 두려움은 상상하기도 어렵다. 지성소는 두려움과 떨림, 경외(敬畏)의 곳이었기에 상상하는 것만으로도 오금이 후들거렸을 것이다. 대제사장도 자신과 백성들의 속죄제를 드린 후 향로를 들고 지성소에 들어가야 했다. 이후 대제사장이 살아서 나오면 그것을 바라보는 백성들로서는 그것처럼 부러운 일이 없었을 것이다. 지성소에 임재해 계신 거룩하신 영광의 하나님을 알현했기 때문이다.

때가 되매(BC 4) 예수 그리스도께서 이 땅에 오셨다. 공생애(AD 26-30년 중반)를 마치신 후 십자가 죽음(AD 30년 중반)을 통해(대속 제물, 화목 제물) 성소와 지성소 사이에 놓여있던 거대한 휘장을 위에서부터 아래로 쫙, 찢어주셨다.

'위에서부터 아래로.'

이후 히브리서 4장 16절에 의하면, 하나님의 은혜로, 예수님으로 말미암아 긍휼하심을 받은 우리는 대제사장 되신 예수님을 힘입어 '만인제사장'으로서 은혜의 보좌 앞에 당당히, 담대히 나아갈 수 있게 된다라고 했다. 그 예수님을 통해 우리는 번제단에 갈 필요도 없게 되었고, 물두멍은 물론이요 성소와 지성소에도 단 한 번에 한꺼번에 프리 패스(Free pass)할 수 있게 된 것이다. 할렐루야!

돌이켜보면 휘장은 거대한 벽이 아니라 죄인된 우리를 살리기 위한 하나님의 보호막이기도 했다. 왜냐하면 거룩하신 하나님을 죄인된 우리가 보면 그 자리에서 바로 죽기 때문이다.

성부하나님은 당신의 섭리(Providence)와 경륜(Dispensation)[83]을 따라 '때가 되매' 예수님을 그리스도 메시야로 이 땅에 보내셨다. 그리고 우리를 '위하여' 대신 죽으셨다. 대속 제물, 화목 제물 되신 예수님은 '그' 휘장을 찢으시고 대신하여 그 자리에서 우리의 진정한 보호막(Moderator, Peacemaker)이 되어주신 것이다. 그분의 예표로 주어졌던 성소 안의 '그' 휘장은 진짜 휘장이신 예수님의 십자가 죽음 앞에서 여지없이 위에서 아래로 찢기어졌던 것이다.

예수 그리스도의 십자가 죽음, 곧 초림으로 인해 하나님의 언약은 성취되었고 이후 약속대로 '예수를 힘입어' 하나님의 은혜의 보좌 앞에 당당히 들어가게 되었다. 하나님의 은혜의 보좌 앞에서의 예배를 혹자는 지성소 예배라고 한다. 나는 성령님을 주인으로 모신 곳은 그 어디나 지성소라고 생각하기에 현재형 하나님나라를 살아가는 매사 매 순간이 지성소 예배라고 생각한다. 삶으로 드리는 모든 예배뿐만 아니라 공예배, 찬양과 경배, 언행심사의 감사까지도 모두가 다 지성소 예배이다.

6장의 소제목인 '튼튼하고 견고한 영혼의 닻, 예수 그리스도, 휘장 안 우리의 소망'에 있어서 '휘장'이란 앞서 언급했듯이 장벽이 아니라 보호막임을 알아야 한다. 그 휘장은 튼튼하고 견고했기에 죄인된 우리가 하나님의 면전에서 살아남을 수 있었던 것이다. 문제는 그 휘장으로 인해 하

---

83 하나님의 작정(decree)과 예정(predestination), 섭리(providence)와 경륜(dispensation)으로 역사는 이루어졌고 이루어지고 있으며 이루어져간다. 작정이란 기독교 세계관을 이루는 전체(창조, 타락, 구속, 완성)의 청사진을 말한다. 예정이란 하나님의 작정 속에 그 작정이 성취되기 위해 택정된 하나님의 백성들의 구원이 성취되는 것이다. 섭리는 하나님의 작정과 예정이 성취되기 위한 하나님의 간섭과 열심을 말하고 경륜은 목적이 있는 특별한 섭리를 가리킨다.

나님과 우리 사이는 격리(분리) 즉 관계가 끊어져 있었다라는 점이다.

예수 그리스도는 당신의 십자가 죽음을 통해 당신의 몸인 진짜 휘장을 찢어주시며 하나님과 우리 사이에 막힌 '그' 휘장을 찢어버리셨다. 동시에 당신이 휘장 되어주시고 더 나아가 그 휘장이신 예수의 이름을 힘입어 지성소, 은혜의 보좌 앞으로 나아가게 하신 것이다.

"보혈을 지나 하나님 품으로."

그 은혜의 보좌가 바로 오매불망(寤寐不忘) 우리가 그리던 휘장 안의 지성소(미래형 하나님나라) 곧 우리의 소망, 바로 아버지 하나님의 품이다

6-1 그러므로 우리가 그리스도 도의 초보를 버리고 죽은 행실을 회개함과 하나님께 대한 신앙과

"그리스도 도의 초보"란 '잘못된 기초'를 가리키는 것으로 5장 12절의 '하나님의 말씀에의 초보'를 의미한다. '버리고"의 헬라어는 아피에미[84] ($\dot{\alpha}\varphi\acute{\iota}\eta\mu\iota$, v)인데 이는 '그만두다, 남겨두고 떠나다'라는 의미이다. 즉 그리스도 도의 초보(영적인 미숙함과 유아기적인 상태)에서 머물지 말고 그 수준에서 출발하여 지속적으로 장성($\tau\acute{\epsilon}\lambda\epsilon\iota o\varsigma$, adj)한 분량이 충만하기까

---

84 아피에미($\dot{\alpha}\varphi\acute{\iota}\eta\mu\iota$, v)는 (a) I send away, (b) I let go, release, permit to depart, (c) I remit, forgive, (d) I permit, suffer/(from 575 /apó, "away from" and hiēmi, "send") - properly, send away; release (discharge)이고 텔레이오스($\tau\acute{\epsilon}\lambda\epsilon\iota o\varsigma$, adj)는 perfect, (a) complete in all its parts, (b) full grown, of full age, (c) specially of the completeness of Christian character)이다.

지 계속하여 나아가라는 의미이다.

"죽은 행실"이란 하나님의 뜻을 거스르는 악한 행실로서 열매없는 삶을 가리킨다. 욕심이 잉태하여 탐욕으로 발전하고 그것에 꽂히게(롬 8:5-7, 프로네오, φρονέω) 되면, 즉 우선순위와 가치를 두게 되면 그것은 곧 우상숭배가 된다. 그 결국은 사망(롬 6:21, 23, 약 1:15)이다.

"하나님께 대한 신앙"이란 하나님을 믿는 믿음과 그 열매로 나타나는 순종을 가리키는데 이는 그리스도인의 기본 덕목 중 하나이다. 즉 회개와 믿음으로 이루어진 그리스도인의 삶이란, 죽은 행실 곧 사망에 이르는 행위들로부터 돌이키는 회개와 더불어 하나님을 향한 신앙(믿음)의 터(토대)가 되는 매우 중요한 근본이다. 이런 근본적인 '터(토대)' 만큼은 단단히 쌓아가야 한다. 아무렇지도 않게 그 터를 매번 허물었다가 다시 쌓는 행위를 되풀이하는 것은 마치 개가 그 토한 것을 다시 먹는 것과 같다. 결국 우리는 한 번 인생 동안 성령님의 능력으로 매사 매 순간 인내하고 싸워 승리해 나가는 몸부림이 필요하다.

2 침례들과 안수와 죽은 자의 부활과 영원한 심판에 관한 교훈의 터를 다시 닦지 말고 완전한 데 나아갈지니라

"침례 혹은 세례(βαπτισμός, nm)"라는 단어 안에는 중요한 4가지 의미가 함의되어 있는데 십자가 보혈로 죄 씻음, 영접, 연합 즉 하나됨, 신앙 고백이 들어있다. 앞의 세 가지는 예수의 구원자(Savior) 되심에 관한 고백이며 뒤의 한 가지는 예수의 주인(주권자, Lord, Head) 되심에 관한

고백이다.

한편 이 구절에서 '세례들(침례들)'이라고 복수를 사용한 것에 대하여는 학자들마다 다양한 견해[85]가 있다. 일단의 학자들은 유대인의 정결례(민 19:7-21, 막 7:4)와 요한의 세례(행 19:3), 기독교의 세례를 총칭한 것으로 보는가 하면 다른 학자들은 유대인의 정결례(민 19:7-21, 막 7:4)와 기독교의 세례를 가리킨다고 한다. 나는 후자의 해석에 줄을 섰다.

"안수"는 당시 개종자들에게 행하던 것으로 성령이 함께하시기를 간구하는 종교의식이었다. 문제는 개종 당시 신앙 고백을 통해 성령 세례를 받았음에도 불구하고 또 다시 성령의 인침이나 은사를 받기라도 하듯 안수를 자꾸 반복하여 받으려하는 것은 '그리스도 도(道)의 초보' 즉 '잘못된 기초(基礎)'라는 것이다.

원래 '안수'란 구약 때부터 행해지던 종교의식 행위(창 48:14, 민 8:10, 11, 신 34:9, 왕하 4:34) 중의 하나이다. 안수는 병을 치유할 때(막 6:5, 눅 4:40)나 성령님께서 그 사람과 함께하길 간구할 때(행 8:17, 19:6), 상대를 축복할 때(막 10:13), 하나님의 부르심에 따른 성직을 임명할 때(행 6:6, 13:3)에 하던 행위였다.

한편 죽은 자의 '부활(고전 15:16-19)과 재림하실 예수님의 백보좌 심판(요 3:18, 계 20:15)'은 기독교 교리의 아주 중요한 부분 중 하나이다.

"다시 닦지 말라"는 것은 초보적인 가르침으로 다시 돌아가 그것을 계속하여 되풀이하지 말라 혹은 반복하지 말라는 의미이다.

---

85 그랜드종합주석 16, p102

"완전한 데 나아갈지니라"는 것은 히브리서 3장 6, 14절(끝까지 견고히 잡으라), 5장 14절(장성한 자가 되라), 6장 12절(게으르지 말고 믿음과 오래 참음으로 나아가라)의 말씀을 각각 다르게 표현한 것이다. 즉 신앙 인격과 함께 믿음에 합당한 풍성한 열매를 맺으라는 것이다.

3 하나님께서 허락하시면 우리가 이것을 하리라

"이것"이란 '신앙의 성장(growth)과 성숙(maturity)으로 나아가는 것'을 말한다. "하나님께서 허락하시면"이라는 것에는 하나님의 섭리(攝理, providence, providentia)와 경륜(經綸, dispensation, administration, οἰκονομία)이 전제되어 있다. 이는 역사의 주관자가 하나님임을 보여주는(잠 16:1, 3, 9, 33, 19:21, 21:31, 행 18:21, 고전 16:7, 약 4:15) 것으로 우리 일상에서 일어나는 크고 작은 모든 것은 하나님의 허락 하에서만 일어난다는 것이다. 단지 우리가 그때그때 일어나는 모든 것에 대한 하나님의 뜻을 다 이해할 수 없을 뿐이다.

4 한 번 비침을 얻고 하늘의 은사를 맛보고 성령에 참예한 바 되고

"한 번 비침"이란 구원에 이르는 복음의 진리를 접한 것을 말한다. "한 번"이란 '단 한 번'이라는 의미로 단회적 사실을 가리키며 헬라어로 하팍스(ἅπαξ, adv, once, once for all)라고 한다. 만세 전에 성부하나님의 은혜로 택정하심을 따라 때가 되매 믿음으로 얻게 되는 성령님의 인치심은 영 단번(once for all)이라는 것이다. 반면에 복음을 지식으로만 접하게 된 사람은 매번 반복하면서 회개처럼 보이는 행동을 되풀이한다. 그들은 예수께로 반복하여 돌아오는 듯 보이기도 하나 결국 배도의 길로 가게 됨을 경고하고 있다.

"하늘의 은사를 맛보고"란 이중적 의미로 설명할 수 있다. 애굽의 압제에서 벗어난 출애굽 1세대가 '하늘의 은사'로써 광야에서 매일 만나를 먹은 것을 가리키기도 하지만 성령의 다양한 은사(고전 12:4-11, 27-31)를 가리키기도 한다. 이어지는 "성령에 참예한 바 되고(민 11:24-30)"와 같은 의미로 반복하여 말씀하신 것이다.

유기된 자들인 배교자들과 달리 택정된 그리스도인들은 '성도의 견인(Perseverance of the Saints)' 교리에 의하면 반드시 돌아오게(카데마이) 되며 그들을 향한 하나님의 구원은 결코 취소되지 않는다.

'맛보다(6:4, 5)'라는 헬라어는 규오마이(γεύομαι, v, (a) I taste, (b) I experience)인데 이는 '경험하다'라는 의미이다

5 하나님의 선한 말씀과 내세의 능력을 맛보고

"하나님의 선한 말씀"이란 하나님의 은혜의 구원의 복음(행 20:24) 혹은 영원한 길이요 진리요 생명이신(요 14:6) 신구약 말씀 전체를 가리킨다.

"내세의 능력을 맛보고"라는 것은 신령한 모든 영적, 육적 체험과 함께 예수님의 재림 후 미래형 하나님나라에 들어가 영생을 누리게 되는 것까지를 말한다. 동시에 현재형 하나님나라에서도 내세의 능력을 누리게 됨

을 가리킨다.

'능력'이란 세상에서 말하는 그런 유의 능력이 아니다. 복음 선포를 통해 심판하는 권세를 말한다. 즉 복음을 받아들이면 구원이지만 복음을 거부하면 영벌을 심판할 수 있는 능력이다.

복음의 주체이신 예수를 믿으면 그 즉시 우리는 영적 죽음 상태에서 영적 부활하게 된다. 이후 성령님을 주인으로 모시고(內住 성령) 현재형 하나님나라를 살아가게 된다. 그러나 여전히 'already ~not yet'이다. 모든 육체는 반드시 한 번은 죽게 되는데 육신적 죽음 후에는 곧장 부활되어 미래형 하나님나라에의 입성과 영생을 누리게 된다.

이때 그리스도인들의 육신적 죽음은 죽음(끝장)으로 끝나는 것이 아니라 현재형 하나님나라에서 미래형 하나님나라에로의 이동(옮김, 아나뤼오)일 뿐이다. 그 육신적 죽음은, 현재형 하나님나라에서 미래형 하나님나라에로의 이동이기에, 여전한 영적 부활 상태로의 영원한 삶이며 장소 개념인 미래형 하나님나라에서 영원히 살가가게 되는 영생으로의 첫 발자국(첫 관문)인 것이다.

그러므로 우리가 예수를 믿으면 그때부터 영적 부활된 상태로 현재형 하나님나라(주권, 통치, 질서, 지배 개념)에서의 영생이 시작된다. 육신적 죽음을 통과하여 미래형 하나님나라(장소 개념)로 이동되면 그때에는 부활체(변화된 몸)로 영원히 미래형 하나님나라를 누리게 된다. 그러므로 예수를 믿게 되면 그 순간부터 우리는 '하나님 나라(현재형)를 누리는 것'이며 지금도 앞으로도 영원히 하나님나라에서 '영생을 누리는 것'이 된다. 물론 그날 이후에는 신천신지인 미래형 하나님나라에서……

6 타락한 자들은 다시 새롭게 하여 회개케 할 수 없나니 이는 자기가 하나님의 아들을 다시 십자가에 못 박아 현저히 욕을 보임이라

이 구절은 특히 성도의 구원이 취소되느냐(성령훼방죄, 마 12:31, 죽음에 이르는 죄, 요일 5:16) 아니냐의 문제로 논란이 많은 부분이다. 그러나 성부 하나님의 은혜로 만세 전에 택정하심을 받아 때가 되매 복음이 들려져 예수를 믿어 성령으로 거듭난 자의 구원은 결코 취소되지 않는다(요 6:37-40, 롬 8:28-39, 요일 5:18-20). 성도의 견인(Perseverance of the Saints) 때문이다. 그렇기에 이 구절은 문자적으로 해석할 것이 아니다. 즉 신학적인 관점이 아닌 목회적인 관점으로 바라보아야 한다. 다시 말하면 이 구절은 구원 취소에 관한 말씀이 아니라 수사학적 용법으로 반어법(反語法)이 사용되었음을 알아야 한다.

"타락하다"의 헬라어는 파라핍토[86](παραπίπτω, v)인데 이는 '곁길로 새다, 옆으로 떨어지다'라는 의미이다.

한편 칼빈(Calvin)[87]은 하나님께서 택정하신 하나님의 자녀가 아닌 '명목상의 신자라 할지라도 하늘의 영적 은사를 어느 정도는 맛볼 수 있다'라고 했다. 그 이유는 참 신자들의 영적 각성을 위함이라고 했는데 나는 전적으로 동의한다. 이 말인즉 하늘의 영적 은사를 맛본 것과 하나님의

---

86 파라핍토(παραπίπτω, v)는 to fall in, into or away, to fail/(from 3844 /pará, "from close-beside" and 4098 /píptō, "to fall") - properly, fall away, after being close-beside; to defect (abandon)이다.

87 그랜드종합주석 16, p104

택정된 것이라는 말은 동의어가 아니라는 것이다. 흔히 우리 주변에서는 '방언, 방언 통역, 예언, 신유' 등등 하늘의 영적 은사를 받으면 구원받은 증거라고 쉽게 얘기하곤 한다. 물론 하늘의 영적 은사를 받은 것은 귀하다. 그러나 그것으로 겸손히 하나님의 뜻을 행하며 '오직 말씀, 오직 예수, 오직 복음'만을 전해야 한다.

결국 성령의 은사가 구원의 증거라도 되는 듯이 여기는 것도 곤란하지만 그렇다고 하여 그런 것들을 무조건 무시하는 것은 더더욱 아니다.

7 땅이 그 위에 자주 내리는 비를 흡수하여 밭 가는 자들의 쓰기에 합당한 채소를 내면 하나님께 복을 받고 8 만일 가시와 엉겅퀴를 내면 버림을 당하고 저주함에 가까워 그 마지막은 불사름이 되리라

7절은 단어의 상징적인 의미를 잘 해석해야 한다. 먼저 "땅"은 하나님의 은혜를 받은 인간을 가리키며 "자주 내리는 비"는 때를 따라 공급하시는 하나님의 은혜를, "합당한 채소"는 구원의 선한 열매를 가리킨다. 즉 하나님의 무한하신 은혜를 통해 우리는 그분이 허락하신 무조건적인 은혜 속에서 구원을 얻었기에 이후로는 구원된 자로서의 풍성한 삶을 지금도 앞으로도 영원히 살아가야 할 것이다.

"가시와 엉겅퀴"는 쓸모없는 열매 즉 하나님의 뜻에 반하는 불의의 병기(롬 6:13)로 사용된, 사망에 이르는 열매(롬 7:4) 곧 죄의 열매들을 말한다. '쓴 뿌리(히 12:15)'에서 자라난 못된 열매를 가리킨다.

"불사름"이란 이중적 함의가 있는데 '정화(淨化, purification)'라는 의

미가 있는가 하면 '심판'이라는 의미도 있다. 이 구절에서는 후자인 '심 판'의 의미가 있다.

7-8절의 '비를 흡수하는 땅'과 '버림을 당하고, 저주함에 가까워, 불사름' 등은 신명기의 주제들과 맥을 같이 한다. 전자(비를 흡수하는 땅)의 경우 신명기 11장 11절, 28장 12절이라면 후자(버림을 당하고, 저주함에 가까워, 불사름)는 신명기 29장 27, 23절이다.

9 사랑하는 자들아 우리가 이같이 말하나 너희에게는 이보다 나은 것과 구원에 가까운 것을 확신하노라

"이보다 나은 것"이란 '하나님의 은혜와 긍휼을 받은 것'이다. "구원에 가까운 것"이란 '구원에 매달려있다'라는 의미로서 '이미 구원 받은(의롭다 하심, 칭의) 것'을 가리킨다.

10 하나님이 불의치 아니하사 너희 행위와 그의 이름을 위하여 나타낸 사랑으로 이미 성도를 섬긴 것과 이제도 섬기는 것을 잊어버리지 아니하시느니라

"불의(롬 1:18)"의 헬라어는 아디코스[88](ἄδικος, adj)인데 이는 '불공평함'이라는 의미이다. 즉 "하나님이 불의치 아니하사"라는 것은 하나님은

---

88 아디코스(ἄδικος, adj)는 unjust, unrighteous, wicked/A "no" and 1349 /díkē, "justice") – properly, without justice; unjust, because violating what God says is just; divinely disapproved. See 93 (adikia)이다.

공평하시다라는 의미이다.

구원은 하나님께서 허락하신(주신) 믿음(피스티스, 합 2:5, 롬 1:17)으로 말미암아 얻은 것이다. 그렇기에 진정한 믿음(피스티스)은 그 믿음에 합당한 행위(약 2:14-26, 피스튜오), 곧 명사인 믿음(피스티스)의 동사(피스튜오)화 과정인 순종이 뒤따라야 한다.

11 우리가 간절히 원하는 것은 너희 각 사람이 동일한 부지런을 나타내어 끝까지 소망의 풍성함에 이르러

"간절히 원하다"의 헬라어는 에피뒤메오[89](ἐπιθυμέω, v)인데 이는 '열렬히 바라다'라는 의미이다.

"동일한 부지런을 나타내어"라는 것은 사랑으로 성도를 섬기는 것(믿음의 역사, 사랑의 수고)과 부지런함으로 소망의 풍성함(소망의 인내, 살전 1:3)에 이르는 것을 가리킨다. 여기서 '소망(엘피스)'이란 미래형 하나님 나라에로의 입성과 영생을 가리킨다.

"소망의 풍성함"에서의 '풍성함'의 헬라어[90]는 플레로포리아(πληροφορία, nf)인데 이는 '충만함, 충일함'이라는 의미이다. 즉 '소망

---

[89] 에피뒤메오(ἐπιθυμέω, v)는 desire, lust after/(from 1909 /epí, "focused on" intensifying 2372 /thymós, "passionate desire") - properly, to show focused passion as it aptly builds on (Gk epi, "upon") what a person truly yearns for; to "greatly desire to do or have something - 'to long for, to desire very much' " (L & N, 1, 25.12)이다.

[90] 플레로포리아(πληροφορία, nf)는 full assurance/properly, full carry-through ("fully come to bear")이다. 플레로포레오(πληροφορέω, v)는 (lit: I carry full), (a) I complete, carry out fully, (b) I fully convince, satisfy fully, (c) I fully believe/(from 4134 /plérēs, "full" and 5342 /phérō, "carry, bring") - properly, fully carry-through (make full); bear (or wear) fully이다.

의 풍성함'이란 '영생에의 소망이 마음 속에 충만한 상태'를 말한다. 이의 동사는 플레로포레오(πληροφορέω, v)이다.

12 게으르지 아니하고 믿음과 오래 참음으로 말미암아 약속들을 기업으로 받는 자들을 본받는 자 되게 하려는 것이니라

"게으른"의 헬라어는 노드로스[91](νωθρός, adj)이다. 이는 히브리서 5장 11절에서는 '둔하다'로 번역되었다.

"믿음과 오래 참음"은 히브리서 3장 18-19절에서는 '믿음과 순종'으로 달리 기술되어 있다. 믿음이 있으면 그것은 순종이라는 열매로 나타난다라는 것이다. 반면에 불순종이란 불신의 결과로서 오래 참지 못함(인내하지 못함)의 결과로 나타난다.

13 하나님이 아브라함에게 약속하실 때에 가리켜 맹세할 자가 자기보다 더 큰 이가 없으므로 자기를 가리켜 맹세하여

전지(Omni-Science)하시고 전능(Omni-Potence)하신 창조주 하나님은 가장 크신 존재이다. 곧 당신보다 더 큰 존재가 없기에 당신의 이름을 걸고 아브라함에게 언약(창 12, 15, 17장)을 주셨다. 소위 일방 언약, 불평

---

91 노드로스(νωθρός, adj)는 blunt, dull, hence spiritually; sluggish, remiss, slack/properly, slow, sluggish (LS); (figuratively) dull because slothful; lazy, inert, listless (lackadaisical)이다.

등 언약, 은혜 언약인 정식 언약, 횃불 언약, 할례 언약을 가리킨다.[92]

14 가라사대 내가 반드시 너를 복주고 복주며 너를 번성케 하고 번성케 하리라 하셨더니

"반드시"라는 단어는 13절의 "맹세"라는 말과 상통한다. 민수기 23장 19절은 하나님의 신실하심에 대해 선명하게 말씀하고 있다.

"하나님은 인생이 아니시니 식언치 않으시고 인자가 아니시니 후회가 없으시도다 어찌 그 말씀하신 바를 행치 않으시며 하신 말씀을 실행치 않으시랴"_민 23:19

한편 두 번이나 연속 반복된 "복주고 복주며"와 "번성케 하고 번성케 하리라"는 부분에 주목할 필요가 있다. '복'이란 예수 그리스도를 믿어 구원을 얻은 것을 말하며 '번성'이란 구원을 통해 이루 헤아릴 수 없는 많은 영적 아브라함의 자손들(이면적 유대인, 롬 2:29)이 있게 될 것을 가리킨다.

15 저가 이같이 오래 참아 약속을 받았느니라

"저가 이같이 오래 참아"라는 말은 아브라함이 모든 과정에 대해 오래 참은 것을 가리키는 말이 아니다. 하나님의 오래 참으심 가운데 아브라함이 약속을 받았다라는 것을 가리킨다.

---

92 〈복음은 삶을 단순하게 한다〉, 〈복음은 삶을 선명하게 한다〉, 더 메이커, 이선일

하나님의 은총이란, 매사에 조급했던 아브라함이 그 과정들을 완수해 낸 것에 대해 마치 '그가 잘 참아내기라도 했던 것인 양 여겨주셨다(하솨 브, 로기조마이)'라는 것을 가리킨다. 그렇게 아브라함이 믿음의 조상이 된 것 자체가 하나님의 은총이었다는 것이다. 또한 하나님은 그 결과에 대한 모든 공을 아브라함에게로 돌리심으로 아브라함 편에서는 약속을 받은 것이다.

16 사람들은 자기보다 더 큰 자를 가리켜 맹세하나니 맹세는 저희 모든 다투는 일에 최후 확정이니라 17 하나님은 약속을 기업으로 받는 자들에게 그 뜻이 변치 아니함을 충분히 나타내시려고 그 일에 맹세로 보증하셨나니

"맹세는~최후 확정이니라"는 것은 유대사회의 경우 하나님의 이름을 걸고 하는 맹세는 일체의 쟁론을 정지시키는 효력 혹은 권위를 가지고 있었기 때문이다. "맹세", "약속"이란 하나님의 아브라함에게 하신 3중 언약(정식 언약, 횃불 언약, 할례 언약)을 말한다.

"맹세로 보증하셨다"에서 '보증하다'의 헬라어는 메시튜오(μεσιτεύω, v, to interpose, mediate)인데, 이는 '중재하다, 중보하다, 인준하다'라는 의미이다. 즉 하나님 자신이 약속의 주체가 되는 동시에 자신을 약속의 중보자로 삼으셨음을 가리킨다.

18 이는 하나님이 거짓말을 하실 수 없는 이 두 가지 변치 못할 사실을 인하여

"두 가지 변치 못할 사실"이란 무효가 되는 일이 전혀 없으며 식언치 않으시며(민 23:19) 불가역적인 것이라는 의미인데 이는 13-17절에서 말씀하셨던 하나님의 약속과 그 약속에 대한 하나님 당신의 맹세(약속의 확실성)를 가리킨다.

"앞에 있는 소망(엘피스)"이란 성도들이 예수 그리스도로 말미암아 보장받게 된 '미래형 하나님나라에로의 입성과 영생'에의 소망을 가리킨다.

"피하여 가는 우리로"라는 것은 '피난처(현재형 하나님나라와 미래형 하나님나라)를 찾기 위해 예수께로 돌이키는 우리로'라는 의미이다.

"큰 안위"라는 것은 '강력한 격려'라는 의미로 헬라어로는 이스퀴란 파라클레신($\iota\sigma\chi\upsilon\rho\grave{\alpha}\nu\ \pi\alpha\rho\acute{\alpha}\kappa\lambda\eta\sigma\iota\nu$, strong encouragement)이라고 한다. 즉 성도들의 소망인 미래형 하나님나라에로의 입성과 영생이 실재가 될 것이라는 사실에 큰 안위를 얻게 하려 하심이라는 것이다.

"소망"이란 18절에서 언급한 것처럼 예수 그리스도를 통한 '미래형 하나님나라에로의 입성과 영생'에의 소망을 가리키는데 이러한 소망은 성도들의 현재적 삶을 힘차게 살아가게 하는 튼튼하고 견고한 영혼의 닻이다. 특히 이 구절에서의 '소망'은 예수 그리스도를 통해 들어가게 된 휘장 너머 지성소 안, 즉 하나님의 존전에서의 영생을 가리킨다.

결국 '소망(엘피스)'을 의미하는 "영혼의 닻"이란 미래형 하나님나라에서 영생을 누리게 하실 '하나님의 약속'을 가리킨다. 튼튼하고 견고한 "닻"이란 변치않는 견고한 구심력을 말하는데 소망이신 예수님이 바로 우리의 든든한 구심점이라는 말이다. 우리는 그 예수의 피를 힘입어 성소에 들어갈 담력을 얻게(히 10:19) 되었다.

"휘장 안(ἐσώτερον τοῦ καταπετάσματος, 에소테론 투 카타페타스마토스, within the veil)"이란 지성소(the Holy of Holies)를 일컫는다. 그곳에는 이스라엘 종교력으로 7월 10일, 일 년에 한 번 대제사장만이 들어갈 수 있었다(레 16장, 23:27, 25:9).

20 그리로 앞서 가신 예수께서 멜기세덱의 반차를 좇아 영원히 대제사장이 되어 우리를 위하여 들어가셨느니라

"앞서 가신"의 헬라어는 프로드로모스[93](πρόδρομος, adj)이다. 이는 '척후병, 선구자, 선봉, 구원의 창시자(히 2:10, 12:2)'라는 의미이다. 대제사장이신 예수님은 모든 인간을 위하여 대신 피를 흘리심으로 그 예수를 믿는 모든 인간을 하나님 앞으로 나아가게 한 선구자(마 27:51)이시다.

"영원히 대제사장이 되어"라는 것은 '영원한 대제사장(시 110:4)이 되어'라는 의미이다.

---

93 프로드로모스(πρόδρομος, adj)는 a running forward, going in advance/(from 4253 /pró, "before" and 1408 /drómos, "a race-course") - properly, a person running ahead (a forerunner) to reach the destination before others - i.e. arriving safely in advance for the benefit of others who also need to get there)이다.

괴짜의사 Dr. Araw의
쉽고 바르게 읽는 히브리서 장편(掌篇) 강의

레마이야기 7

의의 왕이요 살렘 왕인
멜기세덱

분명한 역사의 실존 인물이자 동시에 신비의 인물,

멜기세덱(מַלְכִּי־צֶדֶק)!

그는 의의 왕이요 살렘 왕(히 7:2), 즉 평강의 왕이시다.

그는 지극히 높으신 하나님의 제사장(히 7:1)이다.

그는 천상의 존재를 예표하기도 하지만 창세기 14장 18-20절, 시편

110편 4절에 나오는 분명한 역사적 인물[94]이기도 하다. 그럼에도 불구하고 구약성경에는 위에서 기술한 대로 딱 두 번만 언급되어 있다. 그런 멜기세덱(מַלְכִּי־צֶדֶק, "my king is right", an early king of Salem)에 대해 히브리서 7장 3절은 더욱 모호하게 말씀하고 있다.

"아비도 없고 어미도 없고 족보도 없고 시작한 날도 없고 생명의 끝도 없어 하나님의 아들과 방불하여 항상 제사장으로 있느니라"_히 7:3

정경은 3대 영감(완전영감, 유기영감, 축자영감), 6대 속성(무오류성, 완전성, 충분성, 명료성, 권위성, 최종성)을 지니고 있다. 이는 기독교의 본질이기에 목숨 걸고 사수해야 한다. 정경화 작업은 구약의 경우 AD 90년, 신약의 경우 AD 397년에 완성되었다. 이후 66권 정경에 대한 흔들림이 있어서는 안 된다. 우리가 정경으로 받아들이는 성경은 저자이신 성령님의 감동으로 40여 명의 기록자들을 통해, 역사와 시간을 통해, 신학을 통해, 문학을 통해 기술되어 있다. 개중 상기 7장 3절의 경우에는 의도적으로 멜기세덱을 강조하기 위해 더 이상의 설명이 없는 침묵 기법을 사용한 것이다.

7장의 경우 그리스도의 대제사장직이 레위지파 아론의 대제사장직보다 훨씬 우월함을 강조하고 있다. 그 차이점을 분명하게 드러내기 위해 아브라함과 멜기세덱을 불러낸 것이다. 이를 표로 그리면 다음과 같다.

---

94 대다수의 유대인 학자들은 그가 노아의 장자인 셈의 후손일 것으로 추측한다. 한편 1965년 쿰란 동굴에서 발견된 사해사본에 의하면 이사야 61장 1-2절의 "여호와의 은혜의 해와 우리 하나님의 신원의 날"을 전파하는 자가 멜기세덱이라고 했다. 그랜드종합주석 16, p 118 재인용

레위 계통의 대제사장직	그리스도의 대제사장직
율법의 규정에 의거하여 제사장직 계승	하나님의 맹세에 의한 약속의 말씀에 근거
아론의 반차	멜기세덱의 반차
유한한 인간	영원토록 살아계시는 하나님의 아들
죄성을 가진 인간 온전한 속죄 제사 불가능	죄 없으신 분 죽기까지 하나님의 뜻에 복종→온전한 제사를 드림
계속하여 반복됨 일시적, 제한적 불충분성	영 단번(once for all) 영원성, 최종성, 완전성 충분성
대속죄일(유대력 7월 10일) 일 년에 한 차례 자신과 백성의 속죄제를 드린 후 에 지성소에 들어감	휘장을 예표하는 자신의 몸을 십자가에서 찢으심으로 지성소 앞의 휘장을 찢으심

7-1 이 멜기세덱은 살렘 왕이요 지극히 높으신 하나님의 제사장이라 여러 임금을 쳐서 죽이고 돌아오는 아브라함을 만나 복을 빈 자라

"지극히 높으신 하나님(창 14:18, 19, 20, 22)"이라는 것은 '하나님의 초월적 신성'을 강조하는 말로서 '천지의 주재(קנה, v, to get, acquire, 창 14:19, 22, the possessor, 승리는 오로지 하나님의 힘)'라는 의미이다.

창세기 14장에는 엘람왕 그돌라오멜(앗수르)을 주축으로 시날왕 아므라벨(바벨론의 함무라비), 엘라살왕 아리옥(유프라테스 유역), 고임왕 디달(티그리스 유역)의 북방 4개국 동맹과 사해 연안 5개국 동맹(소돔왕 베라, 고모라왕 비르사, 아드마왕 시납, 스보임왕 세메벨, 소알왕 벨라)과의 싸움이 있었다.

이 와중에 사해 근처 소돔에 살고 있던 아브라함의 조카 롯과 그의 가족도 처절하게 노략당하고 말았다. 그 가신 중 하나가 도망쳐나와 아브라함에게 그 소식을 전했다. 아브라함은 집에서 기르고 연습시킨 자 318명을 데리고 가서 싸워 빼앗겼던 재물과 사람들을 다 찾아왔다. 하나님의 강권적인 개입하심으로.

승전 후 돌아올 때, 당시 살렘왕이었던 멜기세덱이 여호와의 이름으로 아브람을 축복(창 14:18-20)하기 위해 나왔다.

2 아브라함이 일체 십분의 일을 그에게 나눠 주니라 그 이름을 번역한즉 첫째 의의 왕이요 또 살렘 왕이니 곧 평강의 왕이요

"십분의 일"이란 히브리서 7장 4절에서 언급한대로 10%를 드리는 것

이 아니라 '10'이라는 완전수, 만(滿)수의 '1' 즉 '최고'라는 의미로 '온전한 최고의 것'을 가리킨다. 결국 십일조라는 것은 10%를 드려야하는 율법적 행위가 아니라 감사의 찬양이요 삶으로 드리는 예배인 것이다.

"의의 왕"이란 예수 그리스도의 십자가 죽음이라는 대가 지불로 하나님의 공의가 성취된 것을 가리킨다. 이후 대속 제물, 화목 제물 되신 예수 그리스도로 말미암아 하나님과의 관계가 회복되면 살롬(하나님과의 바른 관계, 즉 하나됨, 하나님 안에서의 견고함과 안식, 번영, 평온함)이 주어지게 된다. 즉 보혈(십자가 대속 죽음)을 지나 하나님의 품으로 들어가게 (하나님과의 하나됨 즉 바른 관계와 친밀한 교제인 살롬) 되는 것이다. 그러므로 이 구절에서 기술되었듯이 첫째는 공의의 왕이요 그 다음은 살렘 왕이라고 순서대로 표현하는 것이 바람직하다. 이를 다시 정리하면 공의와 사랑이요 구속을 통한 구원이며 십자가 보혈을 통한 죄 사함이다.

한편 "의와 평강"은 그리스도의 속성이며 초림과 재림의 예수 그리스도는 장차 공의(공평과 정의, 암 5:24)로 통치하실 분(사 9:7)이며 참된 평강을 주러 이 땅에 오시는 분(사 9:6, 미 5:4-5, 요 14:27)이시다.

3 아비도 없고 어미도 없고 족보도 없고 시작한 날도 없고 생명의 끝도 없어 하나님 아들과 방불하여 항상 제사장으로 있느니라

레위지파의 경우 대제사장이 되려면 아비는 반드시 아론의 후손(출 28:1)이어야 하고 어미는 레위지파의 정숙한 여인(레 21:7)이어야 했다. 그러나 멜기세덱이 대제사장인 것은 그 모든 조건을 초월한 것으로 하나님의 맹

세와 언약으로 주어졌으며 그리스도의 대제사장직의 그림자임을 드러낸 것이다.

일반적으로 성경은 다양한 관점으로 기록되었다. 특히 이 구절의 멜기세덱에 관한 것은 문학적 기법 중 침묵 기법으로 더 이상의 설명을 하지 않음으로 인해 의도적으로 더 강조한 것이다. 그런 멜기세덱은 영원한 제사장으로 하나님의 아들과 방불(彷佛, remind, 거의 비슷하다)하다라고까지만 언급한 후 더 이상의 설명이 없다. 침묵기법을 사용했다라는 것이다. 한편 멜기세덱은 출생이나 죽음에 관한 기록을 찾아볼 수가 없다. 이를 통해 멜기세덱과 영원자존하신 근본 하나님이신 예수님과의 유사성을 은근히 드러내고 있는 것이다.

4 이 사람의 어떻게 높은 것을 생각하라 조상 아브라함이 노략물 중 좋은 것으로 십분의 일을 저에게 주었느니라

이 구절은 멜기세덱의 제사장 직분이 레위의 제사장 직분보다 훨씬 더 우월하다는 것을 말하고 있다.

"십분의 일(7:2, 4)"이란 소위 십일조(신 14장, 느 10:37-38, 말 3:7-8)라는 것으로 조는 가지 조(條)이며 전체를 대표하는 최고의 것(열의 첫 것, 나머지 전체를 대표하는 하나를 드리되 전부를 드리는 것)이라는 의미이다. 십일조의 기원은 창세기 14장 17절에 나타나는 바 아브라함이 멜기세덱에게 십분의 일을 드렸던 것에서 시작된다.

십일조의 정신은 결단코 율법적 행위가 아니다. 십일조에는 '모든 것이

주께로부터 왔으니 모든 것이 다 주의 것입니다'라는 감사와 찬양이 녹아져 있어야 한다. 십일조 속에는 하나님의 구속의 은혜가 들어있다. 그렇기에 '나머지 아홉도 주의 것이오니 주의 뜻대로 사용하겠습니다'라는 결단이 함의되어 있어야 한다.

십일조의 의의(意義)는 축복의 계약금이나 율법적 행위에 그치는 정도가 아니다. 십일조는 모든 그리스도인의 하나님을 향한 참된 신앙 고백이다.

한편 십일조는 10%를 의미하지 않는다. 정확하게 말하면 44.9%+a이다. 그것은 레위인에게 10%(느 10:37-38, 신 14:27)를 드렸고, 온 가족들이 모여 즐겨 먹는 잔치에 10%(신 14:26)를 사용했으며, 약자들(과부와 고아들 등)에게 3.3%(신 14:29)를 사용했다. 이것만이 아니다. 추수할 밭의 네 귀퉁이(21.6%)는 거두지 않았고 추수하다가 떨어진 이삭은 결코 줍지 않았다(레 19:9, 21.6%+a). 이렇게 하는 것이 정확한 십일조의 분량이요 바른 개념이다. 즉 10%가 아니라 44.9%+a라는 것이다. 그러므로 십일조는 단순히 문자적으로(10%를 의미하는 것이 아님) 해석해서는 안 된다. 그렇다고 매번 50%를 내라는 말은 아니다.

5 레위의 아들들 가운데 제사장의 직분을 받는 자들이 율법을 좇아 아브라함의 허리에서 난 자라도 자기 형제인 백성에게서 십분의 일을 취하라는 명령을 가졌으나

"레위의 아들들 가운데 제사장의 직분을 받는 자"는 대제사장이 될 아

론의 자손(출 28:1. 40-43)을 가리킨다. 아론에게는 4명의 아들(민 3:2)이 있었는데 나답과 아비후는 시내광야에서 여호와께서 명령하지 아니한 다른 불을 담아 여호와 앞에 분향하다가 죽었다(레 10:1, 민 3:4, 26:61). 이후 셋째와 넷째인 엘르아살과 이다말이 대제사장의 직분을 감당하게 된다(민 3:4, 대상 24:2-3, 삼상 14:3, 삼하 8:17, 15:35-36).

세월이 흐르며 다윗의 사후에는 2명의 대제사장이 있었다. 그중 한 명이 아비아달인데 그는 아도니야를 지지했다. 아비아달은 아론의 넷째 아들인 이다말의 후손(삼상 22:20, 삼하 8:17)이다.

또 다른 한 명의 대제사장이 사독인데 그는 솔로몬을 지지했다. 이는 아론의 셋째 아들인 엘르아살의 후손(민 2:11-13, 3:2-4, 20:28, 26:61, 25:11-13, 신 10:6, 레 10:1, 대상 6:3-4, 8, 50, 53, 24:1-2)이다.

놀라운 것은 서열을 중시하는 유대사회에서 이스라엘의 대제사장이 다윗 때까지 넷째 아들 이다말의 후손이 주류로 이어져왔다는 점이다. 대표적 인물 중 하나인 엘리 대제사장이 바로 이다말의 후손이다. 이렇게 뒤틀린 대제사장직의 서열은 아도니야를 몰아낸 솔로몬왕 때에 이르러서야 겨우 서열이 바로 잡히게 되었다. 왜냐하면 아도니야를 추종했던 아비아달은 솔로몬이 왕이 되자마자 자연스럽게 여호와의 대제사장 직분에서 파면되었기 때문이다. 이후 그는 아나돗으로 추방(왕하 2:26-27)되었고 그 자리를 대신하여 사독이 대제사장이 되었다(왕하 2:35).

이것으로 끝이 아니다. 놀랍게도 하나님의 섭리와 경륜은 아나돗으로 추방된 대제사장 이다말 가문의 후손(렘 1:1) 중 대선지자인 예레미야를 때가 되매 다시 부르셔서 당신의 역사를 만들어 가셨다. 역사의 아이러니(irony)는 대제사장 엘르아살의 후손 사독 계열이 훗날 사두개인 (Sadducees)으로 된 것에서 볼 수 있다. 하나님의 공의와 사랑을 보게 된다.

"허리"란 '힘의 근원, 생식의 근원(창 35:11)'을 의미한다.

6 레위 족보에 들지 아니한 멜기세덱은 아브라함에게서 십분의 일을 취하고 그 약속 얻은 자를 위하여 복을 빌었나니

"그 약속 얻은 자"란 하나님께로부터 가나안 입성을 통한 그 땅을 기업으로 얻을 것에 대한 약속과 자손의 번성에 대한 약속을 받은 자 곧 아브라함(창 12:1-54)을 가리킨다.

7 폐일언하고 낮은 자가 높은 자에게 복 빎을 받느니라

"폐일언하고"라는 것은 '여타의 다른 얘기는 다 제쳐두고'라는 의미로 '논쟁의 여지가 없이 분명하다'라는 것을 의미한다.

아브라함은 하나님께로부터 약속을 받은 자였으나 다시 멜기세덱에게 축복을 받았다라고 했는데 이는 멜기세덱의 실체인 예수 그리스도의 우월성을 드러내고 있는 것이다.

8 또 여기는 죽을 자들이 십분의 일을 받으나 저기는 산다고 증거를 얻은 자가

받았느니라

"여기는 죽을 자들이"라는 말이 가리키는 것은 레위지파의 제사장들을 지칭하는 것으로 '그들은 육신적 죽음을 피할 수 없다'라는 의미이다.

"저기는 산다고 증거를 얻은 자"라는 말이 가리키는 것은 멜기세덱을 지칭하는 것으로, 출생과 죽음에 관한 기록이 없는 영원자존하신 예수님을 가리킨다.

9 또한 십분의 일을 받는 레위도 아브라함으로 말미암아 십분의 일을 바쳤다 할 수 있나니 10 이는 멜기세덱이 아브라함을 만날 때에 레위는 아직 자기 조상의 허리에 있었음이니라

레위지파 제사장들은 율법의 규정에 따라 백성들로부터 십분의 일을 받았다.

아브라함은 멜기세덱에게 십분의 일을 바쳤다. 그때 레위는 아브라함의 허리에 있었다. 그렇기에 레위지파 제사장도 멜기세덱에게 십일조를 바친 것이다. 소위 대표와 연합의 원리(롬 5:12-21)이다. 이는 레위지파 제사장보다 멜기세덱의 제사장직의 우월성을 강조하는 것이다.

11 레위 계통의 제사 직분으로 말미암아 온전함을 얻을 수 있었으면 (백성이 그 아래서 율법을 받았으니) 어찌하여 아론의 반차를 좇지 않고 멜기세덱의 반차를 좇는 별다른 한 제사장을 세울 필요가 있느뇨

이 구절은 레위지파 제사장직의 불완전성을 지적하고 있다. 동시에 멜기세덱의 반차를 좇는 별다른 한 제사장인 예수 그리스도의 필연성을 드러내고 있다.

구약 율법 가운데서도 의식법 규정에 따라 세워진 레위 계통의 제사장 제도는 인간의 죄 문제를 근본적으로 다 해결할 수 없었다. 그렇기에 레위지파의 제사장직은 불완전한 것이었다. 또한 그들은 육신적 죽음을 피할 수 없었기에 그들의 제사장직은 일시적이었다. 반면에 멜기세덱의 반차를 따른 예수 그리스도의 제사장직은 완전하며 영원한 것이라는 의미이다.

"온전함"[95]의 헬라어는 텔레이오시스[96](τελείωσις, nf)인데 이는 '거룩함, 하나님과의 바른 관계와 교제, 하나님을 향하는 것'이라는 의미로 종말론적 온전함을 가리킨다. 즉 종말론적 온전함이 레위 계통의 제사장직 아래에서 실현될 수 있었다면 멜기세덱의 반차를 좇는 또 다른 제사장직의 도래가 필요 없었을 것이라는 의미이다.

따라서 레위 계통의 제사장직은 죄 사함을 통하여 하나님 앞으로 온전히 나아가게 할 수 없었다. 결국 멜기세덱의 반차를 따르는 더 나은 제사장직의 그림자로서의 역할을 한 것이다.

한편 온전함의 소극적 의미는 '죄를 버리거나 이기는 것(9:27, 10:4),

---

95 토머스 슈라이너 히브리서 주석, 복있는 사람, p332-333

96 텔레이오시스(τελείωσις, nf)는 completion, fulfillment, perfection/a brand of consummation (completion) which focuses on the final stage (fulfillment, end-phase) of the consummation process - see the correlating verb form (5048 /teleióō)이다.

양심을 깨끗하게 하는 것(9:9)'을 가리키지만 적극적 의미는 '신실한 순
종을 통해 하나님의 능력과 그 존전(尊前)으로 난 길을 따라 나아가는 성
화의 과정'을 가리킨다(9:13, 10:10, 14, 5:7-10, 12:1-2, Lane).

12 제사 직분이 변역한즉 율법도 반드시 변역하리니

이 구절은 제사장직에 변역(메타데시스, 變易, μετάθεσις, nf, (a)
change, transformation, (b) removal)이 일어나면 그것을 규정하고
있는 율법에도 변역이 일어난다는 것, 즉 더 이상 효력이 없다라는 의미
이다. 모세 율법은 영원불변한 것이 아니다. 율법에 기초를 두고 있는 제
사장직이 불완전하여 변역되었다면 율법 또한 불완전하여 변역될 수밖에
없다(Brown)라는 것이다.

구약 율법[97] 중 제사 제도에 규정된 일부 의식법은 폐기되었고 대부분
의 율법 조항도 복음이 요구하는 각종 교훈으로 승화(마 5:17)되었다. 이렇
듯 율법의 불완전성에 대해 언급하는 것은 유대인들이 율법의 행위를 통
해 구원을 얻으려하는 것에 대해 쐐기를 박는 것이다.

13 이것은 한 사람도 제단 일을 받들지 않는 지파에 속한 자를 가리켜 말한 것

---

[97] 구약의 율법은 크게 3가지로 나눈다. 첫째는 하나님과의 관계에서 주어진 제사법 혹은 의식법,
둘째는 인간과 인간 사이에서 발생하는 각종 분쟁이나 문제들을 다룬 민법(소송법 포함), 그리고 셋
째는 도덕법이다. 예수님의 대속 죽음을 통해 첫째는 폐지 혹은 완성(히 10:1-14)되었으나 둘째와
셋째는 여전히 유효하다. 라이프성경사전, 지식백과

이라

"이것은 한 사람도"라는 것은 '이것은 한 사람을 가리키는 것인데'라는 의미이다.

"제단 일을 받들지 않는 지파"란 레위지파가 아닌 유다지파(창 49:10, 사 11:1, 렘 23:5, 마 1:1, 22:42, 눅 3:33, 계 5:5)를 가리키는 것으로 "속한 자"란 예수 그리스도를 가리킨다. 즉 '한 사람'이란 유다지파인 예수 그리스도를 말한다.

하나님의 명령으로 주어진 율법에 의거한 레위지파가 아닌 유다지파에서의 제사장직은 12절에서 말씀하신 '제사장직의 변역'에 해당된다.

14 우리 주께서 유다로 좇아 나신 것이 분명하도다 이 지파에는 모세가 제사장들에 관하여 말한 것이 하나도 없고

예수 그리스도는 유다지파 다윗의 후손(눅 4:12-22)으로 오셨다. 그러나 율법에는 레위지파, 그중에서도 아론의 후손들만이 대제사장직을 수행하도록 되어있다. 그럼에도 불구하고 예수 그리스도의 대제사장직은 율법을 제정하신 하나님의 뜻(맹세와 약속)에 의거한 것이라는 말이다.

15 멜기세덱과 같은 별다른 한 제사장이 일어난 것을 보니 더욱 분명하도다

"멜기세덱과 같은 별다른 한 제사장"이란 예수 그리스도를 가리킨다.

"더욱 분명하다"라는 것은 새로운 대제사장직이 도래했고 그렇기에 레

위 계통의 옛 제사장직은 더 이상 효력이 없음이 분명하다라는 의미이다. 그 안에 담긴 내용에 대한 해석은 학자들 간 이견[98]이 다양하다. 즉 레위 계통의 제사장직이 불완전하다는 것, 레위 계통의 제사장직과 율법이 변역되었다는 것, 그리스도께서 유다지파에서 나셨다는 것, 레위 계통의 제사장직보다 그리스도의 제사장직이 우월하다는 것 등등이다.

16 그는 육체에 상관된 계명의 법을 좇지 아니하고 오직 무궁한 생명의 능력을 좇아 된 것이니

"육체에 상관된 계명의 법"이란 '모세 율법'을 가리키는데 이는 제사장 될 자의 혈통적, 신체적 자격요건(출 28:1, 레 21:17-23)을 규정하고 있다. 그러나 예수님은 영원한 제사장적 직무를 하나님께로부터(히 5:10) 받으셨다.

"무궁한 생명의 능력"이란 그리스도의 영원한 제사장직(시 110:4)의 특성과 기원을 나타낸 것으로 근본 하나님의 아들이신 예수님의 신성(神性)을 함의(含意)하고 있다. 그 예수님은 구원자이시요 영원한 생명을 제공해 줄 무궁무진(無窮無盡, 불멸의, 다함이 없는)한 생명력을 지닌 분임을 드러내고 있는 것이다.

---

98 첫째는 레위 계통의 제사장직이 불완전하다는 것(Bengel, Dods, Westcott), 둘째는 레위 계통의 제사장직과 율법이 변역되었다는 것(Alford, Moffatt), 셋째는 그리스도께서 유다지파에서 나셨다는 것(Zahn), 넷째는 레위 계통의 제사장직보다 그리스도의 제사장직이 우월하다는 것(Lane)등이다. 그랜드종합주석 16, p 124

17 증거하기를 네가 영원히 멜기세덱의 반차를 좇는 제사장이라 하였도다

시편 110편 4절의 말씀을 인용한 것으로 그리스도께서 영원한 대제사장이 되신 것은 율법의 규정과는 무관한 것이라는 말이다.

18 전엣 계명이 연약하며 무익하므로 폐하고

"전엣 계명"은 율법을 가리킨다. 즉 율법의 규정이 연약하며 무익하기 때문에 하나님께서 폐하여버리셨다라는 의미이다.

"연약하다"의 헬라어는 아스데네스[99]($\dot{\alpha}\sigma\theta\varepsilon\nu\acute{\eta}\varsigma$, adj)인데 이는 구약 제사장 직분이 인간의 죄를 완전히 속량하지 못했다는 것과 구약 제사는 그리스도의 죄 사하심의 예표에 불과하다는 이중적 의미를 드러내고 있다.

"무익하다"의 헬라어는 아노펠레스($\dot{\alpha}\nu\omega\varphi\varepsilon\lambda\acute{\eta}\varsigma$, adj, useless, unprofitable)인데 이는 그리스도께서 영 단번(once for all)에 인류의 모든 죄를 속량하셨기 때문에 더 이상 레위 계열의 제사장 제도는 무익하며 그런 의식법(제사법)은 필요치 않다라는 의미이다. 즉 '연약하고 무익하다'라는 것은 '불충분할 뿐더러 효과 또한 전무하다'라는 말이다.

"폐하다"라는 것은, 구약 제사장직에 관한 율법 규정을 '폐기하다, 파기하다'라는 의미인데 이는 하나님의 구원 계획과 섭리에 있어서 율법 규정은 일시적이었으며 예수 그리스도 복음의 예표였을 뿐임을 드러내고

---

99   아스데네스($\dot{\alpha}\sigma\theta\varepsilon\nu\acute{\eta}\varsigma$, adj)는 without strength, (lit: not strong), (a) weak (physically, or morally), (b) infirm, sick/(an adjective, derived from 1 /A "without" and sthenos, "vigor, strength") - properly, without vigor, living in a state of weakness (depletion)이다.

있다. 결국 예수님께서 오셔서 모든 것을 다 이루셨기에 더 이상 제사법 혹은 의식(儀式)법은 필요없다는 것이다.

"율법은 아무것도 온전케 못할지라"는 것은 율법은 죄를 깨닫게 해줄 뿐 죄를 온전히 해결할 수는 없다라는 의미이다. 그렇기에 율법으로는 범죄한 인간이 하나님과의 온전한 관계를 회복될 수 없음을 의미한다.

"더 좋은 소망(히 6:18-20)"이란 소망의 대상, 내용 혹은 토대를 가리키는데 이는 소망이 가진 그 효력 때문에 더 좋은 것이라는 말이다. 결국 '영혼의 닻인 소망'은 예수 그리스도의 대속 사역을 통해 누구든지 예수를 힘입어 아버지 하나님께로 나아갈 수 있게 된 것을 가리킨다. 즉 미래형 하나님나라에로의 입성과 영생을 가리킨다.

한편 "하나님께 가까이 간다"라는 것은 구약시대에는 대제사장만이 지성소에 들어갈 수 있었으나(레 10:3) 신약시대에는 영원한 대제사장이신 예수 그리스도로 인해 모든 성도들이 은혜의 보좌 앞(지성소 안)에 담대히 나아갈 수 있게 되었음을 의미한다(히 4:16). 이를 통해 종교개혁자들은 '만인(萬人) 제사장설'을 설파(說破)하기도 했다.

"더 좋다"의 헬라어는 크레이트톤[100](κρείττων, adj)인데 이는 히브리

---

[100] 크레이트톤(κρείττων, adj)은 better/(the comparative form of 2904 /krátos, "dominion") - what is better because more fully developed, i.e. in reaching the needed dominion (mastery,

서 전체에 자주 반복하여 사용(1:4, 6:9, 7:7, 7:22, 8:6, 9:23, 10:34, 11:16, 35, 40, 12:24)되었다.

20 또 예수께서 제사장 된 것은 맹세 없이 된 것이 아니니

"맹세 없이 된 것이 아니니"라는 것은 시편 110편 4절의 "여호와는 맹세하고 변치 아니하시리라"고 하신 말씀을 뒷받침하는 것이다. 그러므로 그리스도의 대제사장직은 영원 불변한 것이며 그 예수님은 '영원한 대제사장'이시다.

21 (저희는 맹세 없이 제사장이 되었으되 오직 예수는 자기에게 말씀하신 자로 말미암아 맹세로 되신 것이라 주께서 맹세하시고 뉘우치지 아니하시리니 네가 영원히 제사장이라 하셨도다)

레위 계열의 제사장직과 영원한 제사장이신 그리스도의 제사장직 간의 근본 차이점을 드러내고 있다.

전자가 구약 율법 중 의식법의 규정을 따라 세습적으로 제사장직을 승계했다면 후자는 하나님의 맹세하심(민 23:19)으로 그 약속에 따라 제사장이 된 것을 가리킨다. 그런 하나님의 맹세로 보증된 그리스도의 제사장직은 완전한 속죄 사역(대속 제물)과 영원한 중보 사역(화목 제물)을 영 단

---

dominance); "better" after exerting the power needed to "plant down God's flag of victory.")이다.

번에 가능케 했다.

"맹세하시고 뉘우치지 아니하셨다"라는 것은 민수기 23장 19절에서 말씀하신 것처럼 식언(거짓말)치 않으시고 후회치 않으시는 하나님이시라는 것이다.

22 이와 같이 예수는 더 좋은 언약의 보증이 되셨느니라

"더 좋은 언약(8:6)"이란 '예수 그리스도의 새 언약'을 가리키는 것으로 그 언약의 성취인 죄 사함(롬 5:8-11)과 그 언약의 완성인 은혜의 보좌 앞으로 당당히 나아갈 수 있게 된(히 4:16) 것을 가리킨다.

달리 말하면 언약의 성취로 현재형 하나님나라를 누리게 되었고 언약의 완성으로 미래형 하나님나라를 누리게 되는 것이다. 그러므로 예수를 믿으면 지금도 앞으로도 영원히 하나님나라를 누리게 되므로 예수는 더 좋은 언약의 보증이시다.

"보증"의 헬라어는 엥귀오스(ἔγγυος, adj, under good security (adjective), guarantee (noun))인데 이는 '맹세, 약속된 것의 확실함'을 의미한다.

23 저희 제사장 된 자의 수효가 많은 것은 죽음을 인하여 항상 있지 못함이로되

레위 계통의 제사장들은 죽을 수밖에 없는 존재들이어서 영원히 직무를 수행할 수가 없었다. 그러므로 제사장직은 교체되었고 제사장의 수효 또한 많았다고 한다. 참고로 요세푸스의 〈고대유대사〉에 의하면 아론 이후 헤롯성전이 파괴될 때까지 대제사장은 83여 명이었다고 한다.

24 예수는 영원히 계시므로 그 제사 직분도 갈리지 아니하나니

사망의 권세에 굴복당하지 않는 새 언약의 영원한 중보자되신 예수 그리스도는 십자가상에서 죽으시고 부활하셔서 죽음을 정복(마 28:5-7)하셨기에 그 제사장직이 교체되지 않을 뿐더러 홀로 영원한 대제사장이 되셨다.

25 그러므로 자기를 힘입어 하나님께 나아가는 자들을 온전히 구원하실 수 있으니 이는 그가 항상 살아서 저희를 위하여 간구하심이니라

"자기를 힘입다"라는 것은 예수 그리스도의 대속 사역의 효력 즉 나의 죄를 위해 십자가에 달려 피 흘려 죽으신 것과 그 보혈의 피로 죄 씻음 받게 된 것을 믿고 그 공로를 의지하는 것을 가리킨다.

"하나님께 나아가다"라는 것은 하나님과의 단절되었던 관계를 회복(화목, 살롬)하는 것을 가리킨다.

"온전히"의 헬라어는 판텔레스(παντελής, adj, complete, entire, perfect, through all time)인데 이는 시간적으로 '언제든지(for all time)'와 내용적으로 '완전히(to the uttermost)'라는 이중적 의미를 가지고 있다.

"구원하다"라는 말 속에는 현재성(눅 19:9, 현재형 하나님나라를 누림)과 미래성(막 10:29-30, 미래형 하나님나라를 누림)이 동시에 함의되어 있다.

"항상 살아서"라는 것은 '태초부터 지금까지 그리고 앞으로도 영원히' 라는 의미이다.

26 이러한 대제사장은 우리에게 합당하니 거룩하고 악이 없고 더러움이 없고 죄인에게서 떠나 계시고 하늘보다 높이 되신 자라

"우리에게 합당하다"라는 것은 '그러한 예수 그리스도만이 우리의 영 원한 대제사장으로서의 자격이 있다'라는 의미이다. 동시에 우리에게 필 요충분조건을 완전히 충족시켜주신 분이시다라는 의미도 있다. 그 근거 로는 예수님은 역사상 유일한 의인(무죄성)이셨고 동시에 온전히 거룩(거 룩성)한 분이셨다.

"내가 거룩하니 너희도 거룩할찌어다"_레 11:45

"거룩하고 악이 없고(롬 16:18) 더러움이 없고"라는 것은 그리스도 의 신적 속성을 드러내는 것이다.[101] '악이 없다'의 헬라어는 아카코스 (ἄκακος, adj)인데 이는 '악의가 없다, 순진하다'라는 의미이다. '더러움 이 없다'의 헬라어는 아미안토스(ἀμίαντος, adj)인데 이는 '더럽혀지지

---

101 아카코스(ἄκακος, adj)는 innocent, guileless, simple/(an adjective, derived from 1 /A "not" and 2556 /kakós, "malignant") - properly, not harmful, describing someone innocent, down to their very intentions (motives), i.e. a person without any desire to hurt (harm))이고 아미안토스 (ἀμίαντος, adj)는 undefiled, untainted, free from contamination/(an adjective, derived from 1 /A "not" and 3392 /miaínō, "to stain, defile") - properly, untinted (unstained); (figuratively) undefiled because unstained)이다.

않았다'라는 의미이다. 결국 이 세 단어는 대제사장으로서의 '순결성'을 함의하고 있는 것이다.

"죄인에게서 떠나 계시고"라는 것은 그리스도께서는 근본적으로 죄인인 인간과는 다른 분이다(Calvin)라고 해석하는 부류와 그리스도의 승천(Alford)으로 해석하는 부류로 나뉜다. 나는 둘 다를 포용한다.

"하늘보다 높이 되신 자라"는 것은 그리스도의 승귀(昇貴, Ascension of Christ, 빌 2:10-11)를 가리킨다.

27 저가 저 대제사장들이 먼저 자기 죄를 위하고 다음에 백성의 죄를 위하여 날마다 제사 드리는 것과 같이 할 필요가 없으니 이는 저가 단번에 자기를 드려 이루셨음이니라

예수 그리스도 대제사장직의 영원성과 우월성은 레위 계통의 제사장직과 달리 유일하고 반복될 필요가 없는 그의 완전한 대속 행위에 근거한 것이다. '영 단번(히 9:11-12, once for all)'이라는 것이다.

"단번에"의 헬라어는 에파팍스(ἐφάπαξ, adv, once, once for all; at once)인데 이는 '영 단번'을 의미한다. 이와 대조되는 단어가 "날마다"인데 이의 헬라어는 카드 헤메란(καθ' ἡμέραν, every day)이다. 결국 레위지파의 대제사장은 자신과 백성 둘 다를 위해 반복적으로 "날마다" 제물이 필요했다면 예수 그리스도의 대제사장직은 영 단번의 "단번에" 모든 것을 이루신 대속 제물이었다라는 것이다.

28 율법은 약점을 가진 사람들을 제사장으로 세웠거니와 율법 후에 하신 맹세의 말씀은 영원히 온전케 되신 아들을 세우셨느니라

이 구절은 7장의 결론 부분이다. 율법과 율법으로부터 주어진 제사장직은 죄 사함 등 아무 것도 완전하게 못하며 육신적 죽음 또한 피할 수 없기에 약점 즉 연약함과 제한점을 가지고 있었다.

반면에 "율법 후에 하신 맹세의 말씀"이란 하나님께서 맹세하시고 약속하신(맹세의 약속 혹은 맹세의 말씀) 것으로 율법의 변역 후에 허락하신 대제사장 되신 예수 그리스도는 영 단번에 죄 사함을 통한 온전한 구원과 영생을 가능케하신 영원한 분이시라는 것이다.

레위 계통의 대제사장직	그리스도의 대제사장직
율법의 규정에 의거하여 제사장직 계승	하나님의 맹세에 의한 약속의 말씀에 근거
아론의 반차	멜기세덱의 반차
유한한 인간	영원토록 살아계시는 하나님의 아들
죄성을 가진 인간 온전한 속죄 제사 불가능	죄 없으신 분 죽기까지 하나님의 뜻에 복종→온전한 제사를 드림
계속하여 반복됨 일시적, 제한적 불충분성	영 단번(once for all) 영원성, 최종성, 완전성 충분성
대속죄일(유대력 7월 10일) 일년에 한 차례 자신과 백성의 속죄제를 드린 후 에 지성소에 들어감	휘장을 예표하는 자신의 몸을 십자가에서 찢으심으로 지성소 앞의 휘장을 찢으심

괴짜의사 Dr. Araw의
쉽고 바르게 읽는 히브리서 장편(掌篇) 강의

레마이야기 8

"더, 더, 더
(플레이온, πλείων, value, more excellent)"

8장은 1-7장까지의 요약 부분이다. 특히 4장 1절에서 7장 25절까지의
요약 부분이다.

1-2장에서는 기독론(Christology)을 강조하면서 예수님은 누구신가,
왜 믿어야 하는가, 믿은 후 우리는 어떻게 되는가에 대한 질문과 답을 통
해 우리의 믿음을 다시 한번 더 다졌다. 곧 이어 비교하기도 민망하지만
예수 그리스도는 천사보다 훨씬 더 우월함을 말씀해주셨다. 2장 1절에서
는 이런 예수 그리스도를 견고히 붙잡음으로 흘러 떠 내려가지 않게 하라

고 말씀하셨다. 그 예수는 성육신하셔서 우리와 같이 되셨고 인간과 동일하게 혈육에 함께 속하셨던 하나님이시다. 신인양성이신 그 예수님은 하나님에 대하여는 자비하고 충성된 대제사장이 되셨고 우리를 위하여는 대속 제물이 되셨다. 그 결과 우리는 예수로 말미암아 완전한 죄 사함과 더불어 하나님의 은혜의 보좌(지성소, 둘째 장막) 앞, 곧 하나님의 존전(尊前)에 당당히 담대히 들어갈 수 있게 되었다.

3-4장에서는 큰 대제사장이신 그 예수님은 우리의 믿는 도리의 사도이신데 우리를 위하여 죽으신 후 3일 만에 부활하셨다. 승천하신 후 하나님의 위엄의 보좌 우편에서 '승리주'로 계시다가 장차 반드시 다시 오시마 약속하셨다.

그 예수님은 이 땅에 계실 동안 하나님의 아들로 충성을 다했다. 비교하기도 민망하지만 이 땅에서 충성되었던 모세보다 훨씬 뛰어나시다. 왜냐하면 모세는 비록 신실하기는 했으나 하나님의 종이었고 예수님은 하나님의 아들이시기 때문이다.

우리는 소망이신 예수를, 소망의 담대함과 자랑을, 처음 시작 때부터 확실하게 끝까지 견고히 붙잡아야 한다.

우리에게 실례로 보여준 출애굽 1세대는 불순종과 불신으로 '남은 안식'인 가나안에 들어가지 못했다. 비록 출애굽이라는 안식(지금 안식)은 누렸지만. 그런 출애굽 1세대를 향해 로마서 1장 18절에서는 직설적으로 하나님의 진노를 받은 것이라고 말씀하고 있다. 즉 불순종 곧 경건치 않음과 불신 곧 불의를 하나님은 싫어하신다라고 경고하고 있다.

5-7장에서는 다시 모세 율법에 의거한 레위지파 아론 후손의 대제사장

직과 예수 그리스도의 대제사장을 비교하고 있다. 한편 대제사장이 되려면 두 가지 전제조건이 있어야 한다. 첫째, 반드시 사람이어야 하고, 둘째는 수동적 입장을 취해야만 한다. 이러한 두 가지 사실을 전제한 후, 같은 대제사장인 듯 보이나 엄청나게 다른 대제사장에 대한 극명한 차이를 말씀하고 있다.

앞서 7장에서 언급한 표를 다시 소개하면 다음과 같다.

레위 계통의 대제사장직	그리스도의 대제사장직
율법의 규정에 의거하여 제사장직 계승	하나님의 맹세에 의한 약속의 말씀에 근거
아론의 반차	멜기세덱의 반차
유한한 인간	영원토록 살아계시는 하나님의 아들
죄성을 가진 인간 온전한 속죄 제사 불가능	죄 없으신 분 죽기까지 하나님의 뜻에 복종→온전한 제사를 드림
계속하여 반복됨 일시적, 제한적 불충분성	영 단번(once for all) 영원성, 최종성, 완전성 충분성
대속죄일(유대력 7월 10일) 일 년에 한 차례 자신과 백성의 속죄제를 드린 후 에 지성소에 들어감	휘장을 예표하는 자신의 몸을 십자가에서 찢으심으로 지성소 앞의 휘장을 찢으심

그리하여 8장에 이르면 예수 그리스도의 대제사장직에 따른 "더 아름다운 직분, 더 좋은 약속, 더 좋은 언약"인 새 언약에 대해 반복하여 말씀하고 있다. 이른바 "더, 더, 더"이다.

"더 아름다운 직분"이란 레위지파 대제사장직과 비교하여 훨씬 더 뛰어난 직분과 더 뛰어난 직능의 탁월성(Robertson, 히 7:26-28)을 말씀하고 있다.

"더 좋은 약속"과 "더 좋은 언약"이란 예수 그리스도 '새 언약'의 성취와 완성을 가리키는데 이는 영 단번의 온전한 죄 사함과 동시에 예수 이름을 힘입어 하나님의 은혜의 보좌 앞으로 당당히 나아가게 되는 것 곧 현재형 하나님나라의 누림과 미래형 하나님나라에서의 영생을 말한다.

'더'의 헬라어는 플레이온[102](πλείων, adj)인데 이는 '~보다 우월한, 보다 더 높은 가치, 훨씬 더 높은 가치'라는 의미이다. 이곳 히브리서에는 특별히 "더(좋은)"라는 단어가 자주 반복(1:1-4, 4:9, 7:19, 22, 23-28, 8:6, 9:23, 10:34, 11:16, 35, 12:24)되어 있다.

앞서 언급했던 죄 사함과 은혜의 보좌 앞으로 나아가게(히 4:16) 하신 "더 좋은 언약"과 "더 좋은 약속"이란, 하나님의 6대 언약 중 예수 그리스도의 '새 언약(8-12)'을 가리키는 것으로 10-12절에서 말씀하신 다음의 4가지 핵심 요소를 가지고 있다.

"내 법을 저희 생각에 두고 저희 마음에 이것을 기록하리라."

---

102 플레이온(πλείων, adj, more, greater, of higher value, more excellent, very great, many/ the comparative ("-er" form) of 4183 /polýs ("great in number") meaning "greater in quantity" (comparatively speaking); morethan (numerically); abundant (greater in number), 요 21:15)

"나는 저희에게 하나님이 되고 저희는 내게 백성이 되리라."

"저희가 작은 자로부터 큰 자까지 다 나를 앎(호 6:4)이니라."

"내가 저희 불의를 긍휼히 여기고 저희 죄를 다시 기억하지 아니하리라."

이는 옛 언약(아담 언약, 노아 언약, 아브라함 언약, 모세 언약, 다윗 언약)에 비해 확실하게 "더, 더, 더"인 것이다. "더 아름다운 직분, 더 좋은 언약, 더 좋은 약속"인 것이다.

8-1 이제 하는 말의 중요한 것은 이러한 대제사장이 우리에게 있는 것이라 그가 하늘에서 위엄의 보좌 우편에 앉으셨으니

"이제 하는 말의 중요한 것은"이라는 말은 '결론적으로(1-7장 특히 4:14-7:28까지의)' 혹은 '앞에서 말한 요점을 말하면(공동번역)'[103]이라는 의미이다. 즉 멜기세덱의 반차를 좇은 예수 그리스도의 대제사장직의 우월성에 대한 것을 말한다.

"하늘에서 위엄의 보좌 우편에 앉으셨다(롬 8:34, 히 1:3)"라는 것은 예수께서 '승리주 하나님'이시라는 의미이다.

---

103 Calvin은 '지금까지 한 말의 요지'는, Vincent는 '지금 말하는 것의 요지'라고 해석했다.

"보좌"란 하나님의 영광, 심판, 통치를 의미하는데 이는 역사상 하나님의 백성들이 위기에 처한 때나 절망 시에 '보좌'가 나타나 그들로 하여금 소망을 갖게 했던 것을 가리킨다(사 6:1, 계 4장, 롬 8:34).

2 성소와 참 장막에 부리는 자라 이 장막은 주께서 베푸신 것이요 사람이 한 것이 아니니라

"성소($\tau\tilde{\omega}\nu\ \dot{\alpha}\gamma\acute{\iota}\omega\nu$)"와 "참 장막($\tau\tilde{\eta}\varsigma\ \sigma\kappa\eta\nu\tilde{\eta}\varsigma\ \tau\tilde{\eta}\varsigma\ \dot{\alpha}\lambda\eta\theta\iota\nu\tilde{\eta}\varsigma$)"은 같은 말의 반복이다.

"부리는 자"란 섬기는 자[104]($\lambda\epsilon\iota\tau\text{ou}\varrho\gamma\acute{o}\varsigma$, nm)를 가리킨다. "베풀다"의 헬라어는 페그뉘미($\pi\acute{\eta}\gamma\nu\upsilon\mu\iota$, v, to make fast, pitch a tent)인데 이는 '단단히 고정시키다, 천막을 치다'라는 의미이다. 즉 성소와 참 장막은 하나님께서 베푸신 것으로 견고할 뿐 아니라 영원하다라는 의미이다.

3 대제사장마다 예물과 제사 드림을 위하여 세운 자니 이러므로 저도 무슨 드릴 것이 있어야 할지니라

대제사장은 매년 대속죄일(욤 키푸르)에 자신의 죄와 가족들의 죄, 그

---

104 섬기는 자($\lambda\epsilon\iota\tau\text{ou}\varrho\gamma\acute{o}\varsigma$, nm, a minister, servant, of an official character; of priests and Levites/(a masculine noun derived from leitos, "belonging to the people" and 2041 /érgon, "work") - properly, an official servant (minister) who works for the good of the community. In the NT (and LXX), this root (leitourg-) is especially used for priestly-service given to God, impacting all who witness it, 롬 13:6, 빌 2:25)

리고 온 백성의 죄를 속하기위해(히 7:27) 희생 제물(번제나 화목제)과 소제물(피없는 제물)을 바쳐야만 했다(레 2:1-6, 16장).

"저"는 영원한 대제사장이신 예수 그리스도를 가리킨다. 구약시대의 대제사장들과 달리 예수님은 자신을 희생 제물로 드림으로 영 단번에 영원한 효력(최종성, 완전성, 충분성)을 이루셨다.

4 예수께서 만일 땅에 계셨더면 제사장이 되지 아니하셨을 것이니 이는 율법을 좇아 예물을 드리는 제사장이 있음이라

하늘과 반대되는 개념인 "땅"의 헬라어는 게[105](γῆ, nf)인데, 이는 '사람의 장막'으로 하늘 장막의 모형인 '모세의 장막(5절)'을 가리킨다.

땅에서는 율법을 좇아 레위지파의 아론 자손이 대제사장직을 수행하고 있었다. 혈통상 유다지파인 예수는 율법의 규정에 따라 이 땅에서는 대제사장의 역할을 하지 않으셨다. 그 예수는 그리스도 메시야로서 이 땅에 성육신하셔서 큰 대제사장으로서 속죄 제사를 위해 자신을 희생 제물로 드렸다. 그 후 부활 승천하셔서 하늘 보좌 우편(8:1)에서 승리주로서 대속 사역에 근거하여 하나님께 중보하는 영원한 대제사장(6:20, 7:25)직을 수행하고 계신다. 장차 승리주로 재림하시기까지.

'영원한'이란 지금도 앞으로도 영원히 대제사장직을 수행하심을 가리킨다.

---

105 게(γῆ, nf, the earth, land/properly, the physical earth; (figuratively) the "arena" we live in which operates in space and time which God uses to prepare us for eternity)

5 저희가 섬기는 것은 하늘에 있는 것의 모형과 그림자라 모세가 장막을 지으려 할 때에 지시하심을 얻음과 같으니 가라사대 삼가 모든 것을 산에서 네게 보이던 본을 좇아 지으라 하셨느니라

"저희"란 율법을 좇아 예물을 드리던 이 땅의 제사장(8:4)들을 가리킨다. 그들은 하늘에 있는 것의 모형이자 그림자의 기능인 성소를 섬겼다.

"모형과 그림자"의 헬라어는 각각[106] 휘포데이그마(ὑπόδειγμα, nn)와 스키아(σκιά, nf)이다. 전자는 원형을 본떠 만든 모조품 혹은 복사품을 가리키며 후자는 원형을 통해서 얻어지는 희미한 윤곽을 말한다.

"본"의 헬라어는 튀포스[107](τύπος, nm)인데 이는 모형과 그림자와 같은 의미의 단어이다. 하늘성소, 참 장막을 예표하는 것인 바 미래형 하나님나라에 대한 상징을 담고 있다. 참 장막의 본(本)을 따라 모세가 지었던 당시의 성막(tabernacle)은 하늘성소의 모형이었기에 불완전하였으며 동시에 그런 성막에서 섬기던 레위 계통의 제사장들 역시 불완전하다는 것을 함의하고 있다.

"지시하심을 얻음"이란 출애굽기 25장 8-9의 "내가 네게 보이는대로"

---

106 휘포데이그마(ὑπόδειγμα, nn, (a) a figure, copy, (b) an example, model)와 스키아(σκιά, nf, a shadow, shade, thick darkness, an outline/properly, the shadow of a looming presence; (figuratively) a spiritual reality (good or bad) relating to God's light or spiritual darkness)

107 튀포스(τύπος, nm, a figure, model, type/(originally: the mark of a blow, then a stamp struck by a die), (a) a figure; a copy, image, (b) a pattern, model, (c) a type, prefiguring something or somebody/(from 5180 /týptō, "strike repeatedly") – properly, a model forged by repetition; (figuratively) the correct paradigm, based on reliable precedent for others to then follow, (i.e. the right example, a proper pattern)

와 40절의 "네게 보인 식양대로"라는 말씀을 가리킨다.

6 그러나 이제 그가 더 아름다운 직분을 얻으셨으니 이는 더 좋은 약속으로 세
우신 더 좋은 언약의 중보시라

"더 아름다운(탁월한) 직분, 더 좋은 약속, 더 좋은 언약"에서의 '더'의
헬라어는 직능의 탁월함(Robertson, 히 7:26-28)을 가리키는 것으로 '~보
다 우월한, 보다 더 높은 가치'라는 의미의 플레이온[108]($\pi\lambda\varepsilon\acute{\iota}\omega\nu$, adj)이
다. 히브리서에는 "더 좋은"이라는 단어가 자주 반복(1:1-4, 4:9, 7:19,
22, 23-28, 8:6, 9:23, 10:34, 11:16, 35, 12:24)되어 있다.

죄 사함과 은혜의 보좌 앞으로 나아가게(히 4:16) 하신 "더 좋은 언약"과
"더 좋은 약속"이란 하나님의 '새 언약(8-12)'을 가리키는 것으로 4가지
특징이 있다. 특히 10-12절에서 말씀하신 것으로 "내 법을 저희 생각에
두고 저희 마음에 이것을 기록하리라", "나는 저희에게 하나님이 되고 저
희는 내게 백성이 되리라", "저희가 작은 자로부터 큰 자까지 다 나를 앎
(호 6:4)이니라", "내가 저희 불의를 긍휼히 여기고 저희 죄를 다시 기억하
지 아니하리라"는 것이다.

"중보"의 헬라어는 메시테스[109]($\mu\varepsilon\sigma\acute{\iota}\tau\eta\varsigma$, nm)인데 이는 '가운데'라는 의

---

108 플레이온($\pi\lambda\varepsilon\acute{\iota}\omega\nu$, adj, more, greater, of higher value, more excellent, very great, many/
the comparative ("-er" form) of 4183 /polýs ("great in number") meaning "greater in quantity"
(comparatively speaking); morethan (numerically); abundant (greater in number), 요 21:15)

109 메시테스($\mu\varepsilon\sigma\acute{\iota}\tau\eta\varsigma$, nm, (a) a mediator, intermediary, (b) a go-between, arbiter, agent
of something good/(from 3319/mésos, "in the middle") - properly, an arbitrator ("mediator"),
guaranteeing the performance of all the terms stipulated in a covenant (agreement))

미의 메소스(μέσος, adj)에서 파생되었으며 '중보자, 중재자'라는 뜻이다.

"첫 언약"이란 시내산 율법 언약(옛 언약, 레위 계통의 제사장직, 율법, 짐승을 제물로 드리는 제사)으로 그 내용은 출애굽기 19장 5절, 24장 1-8절에 잘 나타나있다. 한편 율법은 그 자체에 대해 무흠(결함이 없다)이냐 아니냐(결함이 있다)의 초점이 아니라 율법으로 인해 죄 사함이 완전(영 단번)하냐 불완전(반복적, 불충분)하냐의 문제였다.

"둘째 것"이란 복음 즉 예수 그리스도의 새 언약(성취-초림, 완성-재림)을 말하는 것으로 6절의 "더 좋은 언약", 8절의 "새 언약"을 가리킨다.

결국 첫 언약(옛 언약, 율법)은 완전하고 참된 죄 사함을 얻을 수 없었다. 그렇기에 불완전한 첫 언약을 대체할 둘째 언약이 필요했다. 이를 위해 예수님은 멜기세덱의 반차를 이은 대제사장으로 오신 것이다.

"허물하다(롬 9:19)"의 헬라어는 멤포마이[110](μέμφομαι, v)인데 이는

---

[110] 멤포마이(μέμφομαι, v, to blame, find fault/(from mempteos, "rejected because condemned") - find fault, see as fully blameworthy (disgraceful, condemnable); hence, rejected because deep wrongs by omission or commission)

'나무라다, 꾸짖다, 흠잡다'라는 의미이다. 즉 이스라엘 백성들의 불순종 곧 선민으로서의 도덕적 책임과 하나님의 뜻 행하기를 거부한 것과 불신, 옛 언약의 약점(불완전, 불충분)을 허물한 것이다.

"볼지어다 날이 이르리니"라는 문장은 예레미야 선지자가 포로로 잡혀 간 이스라엘 백성들에게 회복과 소망을 전하며 자주 했던 말(렘 7:32, 9:25, 19:6, 30:3, 48:12, 51:47)이다. 여기서 '날'이란 그들을 바벨론 땅에서 다시 고향땅 가나안으로 돌아오게 할 '포로 귀환의 그 날'을 가리킨다. 동시에 아브라함과 다윗에게 하신 약속들이 성취될 장차 도래할 '메시야(초림의 예수님)의 날'을 가리킨다.

"이스라엘 집과 유다 집"이란 문자적으로는 북이스라엘과 남유다를 총칭한 것이기는 하나 여기서는 예수 그리스도 새 언약(렘 31:31-34/30-33장)을 통한 영적 이스라엘을 가리킨다.

"세우다"의 헬라어는 쉰텔레오($\sigma\upsilon\nu\tau\epsilon\lambda\acute{\epsilon}\omega$, v)[111]인데 이는 '성취하다'라는 의미이다. 한편 쉰텔레소($\sigma\upsilon\nu\tau\epsilon\lambda\acute{\epsilon}\sigma\omega$, I will ratify, V-FIA-1S)는 미래 능동태동사로서 아직 완전히 성취되지 않고 계속 진행되고 있다라는 의미로 already(성취)~not yet(완성)을 가리킨다.

9 또 주께서 가라사대 내가 저희 열조들의 손을 잡고 애굽 땅에서 인도하여 내

---

111 쉰텔레오($\sigma\upsilon\nu\tau\epsilon\lambda\acute{\epsilon}\omega$, v, I bring to an end, fulfill, accomplish, to complete/(from 4862 / sýn, "closely with" and 5055 /teléō, "to complete, finish") - properly, culminate (consummate), reaching the desired end-point (result, fulfillment). 4931 /synteléō ("culminate") focuses on the "end-point" of two or more related factors working together to reach fulfillment)

던 날에 저희와 세운 언약과 같지 아니하도다 저희는 내 언약 안에 머물러 있지 아니하므로 내가 저희를 돌아보지 아니하였노라

하나님은 이스라엘 백성들을 "독수리 날개로(출 19:4)" "그들의 손을 잡고(히 8:9)" 애굽으로부터 해방(출애굽)시키셨다. 홍해 도하 후 시내산에서 율법을 먼저 허락하셨다. 하나님의 은혜로 주신 계명(조문)인 율법을 허락하신 것은, 실상은 '그들이 하나님으로부터 저주를 피하고 복을 받으라'는 아버지 하나님의 은혜스러운 개입이었다.

그 옛 언약(율법)의 대상인 이스라엘이 불순종과 불신으로(머물지 않음으로, 지키지 않음으로, 레 26장, 신 26-28장/경건치 않음과 불의, 롬 1:18/불순종과 불신, 히 3:18-19) 인해 그들은 결국 가나안(남은 안식, 히 4장)에 들어가지 못했다(가나안을 돌아보지 않았다, 가나안을 등한히 여겼다).

반면에 예수 그리스도의 새 언약은 영원히 존속되며 택정된 자를 반드시 하나님나라로 들이실 것(성도의 견인, Perseverance of the Saints)이므로 옛 언약과 결단코 같지 않다라고 하신 것이다.

10 또 주께서 가라사대 그 날 후에 내가 이스라엘 집으로 세울 언약이 이것이니 내 법을 저희 생각에 두고 저희 마음에 이것을 기록하리라 나는 저희에게 하나님이 되고 저희는 내게 백성이 되리라

"그 날"은 8절의 장차 도래할 메시야시대 즉 예수 그리스도의 초림을 가리킨다.

구약 율법의 총론이자 도덕적 원칙을 다룬 기본법인 율법은 하나님

께서 돌판(돌비)에 새겨 십계명으로 주셨다면(출 32:15-16), 예수 그리스도의 새 언약은 성령으로 인해 생각과 마음(마음의 심비)에 새기어졌다(렘 31:31-34, 4:3-4, 겔 16:59-60, 36:26-27, 고후 3:3, 롬 2:28-29, 골 2:11-12, 히 8:10).

"나는 저희에게~되리라"는 것이 바로 예수 그리스도 새 언약의 핵심이다(9:11-15).

11 또 각각 자기 나라 사람과 각각 자기 형제를 가르쳐 이르기를 주를 알라 하지 아니할 것은 저희가 작은 자로부터 큰 자까지 다 나를 앎이니라

생각과 마음의 심비에 새겨진(히 8:10) 새 언약은 성령님께서 조명해주실 때(고전 12:3) 비로소 구원자 예수님만이 그리스도 메시야이심을 깨달아 알게 된다. 반면에 돌판에 새겨졌던 십계명은 배우고 가르침을 받아야만 비로소 하나님의 뜻을 이해할 수 있다.

"저희가 작은 자로부터 큰 자까지"가 가리키는 것은 새 언약의 지체들을 말한다. "다 나를 앎이니라"는 것은 하나님의 뜻에 순종하도록 하게 하신다는 의미이다. 그러므로 새 언약의 지체들은 계속적으로 타락할 수도 없고 배교에 빠지지도 않을 것이다. 그들은 중생(거듭남)했기 때문에 성도의 견인을 통해 반드시 다시 돌아오게 될 것이다. 당연히 늦게 돌아올수록 만신창이(滿身瘡痍, be covered all over with wounds)가 될 것이다.

한편 우리가 복음을 전해야 하는 이유는 예수님이 명령하셨기 때문이다. 더 나아가 만세 전에 은혜로 택정하신 자들을 때가 되매 복음을 통해

그들에게 들려지게 하는 것이 그들을 부르시는 하나님의 방법이기 때문이다. 우리는 아직도 복음을 접하지 못한 채 세상에 살고 있는 사람들 중 택자(카데마이)들이 누구인지는 정확하게 알지 못한다. 그렇기에 우리는 그들이 듣든지 아니 듣든지 때를 얻든지 못 얻든지 세상을 향해 큰 소리로 복음을 선포해야 하는 것이다. 결국 구원은 하나님의 온전한 주권 영역이기 때문이다.

12 내가 저희 불의를 긍휼히 여기고 저희 죄를 다시 기억하지 아니하리라 하셨느니라

옛 언약과 새 언약의 큰 차이점은 심판과 긍휼에 있다.

옛 언약, 첫 것	새 언약, 둘째 것
율법	복음
어기면 그에 따른 심판	예수 그리스도를 통한 죄 용서, 죄 사함 즉 긍휼
인간의 죄와 연약함을 드러냄 근본 해결책 X	대속 제물(골 2:14) 하나님의 공의 충족 하나님의 사랑으로 죄 용서 근본 해결책 O

13 새 언약이라 말씀하셨으매 첫 것은 낡아지게 하신 것이니 낡아지고 쇠하는 것은 없어져 가는 것이니라

"쇠하는 것"의 헬라어는 게라스코(γηράσκω, v, to grow old)이다. 이는 '낡은 것, 오래된 것'이라는 의미로 게라스(γῆρας, nn, old age)에서 파생되었다.

"없어져 가는 것"의 헬라어는 엥귀스 아파니스무(ἐγγὺς ἀφανισμοῦ)인데 이는 '소멸하는 것'이라는 의미이다.

옛 언약인 율법은 마치 인간의 육신이 낡아지고 쇠하여 없어지듯 종국적으로 그 효력을 잃어버리지만 새 언약은 중보자 되신 예수 그리스도, 영원한 큰 대제사장으로 인해 영원토록 효력이 있음을 말씀하고 있다.

피 흘림,
성소와 참 장막인 하나님나라

8장(1-2, 5)에서 언급한 하늘에 있는 성소인 참 장막은 "손으로 짓지 아니한(히 9:11)" 미래형 하나님나라를 가리킨다. 그 모형과 그림자(히 8:5, 9:24)는 구약에서는 모세의 장막이요 신약에서는 교회공동체로서 현재형 하나님나라이다.

참 장막은 하늘 아버지께서 베푸신 거룩한 성 새 예루살렘(계 21:2)이요 모세의 장막이나 교회공동체는 하나님께서 당신의 사역자를 통해 이 땅에 짓게 한 모형이다.

미래형 하나님나라	현재형 하나님나라
하늘에 있는 성소 참 장막 거룩한 성 새 예루살렘	그림자, 모형 ; 구약-장막, 성막, 성전 신약-교회공동체 거룩한 성 예루살렘

하늘의 모형인 이 땅의 성전(성막)에는 희생 짐승(수송아지, 숫염소, 숫양)의 피가 있어야 죄 용서가 된다.

"피 흘림이 없은즉 사함이 없느니라"_히 9:22

그렇기에 대제사장과 그의 가족들, 그리고 백성들이 자신들의 죄를 용서 받으려면 율법에 의거하여 짐승이 희생되어야 했다. 반면에 실체인 하나님의 참 장막(하늘 장막, 하나님나라)에는 희생 짐승의 피로 하지 아니하고 영 단번에 이루신 예수 그리스도의 십자가 보혈로 들어가게 된다. 차이점이 있다면 전자의 경우 일시적, 반복적, 제한적이라면, 후자의 경우 영 단번의 피 흘림이라는 것이다.

차이점을 표로 요약하면 다음과 같다.

첫 언약	더 좋은 언약
공통점: 피 흘림	
첫 것, 옛 언약, 율법	둘째 것, 새 언약, 복음
히 9:12-14, 출 24:3-8 불완전(불충분)-죄 깨닫게 부정-〉정 = 부정(不淨) 성결의식-언약의 피 ; 짐승의 피 (출 24:8)	히 9:12-14 완전함-죄 사함 부정-〉정 = 정(淨) 성결의식-언약의 피 ; 예수 그리스도의 보혈 (벧전 1:2)
반복적(히 9:25) 임시적, 한시적, 유한적 제한적	영 단번 (영원성, 완전성, 지속성, 최종성) 히 9:12, 26, 28, 10:10

한편 성경에는 천국과 지옥을 가리키는 듯한 여러 단어들이 있다. 우리는 이런 비슷한 단어들의 소소한 차이점에 관해 너무 세세하게 깊이 알려고 할 필요가 없다. 더 나아가 동일하게 사용된 여러 단어들을 굳이 구분할 필요도 없다. 왜냐하면 성경에서 자세히 밝히지 않았기 때문이다. 그리고 그날에 가보면 확실하게 알 것이기 때문이다. 분명하게 붙잡을 것이 있다면 천국도 지옥도 '확실히 존재한다'라는 것이다.

천국과 지옥은 그 개념에 있어서는 동일하다. 둘 다 미래형은 장소 개념이지만 현재형은 장소 개념이 아니라는 것이다. 한 번 더 반복하여 강조하지만 그런 장소가 실제로는 없다라든지 천국과 지옥의 다른 이름들을 일일이 구분하여 또 다른 새로운 이론(Theory)들을 만들어 내는 것에는 주의해야 한다.

나는 하늘에 있는 성소인 참 장막을 천국 혹은 미래형 하나님나라라고 명명해왔다. 분명한 장소 개념의 하늘나라이다. 즉 수직적이고 공간적이고 종말론적인 천국이라는 것이다.

그곳은 삼위하나님께서 영원히 다스리는 곳이다. 삼위하나님만이 본체이시고 통치하시는 곳이다. 물론 그곳에서는 지금 육신과 달리 변화된 몸 부활체로(고전 15:42-44) 살아가기에 그 장소는 현재의 우리가 생각하는 장소와는 다를 것이다. 분명한 것은 '장소'라는 것이다.

동일하게 미래형 지옥도 장소 개념이라고 생각한다. 그곳은 극렬하게 불타는 유황 불못으로 불신자들이 가게 될 곳이다.

그곳에서 그들은 죽지도 않고 밤낮 세세토록 괴로움을 당하게(영원한 죽음, 둘째 사망, 계 20:10, 14) 될 것이다.

참고로 나는 하나님나라를

현재형 하나님나라(주권, 통지, 질서, 지배 개념)와 미래형 하나님나라(장소 개념)로 나누어 설명해왔다. 일부 학자들은 이런 나의 생각을 플라톤적 사고(혹은 이분법적 사고)라고 일축했다. 물론 비슷하기는 하지만 받아들이지 않는다. 그날에 나의 생각을 이해하리라 확신하고 있다.

나는 현재형 하나님나라란 장소 개념이 아닌 주권, 통치 질서, 지배 개념으로서 예수를 믿고 성령님을 주인으로 모신 곳은 그 어디나 하늘나라로서 현재형 하나님나라라고 생각하고 있다. 그러기에 그리스도인 개개인은 현재형 하나님나라이다.

기독교인 가정은 현재형 하나님나라이다. 교회공동체 역시 현재형 하나님나라이다. 성령님을 주인으로 모신 곳은 그 어디나 현재형 하나님 나라이다.

비슷하게 현재형 지옥이란 장소 개념이 아닌 주권, 통치, 질서, 지배 개념으로서 예수를 믿지 않고 성령님을 주인으로 모시지 않는 곳은 그 어디나 지옥이다. 하나님과의 관계가 단절된 것 혹은 단절된 곳은 그 어디나 현재형 지옥이라고 생각하고 있다. 그렇기에 불신자로 살아가는 그 자체가 현재형 지옥을 살아가는 것이다.

나는 이 땅을 살아가는 사람들을 크게 두 종류로 나눈다. 더 나아가 그들은 두 종류의 나라에 속하여 살아가고 있다고 생각한다. 두 종류의 사람이란, 같은 인생인 듯 보이나 전혀 다른 삶을 살고 있다라는 의미이다.

한쪽은 성령님(루아흐, 프뉴마)을 주인으로 모시고 현재형 하나님나라를 누리고 살아가는 사람(아담 네페쉬)이라면 다른 한쪽은 사단나라를 살아가는, 살아있는 듯 보이나 실상은 죽은 사람(아담)이다. 안타까운 것은,

후자의 경우 자신이 그렇다고 하는 사실을 전혀 인식하지도 못한 채 살아 간다는 것이다.

이 땅에서 예수를 믿은 후 구원받아 그렇게 현재형 하나님나라(주권, 통치, 질서, 지배 개념)를 누렸던 성도들도 누구나 한 번은 육신적 죽음이 라는 '이동'을 통해 죽음의 문을 지나게 된다. 그러나 이후 즉시 부활하여 미래형 하나님나라(장소적 개념)로 들어간다. 왜냐하면 그들은 죽자마자 바로 부활하기 때문이다.

한편 우리는 육신적으로 죽은 후 예수님의 재림 시에 그 육신이 변화 된 몸으로 부활될 것을 잘 알고 있다. 문제는, 만약 내가 죽은 후 100년 뒤에 예수님이 재림하신다면 나는 그동안 어디에서 어떤 상태로 있게 될 까?라는 것이다. 이 부분에서 해결되지 못한 갈등과 고민으로 힘들어하 는 그리스도인들이 의외로 많다. 명쾌한 답을 얻지 못한 결과가 너무나 많은 이론들을 양산하기도 했다. 지난날에는 나 또한 혼란스러웠다.

고민에 고민을 거듭했다. 그러던 중 나는 말씀을 통해 나의 궁금증을 풀어주신 성령님의 음성을 듣고 이렇게 확실하게 이해했다.

모든 인간은 육신적 죽음 이후에는 시공을 초월하게 된다. 더 이상 시간 과 공간의 제약을 받지 않게 되는 것이다. 시편 90편 4절, 베드로후서 3장 8절은 "주의 목전에는 1,000년이 하루 같고(χίλια ἔτη ὡς ἡμέρα μία, a thousand years like one day), 지나간 어제(יוֹם, nm, day, yesterday, 욤) 같으며 밤의 한 경점(אַשְׁמֻרָה, nf, a watch, division of time, 아쉬무 라흐)같다"라고 말씀하고 있다.

결국 우리가 죽으면 바로 그날, 우리는 즉각적으로 부활하게 되며 바로 그날이 예수님의 재림의 날이다. 그렇기에 우리가 죽은 후 100년 뒤에, 아니 1,000년 뒤에 예수님이 재림하시더라도 그 100년, 1,000년은 우리가 죽는 그 시점과 바로 붙어버리게 된다는 사실이다.

문제는 사람은 어느 누구도 자신의 죽는 날을 모른다는 것이다. 더 나아가 각 개인의 죽는 날도 제각각이다. 당연히 생사여탈권을 가지신 하나님만이 정확하게 아신다. 분명한 것은 죽는 그날에 우리는 즉시 부활(요 5:29, 생명의 부활, 심판의 부활)한다는 것이며 그렇기에 바로 그날이 예수님의 재림의 날이 되는 신비(mystery)가 주어지게 된다. 결국 이런 분명한 이해가 주어지면 평소에 두렵게만 느껴지던, 육체적 죽음이라는 영적 제사 곧 '순교(殉敎)'를 훨씬 더 가깝게 느낄 수가 있게 될 것이다.

약간 조심할 부분도 있다. 미래형 하나님나라가 장소 개념이라고 하여 현재의 육신을 갖고 살아가는 이 땅에서의 장소처럼 생각하는 것은 곤란하다.

부활체(고전 15:42-44)로서 신과 방불하게 살아갈 그곳은 당연히 지금의 육신적 한계를 가지고 살아가는 유한하고 제한된 장소와는 단순 비교하여 이해할 수 없다.

장소에 관한 디테일은 잠시 보류해둠과 동시에 정확하게는 잘 모른다고 함이 바른 태도이다. 그럼에도 불구하고 그 미래형 하나님나라가 분명한 '장소 개념'이라는 생각에 나는 한치의 흔들림도 없다.

마찬가지로 현재형 지옥이란 성령님께 주권을 드리지 않고 성령님의 통치, 질서, 지배를 받지 않고 살아가는 곳은 그 어디나 지옥이다. 그런 사람은 누구든지 현재형 지옥을 살아가고 있는 것이다. 이들은 육신적 죽음 후 분명히 존재하는 장소 개념인 미래형 지옥, 유황 불못에서 영원한 죽음(둘째 사망, 죽지 않고 세세토록 밤낮 괴로움을 당하는 것)을 맞게 될 것이다.

천국이냐, 지옥이냐…….

그것은,

당신이 선택할 일이다.

9-1 첫 언약에도 섬기는 예법과 세상에 속한 성소가 있더라

"첫 언약"이란 옛 언약, 첫 것, 율법[112]을, "더 좋은 언약(히 8:6)"을 의미하는 둘째 것은 새 언약, 복음을 가리킨다. 히브리서 8장 7절에 의하면 첫 언약은 불충분(불완전)하였기에 온전한 죄 사함과 은혜의 보좌 앞으로 나아가게 하는 둘째 것이 반드시 필요했다.

상기 첫 언약과 더 좋은 언약인 둘째 것을 표로 비교하면 다음과 같다.

---

112 언약의 근간인 율법은 도덕법(moral law), 시민법(civil law), 의식법(ritual law)으로 이루어져 있다.

첫 언약	더 좋은 언약
첫 것, 옛 언약, 율법	둘째 것, 새 언약, 복음
돌비에 새겨짐 (고후 3:3)	심비에 새겨짐 (고후 3:3, 롬 2:28-29, 히 8:10)
모세 아론의 반차(히 7:11) -대제사장	예수 그리스도 멜기세덱의 반차(히 6:20) -큰 대제사장(히 4:14)
히 9:12-14, 출 24:3-8 불완전(불충분)함-죄 깨닫게 부정->정 = 부정 짐승의 피	히 9:12-14 완전함-죄 사함 부정->정 = 정 예수 그리스도의 보혈
반복적(히 9:25) 임시적 한시적 제한적 불충분성	영 단번(히 9:12, 26, 28, 10:10) 영원성 완전성 지속성 충분성 최종성
성막의 7대 기구(출 36장, 문, 번 제단, 물두멍, 분향단과 금향로, 떡상과 진설병, 등대, 법궤) 히 9:1-5	예수님의 현현(9:11) 예수 그리스도의 성육신(요 1:14) 십자가 보혈 장막=하늘성전, 어린 양(계 21:22)

한편 "섬기는 예법"이란 헬라어로 디카이오마타 라트레이아스 (δικαιώματα λατρείας, regulations of worship)이다. 이는 하나님께 예배드리는 것으로 구약 율법 중 의식법에 의거한 제사장의 규례, 성소의 제도, 제사법(레 1-7장, 번제, 소제, 화목제, 속죄제, 속건제)을 말한다.

"세상에 속한"이란 하늘에 있는 장막(하늘 성소, 9:24)과 대조되는 것으로 유한함, 불완전함을 내포하고 있다.

"성소(sanctuary)"란 모세의 성막(tabernacle), 솔로몬 이후의 예루살렘 성전(temple)을 가리킨다.

2 예비한 첫 장막이 있고 그 안에 등대와 상과 진설병이 있으니 이는 성소라 일컫고

성막(tabernacle)은 성소(Holy place)와 지성소(Holy of Holies)로 나뉘는데 첫 장막은 성소를, 둘째 장막은 지성소를 가리키며 그 가운데에는 휘장이 있다.

성소에는 북쪽에 떡상과 그 위에 12지파를 상징하는 12개의 진설병(출 25:23-30)이, 남쪽에는 불을 밝히는 등대(출 25:31-39)가, 전면 휘장 앞에는 분향단과 금향로(출 40:4-5)가 놓여 있었다.

3 또 둘째 휘장 뒤에 있는 장막을 지성소라 일컫나니

"둘째 휘장 뒤에 있는 장막"이라는 문장을 '휘장 뒤에 있는 둘째 장막'

으로 글의 순서를 바꾸어서 해석하면 훨씬 이해가 쉽다.

둘째 장막인 '휘장 뒤의 지성소'는 하나님의 임재를 상징하던 속죄소 (Atonement cover, 시은좌, Mercy seat)가 있던 곳이다. 유대력으로 대속죄일(7월 10일, 욤 키푸르)에 대제사장이 일 년에 한 번 자기와 백성들의 죄를 속하기 위해 들어갈 수 있었다.

4 금향로와 사면을 금으로 싼 언약궤가 있고 그 안에 만나를 담은 금항아리와 아론의 싹 난 지팡이와 언약의 비석들이 있고

지성소에는 "사면을 금으로 싼 언약궤"만 있었다. 그러던 것이 4절에는 성소에 있던 "금향로"가 지성소에 함께 있는 것을 볼 수 있다. 이는 히브리서 8장 1절의 "위엄의 보좌 우편"에 계신 승리주 하나님이신 예수님의 승귀를 상징하고 있는 것이다.

"금향로"의 헬라어는 뒤미아테리온[113](θυμιατήριον, nn)인데 이는 향단(금으로 만든 분향 제단)으로도 해석한다. "금으로 싼 언약궤"는 아카시아 나무의 일종인 조각목(shittimwood)으로 만든 것에 금을 입힌 것으로 그 안에 십계명 돌판이 들어 있어 증거궤(출 25:10-16, 22)라고도 불렸다.

구약시대에는 금향로가 성소에 있었다. 그러던 것이 히브리서 9장 10절의 "개혁할 때까지"라는 말씀에서 미루어 알 수 있듯이 예수님의 초림

---

113 뒤미아테리온(θυμιατήριον, nn)은 (ordinarily: censer, but) either the altar of incense, or the shovel, on which the high-priest poured the coals, when he entered the Holy of Holies on the Day of Atonement)이다.

후 십자가 보혈로 다 이루심으로 말미암아 금향로를 상징하는 예수님이 성소에서 지성소로 옮겨졌다. 이는 예수님께서 부활 승천 후 하나님 보좌 우편 즉 지성소에 들어가 계심(하나님의 보좌)을 의미하고 있는 것이다.

결국 초림의 예수님은 미래형 하나님나라에서 승리주 하나님으로 계시다가 재림 때에는 히브리서 9장 28절에서의 "죄와 상관없이(χωρὶς ἁμαρτίας, apart from sin)"라는 말처럼 죄를 담당하시기 위해 오시는 것이 아니라 심판하러 오실 것이다. 이후 당신을 기다리는 자들을 종말론적 구원(새 창조, 11:10. 13-16, 12:22, 13:14)과 함께 미래형 하나님나라로 인도해 가실 것이다.

한편 법궤[114] 내에는 세 가지가 들어있었다. 이는 광야에서 보여주신 하나님의 기적을 말하는 것이기도 하지만 실상은 인간의 악함과 탐욕, 불순종과 반역, 우상숭배를 경고하고 일깨우기 위한 상징이기도 하다.

더 나아가 인간의 실패, 악, 죄악들을 덮어주시는 하나님의 은혜를 상징하는 것인 바, 법궤 위의 시은좌 혹은 속죄소를 통해 당신을 드러내신 것이다.

"만나"가 상징하는 것은 출애굽 1세대가 광야에서 먹을 것을 달라고 울부짖으며 의식주만 해결되면 하나님을 잘 섬기겠다라고 한 것을 빗대어 먹을 것이 풍성한 것과 하나님을 잘 섬기는 것과는 비례하지 않음을 보여준 것이다. 곧 그들이 먹을 것을 챙겨주시면 하나님을 잘 섬길 것이라고

---

114 한편 출애굽기 16장 34절, 25장 16절, 민수기 17장 10절에 의하면 법궤 안에는 십계명 두 돌판만이 있고 아론의 싹난 지팡이와 만나는 법궤 앞에 두었다고 했다. 나는 법궤 안이든 밖이든 하나님의 임재를 상징하는 지성소 안이기에 구태여 왈가왈부하는 것은 의미가 없다라고 생각한다.

한 것에 대해 그것은 어불성설(語不成說)임을 폭로하고 있는 것이다.

좋으신 하나님은 출애굽 1세대를 광야에서 40년간 입히시고 먹이셨다 (출 16:35, 신 8:3-4). 단 하루도 빠짐없이. 그러나 출애굽 1세대로부터 돌아온 것은 불평과 불만, 원망이었다. 그렇기에 하나님은 "사람이 떡으로만 살 것이 아니라 하나님의 입에서 나오는 모든 말씀"으로 살아가야 할 것 (마 4:4, 신 8:3, 요 4:34, 6:32, 35)을 강조하셨다. 이를 위해 만나를 담은 항아리를 간직하도록(출 16:33) 하신 것이다.

"아론의 싹 난 지팡이"가 상징하는 것은 고라 자손(레위지파)과 다단과 아비람(르우벤지파)자손의 불순종과 반역에 대한(민 16장) 하나님의 권위를 보여주신 것이다.

그들 무리는 모세와 아론의 권위에 대적했다. 그 결과 땅이 입을 열어 불을 내어 250인을 소멸(민 16:30-35)해 버렸다. 이런 무서운 광경을 보고도 이스라엘 회중은 오히려 강퍅한 마음으로 모세와 아론을 치려하자 이번에는 그들에게 염병이 내려 14,700명이나 죽게 되었다(민 16:41-50). 이는 하나님의 권위에 도전하지 말라는 경고이며 그분의 권위 앞에서는 무조건 순복할 것을 강조하신 것이다.

"언약의 비석들"이란 두 번째 십계명 돌판을 의미하는데 이는 우상숭배에 대해 진노하셨던 하나님의 무서운 심판을 기억하라는 것이다. 이스라엘 백성들이 하나님께서 싫어하시는 우상숭배를 했을 때 첫 번째 돌판은 깨뜨려졌다(출 32:19, 율법을 허락하신 거룩하신 하나님과 우상숭배하는 더러운 백성은 공존할 수 없다라는 의미). 더 나아가 하나님의 '심판의 검'의 도구로 사용된 레위 자손에 의해 3,000명가량이 죽게(출 32:28) 되었다.

5 그 위에 속죄소를 덮는 영광의 그룹들이 있으니 이것들에 관하여는 이제 낱낱이 말할 수 없노라

"속죄소(Atonement cover, 삼상 4:4, 삼하 6:2)"의 헬라어는 힐라스테리온 [115](ἱλαστήριον, nn)인데 이는 하나님의 임재를 상징(출 25:22)한다. 한편 '속죄'의 히브리어는 카프레트(for the Hebrew כַּפֹּרֶת, from כָּפַר to cover, namely, sins, i. e. to pardon)이다. 이는 '죄를 가리우다, 화목하게 하다'라는 의미로 속죄소는 인간의 죄를 가리워 하나님과 인간을 화목하게 하는 예수 그리스도의 구속의 은총을 예표한다. 그렇기에 출애굽기 25장 22절에 의하면, 하나님은 자기 백성을 이곳 지성소의 속죄소에서 만나 교제하겠다고 하셨던 것이다.

"덮다"의 헬라어는 카타스키아조(κατασκιάζω, v, to overshadow) 인데 이는 '가리다, 그림자로 덮다'라는 의미이다. 그렇기에 속죄소 위에 놓인 두 그룹은 하나님의 임재의 상징인 속죄소(시은좌)를 보호하기 위해 각각 그들의 두 날개로 가리웠던 것이다(출 25:18-20).

"그룹(Cherub)"의 헬라어는 케루빔(Χερουβίμ, כְּרוּבִים, Cherubim,

---

115 (ἱλαστήριον, nn)은 mercy seat, propitiatory, (a) a sin offering, by which the wrath of the deity shall be appeased; a means of propitiation, (b) the covering of the ark, which was sprinkled with the atoning blood on the Day of Atonement/ (a substantival adjective, derived from 2433 / hiláskomai, "to propitiate") - the place of propitiation; the lid of the golden ark (the mercy-seat) where the blood of a vicarious lamb appeased God's wrath on sin)이다.

heavenly beings who serve God, 헬라어와 히브리어 음역이 동일)인데 이는 하나님의 영광을 선포하고 하나님의 거룩함을 수호하는 일을 주로 담당하는 천사(창 3:24, 스랍은 찬양하는 천사장)이다. 에스겔서(1:6, 10)에 따르면 그룹들은 날개를 가진 사람, 사자, 소, 독수리의 형태를 지닌 것으로 묘사되어 있다. 나는 그 형태를 자세히 해석하는 것에 그다지 큰 의미를 부여하지 않는다.

"낱낱이 말할 수 없노라"는 것은 상세한 언급이나 설명을 더 이상 하고 싶지 않다라는 의미이다. 왜냐하면 지금 있는 이 모든 것들은 장차 주어질 새 언약(성취와 완성)의 모형과 그림자에 지나지 않으며 지금의 것들은 옛 언약에 속하기 때문이다.

6 이 모든 것을 이같이 예비하였으니 제사장들이 항상 첫 장막에 들어가 섬기는 예를 행하고

"이 모든 것을 이같이 예비하였으니"라는 것은 '구약 율법의 의식법 중 성소와 지성소의 규례가 예비하였으니'라는 말이다. 여기서 "예비하였으니"의 헬라어는 카타스큐아조[116]($\kappa\alpha\tau\alpha\sigma\kappa\epsilon\upsilon\acute{\alpha}\zeta\omega$, v)인데 이는 '배열되었으니, 구성되었으니, 정해졌으니'라는 의미이다.

"첫 장막"은 성소(Holy place)를 가리킨다 제사장들은 매일 정해진 시

---

116 카타스큐아조($\kappa\alpha\tau\alpha\sigma\kappa\epsilon\upsilon\acute{\alpha}\zeta\omega$, v)는 to prepare/(from 2596 /katá, "down, exactly according to," intensifying skeuazo, "to prepare exactly, using a vessel, implement, or tool") - properly, prepare (make exactly ready), skillfully using implements according to a tooled-design)이다.

간에 들어가 등불을 손질하고(출 27:20-21, 레 24:3) 분향단 위의 향로에 향을 피우고(출 30:7-10, 37:25-29) 매 안식일마다 12개의 진설병을 새 것으로 진설해야만 했다(레 24:5-9).

7 오직 둘째 장막은 대제사장이 홀로 일 년 일 차씩 들어가되 피 없이는 아니하나니 이 피는 자기와 백성의 허물을 위하여 드리는 것이라

"둘째 장막"은 지성소(Holy of Holies)를 가리킨다. 이곳은 오직 대제사장만이 일 년에 한 번(속죄일에만) 들어갈 수 있다. 엄밀히 말하면 그날에 두 번(한 번은 수송아지의 피, 한 번은 숫염소의 피) 들어가 그 피를 속죄소 앞(동편)과 위에 뿌렸다(레 16:14-15). 그러나 죄를 속하기 위한 동일한 예법이기에 "일 차" 곧 한 번이라고 한 것이다.

"피 없이는 아니하나니"라는 것은 수송아지(대제사장과 권속을 위한 속죄)와 숫염소(백성들을 위한 속죄)의 피를 취하여 손가락으로 속죄소(Atonement Cover or Mercy Seat, 시은좌) 위와 동편 즉 속죄소 앞에 일곱 번 뿌렸다.

"피"란 생명의 원천(레 17:11)이다. 반면 죄는 생명의 소실 즉 사망(롬 6:23)을 요구한다. 그렇기에 생명을 상징하는 피 흘림이 없으면 죄 사함을 얻을 수 없다(히 9:22). 한편 짐승의 피는 온전하지 못했다. 그렇기에 하나님의 공의를 만족하려면 근본 하나님의 본체이신, 아무 죄 없으신 예수님이 오셔서 십자가 죽음을 대신하셔야만 했다. 곧 속량 제물, 대속 죽음이다.

"자기와 백성의 허물을 위하여"에 대해 히브리서 5장 3절(레 16장)의 해

석을 참고하라.

성령이 이로써 보이신 것은 첫 장막이 서 있을 동안에 성소에 들어가는 길이
아직 나타나지 아니한 것이라

　"성령이 이로써 보이신 것은"이라는 말은 '우리 안에 내주하신 주인 되
신 성령께서 성막 제도에 관해 깨닫게 해 주시는 것은(고전 2:9-16)'이라는
의미이다.
　"첫 장막이~아니한 것이라"에서 '첫 장막'은 성소를, 여기서의 '성소'
는 지성소를 의미한다.
　예수 그리스도의 대속 죽음이 있기까지는 지성소로 들어가는 길은 극
도로 제한적이었다. 일 년에 한 차례씩 대제사장만이 들어갈 수 있었기
때문이다.
　그러나 큰 대제사장이신 예수 그리스도의 대속 공로를 힘입으면 누구
든지 '마치 대제사장이기라도 하듯' 은혜의 보좌 앞으로 나아갈 수 있고
(히 4:16) 하나님과 인간 사이의 중보자로서의 역할도 온전히 감당하게 된다.
　결국 세상을 하나님과 화목하게 하는 직책(고후 5:18)을 감당함으로써 결
과적으로는 하나님과 세상을 화목하게 하는(롬 5:6-11) 대제사장적 역할을
감당하는 셈이 된다.

9 이 장막은 현재까지의 비유니 이에 의지하여 드리는 예물과 제사가 섬기는

"이 장막"이란 성막으로서 '구약의 장막'을 가리킨다. "현재까지의"라는 의미는 '이때를 위한(for the present age, RSV) 곧 그리스도께서 오심으로 말미암아 전개된 신약시대'라는 말이다.

"비유"의 헬라어는 파라볼레[117]($\pi\alpha\varrho\alpha\beta o\lambda\acute{\eta}$, nf)인데 이는 '곁으로 던지다'라는 의미이다. '비유'란 한 물건(모세 장막)을 다른 물건(하늘 장막) 곁에 놓아 둘을 대조하며 비교함으로 그 선명한 차이를 통해 실상(하늘 장막의 실상, 히 9:11)을 보다 더 잘 알게 하기 위함이다.

"양심상으로 온전케 할 수 없나니"라는 것은 '사람들의 양심에 온전한 만족(온전한 죄 사함)을 주지 못했다'라는 의미로 율법의 무능력과 제한성을 가리킨다. '양심'이란 '마음' 곧 교회의 '내면적 실체'로서 인간으로부터 죄를 제거하는 부분적 기능이 있다. 그러나 부패하고 타락한 본성을 지닌 연약한 인간은 아무리 양심이 있다고 하더라도 가치 중립적이지 못하다. 그렇기에 성령님께 지배된 양심 즉 '선한 양심(벧전 3:16)'을 가져야만 한다.

10 이런 것은 먹고 마시는 것과 여러 가지 씻는 것과 함께 육체의 예법만 되어 개혁할 때까지 맡겨 둔 것이니라

---

117 파라볼레($\pi\alpha\varrho\alpha\beta o\lambda\acute{\eta}$, nf)는 (a) a comparison, (b) a parable, often of those uttered by our Lord, (c) a proverb, an adage/(from 3844 /pará, "close beside, with" and 906 /bállō, "to cast") - a parable; a teaching aid cast alongside the truth being taught. This casts additional light by using an arresting or familiar analogy, (which is often fictitious or metaphorical, but not necessarily))이다.

"육체의 예법" 즉 먹고 마시는 것, 여러 가지 씻는 것 등은 외적, 형식적 예법으로서 참 것의 그림자에 불과하다. 이것들은 한시적이며 참 장막이신 예수 그리스도께로 인도하는 몽학선생(초등 교사)의 역할뿐이라는 의미이다.

"개혁할 때까지"라는 것은 위대한 씻음과 정결 등 '온전한 죄 사함'을 이루기까지 곧 회복의 때, 새로운 질서의 때, 새 언약의 성취의 날까지는 비록 불완전하고 임시적(히 8:7, 13)이기는 하지만 옛 언약인 구약성경의 외적, 물리적 규례들(음식들-레 11:1-47, 신 14:3-21, 음료들-민 6:3, 씻음과 정결등-출 29:4, 30:19-21, 40:12, 레 11:25, 13:6, 14:8-9, 15:5-8, 16:26, 17:16, 민 19:7-8, 신 23:11)은 불완전하고 임시적(히 8:7, 13)이라는 것을 가리킨다.

11 그리스도께서 장래 좋은 일의 대제사장으로 오사 손으로 짓지 아니한, 곧 이 창조에 속하지 아니한 더 크고 온전한 장막으로 말미암아

"장래 좋은 일"이란 죄 사함과 더불어 하나님의 은혜의 보좌 앞으로 당당히 나아가게 된 것을 말한다. 한마디로 압축하자면 하나님께서 예수 그리스도를 통해 현재형 하나님나라의 누림과 미래형 하나님나라에로의 입성과 영생이라는 '소망'을 허락하신 것을 가리킨다.

"대제사장으로 오사"라는 말 속에는 중의적 내용이 들어있다. 첫째는 큰 대제사장이신 예수의 오심으로 죄 사함을 얻게 되었고 이로 인해 하나님의 은혜의 보좌 앞으로 나아가 하나님과 화목을 이룬 것이다. 둘째는 예수 그리스도의 대제사장직으로 말미암아 이전의 레위지파 아론과 그

후손의 대제사장직은 폐하여지게 된 것이다.

"더 크고 온전한 장막(τῆς μείζονος καὶ τελειοτέρας σκηνῆς, the greater and more perfect tabernacle)"에서 '더'라는 비교급 형용사를 사용한 것은 의도적으로 구약의 장막과 비교하기 위함이다. '장막을 치다'라는 것에는 요한복음 1장 14절의 '(하나님의 품에) 거하다'라는 의미와 요한계시록 7장 15절의 '(하나님이) 보호하다'라는 의미가 있다.

"장막"이란 그리스도의 승귀 후 하나님 보좌 우편에 있는 승리주 예수님께서 중보 사역을 감당하고 있는, 미래형 하나님나라인 '하늘성소(9:12, 24, Alford, Bleek, Bruce, Dods)'라고 해석하는 학자들이 있는가 하면 연이어 '~으로 말미암아'가 붙어있는 것으로 보아 대속 제물되신 '예수 그리스도의 육체(Calvin, Bengel, Ambrose)'를 가리킨다고 해석하는 부류(Greek-Latin교부들)도 있다. 나는 둘 다를 지지하나 전자인 미래형 하나님나라에 좀 더 무게를 두고 있다.

12 염소와 송아지의 피로 아니하고 오직 자기 피로 영원한 속죄를 이루사 단번에 성소에 들어가셨느니라

이 구절은 예수 그리스도의 대제사장직과 레위지파 대제사장직의 극명한 차이를 드러내고 있다. 특별히 주목해야할 "오직"이라는 단어 속에는 '인간의 죄를 온전히 속할 수 있는 유일한'이라는 뜻이 함의되어 있다.

"영원한, 단번에"라는 말은 "영 단번(once for all, 히 9:12, 26, 28, 10:2, 10, 12, 14, 영원성, 완전성, 지속성, 충분성, 최종성)"이라는 의미이다. 요한복음 3장 16절에 의하면, 누구든지 예수를 믿으면 그 예수의 피공로에 의해 죄 사함을 받게 되며 영원한 사망의 올무(굴레)에서 자유롭게 해방되어 미래형 하나님나라에서 영생을 누리게 된다.

"성소"란 하늘 성소 즉 그리스도의 승귀 후 지금 예수께서 승리주 하나님으로 계신 곳, 위엄의 보좌 우편(히 8:1, 9:24)인 미래형 하나님나라를 가리킨다. 11절의 "더 크고 온전한 장막"을 말한다.

13 염소와 황소의 피와 및 암송아지의 재로 부정한 자에게 뿌려 그 육체를 정결케 하여 거룩케 하거든

구약 율법에서는 "피"가 속죄 제물로 사용되었다. 반면에 "재(붉은 암송아지의 재)"는 의식법(Ritual Law)상 부정한 자를 깨끗하게 하는 정결례에 사용되었다(민 19:1-22).

이처럼 짐승도 정결례에 사용되었거든 하물며 근본 하나님의 본체(존재론적 동질성)이신 예수 그리스도의 피는 말해 무엇하랴.

참고로 레위기를 이해하려면 소위 '5대 기둥'을 묵상하면 도움이 된다. 일반적으로 우리는 레위기를 '구약의 암초'라는 별명을 떠올릴 정도로 생소하고 지루하다고 생각한다. 그러나 가만히 묵상해보면 정말 재미있고 쉽고 심오하고 은혜가 넘치는 구약성경이 레위기이다.

'레위기의 5대 기둥'이란 콘텐츠를 5가지 타이틀(title)로 묶어 지어낸 나의 표현인데 5대 제사, 4대 제사 방법, 5대 제물, 7대 절기, 7대 성막기구를 일컫는다.

5대 제사란 번제(Burnt offering, 결단과 헌신), 소제(Meal offering, 겸손, 헌신), 화목제(Peace or Fellowship offering, 감사), 속죄제(Sin or Purification offering, 회개), 속건제(Guilt or Trepass offering, 손해배상 후 허물에 대한 속죄)를 말한다.

모든 제사는 예수 그리스도의 십자가에서 융합된다. 이후 그리스도를 통해 우리는 미래형 하나님나라에 들어가 그곳(장소 개념)에서 영생을 누리게 된다(골 1:13). 사족(蛇足)을 달자면, '장소' 개념인 미래형 하나님나라는 변화된 몸, 부활체로 살아가기에 지금 우리가 가지고 있는 제한된 몸이 살아가는 '장소'와는 다를 수도 있음을 염두에 두어야 한다.

4대 제사 방법이란 화제(offering by fire), 요제(wave offering), 거제(heave offering), 전제(혹은 관제, drink offering)를 말한다.

5대 제물이란 소(수 송아지), 양(숫양, 아일, 창 22:13), 염소(숫염소, 두 마리 중 하나는 아사셀을 위한 것), 비둘기, 곡식을 말하는데 드리는 자의 신분이나 형편에 따라 달랐다(레 4:3-35, 5:7-13).

수송아지의 경우 제사장과 이스라엘 백성들이(레 4:3-21), 숫염소의 경우 족장들이(레 4:22-26), 암염소 혹은 어린 양은 평민들이(레 4:27-35), 가난한 자들은 산비둘기 둘이나 집비둘기 새끼 둘로(레 5:7), 이보다 어려운 자들은 고운 가루 에바 1/10을(레 5:11) 드렸다.

7대 절기란 유월절(희생 제물 되신 어린 양 예수 그리스도), 초실절(부활의 첫 열매이신 예수 그리스도), 무교절(예수 그리스도로 인해 구원받은 성도들의 성결, 거룩함), 칠칠절(맥추절, 오순절, 신약의 성령강림절), 나팔절(유대력 7월 1일, 안식년, 희년 등 소망을 선포), 대속죄일(유대력

7월 10일, 욤 키푸르), 장막절(초막절, 수장절/추수감사절, 유대력 7월 15일)을 가리킨다.

7대 성막기구란 모두 예수 그리스도를 예표하는 것으로 성막문(구원의 문이신 예수 그리스도), 번제단(희생 제물 되신 예수 그리스도, 제사장 되신 예수 그리스도), 물두멍(생명수이신 예수 그리스도), 등단 위의 금향로(중보기도자 되신 예수 그리스도), 촛대(세상의 빛, 생명의 빛이신 예수 그리스도), 떡상 위의 진설병(생명의 떡이신 예수 그리스도), 법궤(말씀이신 예수 그리스도)를 가리킨다.

14 하물며 영원하신 성령으로 말미암아 흠 없는 자기를 하나님께 드린 그리스도의 피가 어찌 너희 양심으로 죽은 행실에서 깨끗하게 하고 살아계신 하나님을 섬기게 못하겠느뇨

"영원하신 성령(Πνεύματος αἰωνίου, 프뉴마토스 아이오니우)"은 다른 하나님(기능론적 종속성), 한 분 하나님(존재론적 동질성)이신 성령님을 가리키기도 하고 예수 그리스도의 신성을 가리키기도 한다.

예수님은 성령님으로 잉태된 마리아에게서 나셨고(마 1:20) 모든 것을 성령님의 인도하심을 따라 공생애 사역을 하셨으며(마 3:16, 눅 4:18, 행 10:38) 죽으신 후 부활(롬 1:4, 딤전 3:16)하셨다. 승천하신 후 또 다른 보혜사이신 진리의 영, 예수의 영이신 성령님께서 성전 된 우리 안에서 주인으로 역사하고 계신다. 한편 이 부분을 설명할 때마다 답답함을 느끼는 것은 뭔가 단절된 듯하기 때문이다.

분명한 것은 삼위일체이신 예수님, 성령님, 성부하나님은 태초부터 함께 하셨으며 지금도 앞으로도 영원히 함께 하신다. 아쉬운 것은 유한된 우리가 무한을 담지 못하기에 청동거울 곧 동경(銅鏡)으로 보는 것 같은 흐릿함으로 남게 되는 것이다. 그러나 그날에는 "얼굴과 얼굴을 대하여" 보게 되듯이 삼위일체 하나님에 대해 명명백백하게 알게 될 것이다.

"흠 없는"이란 그리스도의 무흠성(無欠性)을 가리키는 것으로 이는 구약시대의 속죄 제물을 위한 짐승은 흠이 없어야 함을(출 29:1, 레 1:3, 10) 상징하고 있다.

"어찌 너희 양심으로 죽은 행실에서 깨끗하게 하고 살아계신 하나님을 섬기게 못하겠느뇨"라는 것은 13절에서 언급하였듯이 짐승의 피나 짐승이 타고남은 재(ash) 조차도 인간의 죄를 정결케하였는데 하물며 '예수 그리스도의 피는 말해 무엇하랴'라는 의미이다.

15 이를 인하여 그는 새 언약의 중보니 이는 첫 언약 때에 범한 죄를 속하려고 죽으사 부르심을 입은 자로 하여금 영원한 기업의 약속을 얻게 하려 하심이니라

"새 언약의 중보"가 예수 그리스도(히 8:8-12)를 의미한다면 불완전한 옛 언약(구약)의 중보자들은 레위지파 계통의 제사장들을 가리킨다.

"첫 언약 때에 범한 죄"라는 것은 구약시대 옛 언약 곧 율법 하에서 이스라엘이 지었던 온갖 종류의 죄들을 가리킨다. 더 나아가 인간이 하나님의 뜻을 거스리며 짓는 모든 죄를 가리킨다. "부르심을 입은 자"란 성부하나님의 은혜(엡 2:8-9)로 만세 전에 택정함을 입은 자(엡 1:3-5)들을 가리킨다.

"영원한 기업의 약속"이란 한 단어로 요약한다면 '소망(엘피스)'을 가리킨다. 결국 기독교의 '소망'이란 예수 그리스도의 구속 사역을 통해 그 예수를 나의 구주 나의 하나님으로 입으로 시인하고 마음으로 믿은 후 내주하시는 성령님에 의해 인치심을 받고 구원받은 하나님의 자녀들이 장차 미래형 하나님나라에 들어가(입성) 영생을 누리게 될 것을 가리킨다. 즉 '영원한 기업의 약속'이란 '소망(엘피스)'으로서 '미래형 하나님나라에의 입성과 영생'을 가리킨다.

16 유언은 유언한 자가 죽어야 되나니 17 유언은 그 사람이 죽은 후에야 견고한즉 유언한 자가 살았을 때에는 언제든지 효력이 없느니라

"유언"의 헬라어는 디아데케[118](בְּרִית, διαθήκη, nf)인데 이는 '계약, 약속'의 의미이다. 특별히 유언이라고도 해석한 것은 죽음을 강조하기 위함이다. 즉 하나님의 언약(약속)에는 그리스도의 죽음이 전제되어 있음을 함의(含意)하고 있는 것이다.

한편 하나님이 인간에게 베푸신 모든 언약들(6대 언약[119])은 일방 언약(은혜 언약, 불평등 언약, διαθήκη)인데 반(反)하여 인간과 인간의 약속

118　디아데케(בְּרִית, διαθήκη, nf)는 (a) a covenant between two parties, (b) (the ordinary, everyday sense [found a countless number of times in papyri]) a will, testament/(from 1223 / diá, "thoroughly," intensifying 5087 /títhēmi, "place, set") - properly, a set-agreement having complete terms determined by the initiating party, which also are fully affirmed by the one entering the agreement)이다.

119　6대 언약이란 아담 언약, 노아 언약, 아브라함 언약, 모세 언약, 다윗 언약, 예수 그리스도의 새 언약을 가리킨다. 〈복음은 삶을 단순하게 한다〉, 〈복음은 삶을 선명하게 한다〉, 이선일 참조

들은 쌍방 언약(평등 언약)으로서 쉰데카이(συνθηκαι)이다.

18 이러므로 첫 언약도 피 없이 세운 것이 아니니

"첫 언약"이란 옛 언약을 가리키는데 구약시대에는 율법에 의거한 짐승의 피 흘림으로 그 죄가 사하여질 수 있었다(히 9:22).

"율법을 좇아 거의 모든 물건이 피로써 정결케 되나니 피 흘림이 없은 즉 사함이 없느니라"_히 9:22

마찬가지로 예수님의 십자가 보혈이라는 피 흘림으로 죄가 사하여지는 것이다. 즉 '죄 사함'에는 반드시 생명의 근원된 '피(레 17:11)'가 필요하다는 것이다. 차이가 있다면 전자의 동물의 피는 일시적이고 불완전하고 불충분한 것이라면 후자의 예수 그리스도의 피는 영 단번에 모든 것을 다 이루신 충분하고도 최종적이며 완전한 것이다.

19 모세가 율법대로 모든 계명을 온 백성에게 말한 후에 송아지와 염소의 피와 및 물과 붉은 양털과 우슬초를 취하여 그 책과 온 백성에게 뿌려 **20** 이르되 이는 하나님이 너희에게 명하신 언약의 피라 하고 **21** 또한 이와 같이 피로써 장막과 섬기는 일에 쓰는 모든 그릇에 뿌렸느니라

이 구절에서는 구약시대의 옛 언약이 피뿌림으로 확립되어지는 것과 그 과정을 상세히 보여주고 있다. 즉 언약 체결을 위한 첫 번째 과정은 언약의 내용을 백성들에게 들려주는 것으로 시작했다. 그후 백성들이 수락

하면 기록했다. 마지막으로 그 책과 언약 당사자인 백성들에게 피를 뿌려 언약의 체결을 확정했다. 이후 하나님과의 언약을 어기면 피 흘림을 면치 못하게 될 것을 약속한 것이다.

송아지의 피는 대제사장과 그의 권속들을 위한 속죄 제물이며 염소의 피는 백성들의 죄를 위한 속죄 제물이었다.

"물과 붉은 양털과 우슬초"는 시내산 언약 체결에는 없었던 것이다. 이들은 성결의식(Robertson)에 관한 것으로 특히 우슬초[120]와 물은 문둥병자를 정결케하는 의식에 사용되었다.

출애굽기 24장 6-8절을 보면 언약의 책은 낭독되었고 백성들에게는 피(언약의 피, 마 26:28 최후의 만찬에서 피를 상징하는 포도주를 언약의 피라고 함)가 뿌려졌다.

유대전승에 의하면 언약의 책에도 피가 뿌려졌다고 한다(Robertson). 또한 아론 계통의 제사장들의 오른 귓부리, 오른손 엄지(Thumb), 오른발 엄지(Bigtoe)에 피를 바르고 단 주위와 옷에도 피를 뿌렸다(레 8:22-36).

구약성경에는 관유를 발랐다는 기록(출 40:9-11, 레 8:10-13)이 있다.

22 율법을 좇아 거의 모든 물건이 피로써 정결케 되나니 피 흘림이 없은즉 사함이 없느니라

_____

120　우슬초는 순형과(脣形科, 박하과)의 향기좋은 다년생 약용식물로서 가지가 많고 꽃다발을 맺는 줄기에는 털이 많아 물을 잘 흡수했기에 정결의식 때 물이나 피를 적셔 뿌리는 도구로 사용(레 14:4-7, 출 12:2, 민 19:6, 18, 왕상 4:33, 시 51:7)했다. 교회용어사전, 지식백과

"율법을 좇아"라는 것은 '율법에 규정되어 있는 대로'라는 의미이다. 즉 레위기에는 누가 무슨 죄를 지었으며 어떠한 부정을 저질렀는가에 따라 어떠한 짐승으로 속죄 제사와 정결 예식을 행하여야 하는지에 대해 세세히 규정되어 있다.

"거의 모든 물건이"에서 '거의'라는 말은 예외를 내포하고 있다는 것을 가리킨다. 거의 모든 물건이 피로써 정결케되었으나 불이나 물로 정결케 되기도 하였고(민 31:23) 가난한 사람의 경우 곡물로 제사를 드릴 수도 있었음을 나타낸다(레 5:11-13).

죄의 삯은 사망(롬 6:23, 창 3:21)이었기에 죄 사함을 받으려면 누군가가 대신 피 흘려 죽어야만 했다. 그리하여 구약에서는 반복적으로 짐승이 죽어야만 했고 신약에서는 영 단번에 예수 그리스도께서 십자가 보혈을 흘리셨다. 전자가 불완전, 불충분, 반복적, 일시적이라면 후자는 영 단번 곧 영원성, 완정성, 충분성, 최종성이다.

23 그러므로 하늘에 있는 것들의 모형은 이런 것들로써 정결케 할 필요가 있었으나 하늘에 있는 그것들은 이런 것들보다 더 좋은 제물로 할지니라

"하늘에 있는 것들의 모형"이란 히브리서 9장 1절의 세상에 속한 성소를 가리키는데 모세의 성막과 제사 제도를 말한다. 반면 '하늘에 있는 것'은 하늘 성소(장막)인 참 장막과 승리주 하나님으로 계시는 예수님을 가리킨다.

"하늘에 있는 그것들"이란 '하늘에 있는 초월적인 실체들'을 가리키는

것으로 하나님의 백성들이나 그들의 양심을 가리킨다. 이는 "더 좋은 제물"이신 예수 그리스도의 보혈로 이미 정결케 되었음을 함의하는 것이다. 이를 곡해하여 하늘에 있는 것들(하늘 성전)도 다시 정결케되어야 한다고 해석해서는 안 된다(Alford). 한편 "이런 것들"이란 히브리서 9장 19절의 "송아지와 염소의 피와 및 물과 붉은 양털과 우슬초"를 가리킨다.

24 그리스도께서는 참 것의 그림자인 손으로 만든 성소에 들어가지 아니하시고 오직 참 하늘에 들어가사 이제 우리를 위하여 하나님 앞에 나타나시고

"그림자"의 헬라어는 안티튀파[121]($\dot{\alpha}\nu\tau\acute{\iota}\tau\upsilon\pi\alpha$/$\dot{\alpha}\nu\tau\acute{\iota}\tau\upsilon\pi\sigma\varsigma$, adj)인데 안티($\dot{\alpha}\nu\tau\acute{\iota}$)와 튀포스($\tau\acute{\upsilon}\pi\sigma\varsigma$, nm)의 합성어로 이는 원형(原型)과 대칭되는 모형 혹은 복사물, 책의 복사판, 대형(對型)을 가리킨다.

"손으로 만든"이란 모세가 하나님께서 계시해주신 양식대로 "여호와께서 할 줄 알게 하심을 입은 자들(출 36:1)"인 브살렐(유다지파)과 오홀리압(단지파)을 시켜 성막과 성막의 모든 기구를 만든 것(출 35:30-35)을 가리킨다.

"이제 우리를 위하여 하나님 앞에 나타나시고"라는 것은 그리스도의 승귀 후 예수님은 위엄의 보좌 우편에서 승리주 하나님으로 중보 사역을

---

121 안티튀파($\dot{\alpha}\nu\tau\acute{\iota}\tau\upsilon\pi\alpha$/$\dot{\alpha}\nu\tau\acute{\iota}\tau\upsilon\pi\sigma\varsigma$, adj)는 typical of, representing by type (or pattern), corresponding to, an image/antítypon (from 473/antí, "corresponding to" and 5179/typos, "type") - properly, an antitype which corresponds to (fulfills) a type (a predictive symbol))인데 안티($\dot{\alpha}\nu\tau\acute{\iota}$, (a) instead of, in return for, over against, opposite, in exchange for, as a substitute for, (b) on my behalf, (c) wherefore, because)와 튀포스($\tau\acute{\upsilon}\pi\sigma\varsigma$, nm, (originally: the mark of a blow, then a stamp struck by a die), (a) a figure; a copy, image, (b) a pattern, model, (c) a type, prefiguring something or somebody)의 합성어이다.

행하고 계심을 의미하고 있다(롬 8:34).

25 대제사장이 해마다 다른 것의 피로써 성소에 들어가는 것 같이 자주 자기를 드리려고 아니하실찌니

구약의 대제사장은 일 년에 일 차씩 자신과 백성들의 죄를 속하기 위해 짐승의 피를 가지고 지성소(Holy of Holies)에 들어갔다. 예수 그리스도는 인간의 죄를 속량하기 위해 친히 자신을 하나님께 드리셨다. 영 단번에 대속 사역을 성취하셨기에 자주 반복적으로 드릴 필요가 전혀 없는 것이다.

26 그리하면 그가 세상을 창조할 때부터 자주 고난을 받았어야 할 것이로되 이제 자기를 단번에 제사로 드려 죄를 없게 하시려고 세상 끝에 나타나셨느니라

"그리하면"이란 '단번에 대속 사역을 성취하지 못하였으면'이라는 의미이다.

"죄를 없게 하다"의 헬라어는 아데테오[122]($\dot{\alpha}\theta\varepsilon\tau\acute{\varepsilon}\omega$, v)인데 이는 "취소

---

122 아데테오($\dot{\alpha}\theta\varepsilon\tau\acute{\varepsilon}\omega$, v)는 (literally, a-thetos, "un-place") - properly, do away with; reject what is already laid down; to set aside (disregard as spurious); nullify, make void; to break faith (Abbott-Smith); remove out of an appointed (proper) place, i.e. reject as invalid; refuse to respect (even "despise"); to cancel, disannul, abrogate (passive, "be set aside" because perceived to lack value); to disregard, pass over (refuse to acknowledge)/$\dot{\alpha}\theta\acute{\varepsilon}\tau\eta\sigma\iota\varsigma$, nf, a setting aside, annulment, nullification, abrogation/properly, annulment (cancellation), i.e. what is rendered "no longer in effect" (literally, "no longer having a place"))이다.

하다, 무효화하다'라는 의미로 근본적으로 없이 하였음을 가리킨다.

결국 구약의 제사 제도가 '개별적'인 죄에 대해 일시적, 한시적, 제한적으로 '죄 사함'의 효력을 발휘하기는 했으나 인간의 범죄는 계속 반복적으로 지속되었기에 사죄의 효력을 발휘하기에는 불충분, 불완전했다라는 것이다.

그러나 예수님께서 성취하신 대속 사역은 인간의 죄를 영 단번에 완전하게 해결하였으므로 더 이상의 속죄 제사가 필요없다라는 것이다.

"세상 끝에 나타나셨느니라"는 것은 성육신하신 예수님의 초림을 말한다. 그렇기에 '세상 끝'이란 종말의 끝이 아니라 메시야 도래의 때(말 4:1-6) 곧 초림을 가리킨다. 그런 예수 그리스도는 하나님의 감취었던 비밀(엡 3:9)이자 우리의 진정한 구원자(요 1:9)이시다.

27 한 번 죽는 것은 사람에게 정하신 것이요 그 후에는 심판이 있으리니

이 구절은 유한되고 제한된 인간의 삶(시 90:10, 102:11, 144:4, 욥 8:9, 약 4:14)에 관한 말씀으로 순환론적 세계관의 결과인 진화, 전생(내세), 환생 등은 없다라는 것이다. 즉 유신론적 세계관을 잘 드러내고 있는 말씀이다. 창세기 2장 17절에는 선악과를 먹은 아담과 하와로 인해 그 후손인 인간들에게 연합과 대표의 원리에 의해 육신적 죽음이 찾아오게 되었음을 분명하게 말씀하고 있다(롬 5:12). "죽다"의 헬라어는 아포드네스

코[123](ἀποθνήσκω, v)인데 이는 아포(ἀπό)와 드네스코(θνήσκω, v)의 합성어이다. 그리스도인의 죽음을 다나토스(θάνατος, nm, the root of θάνατος, "death", 요 5:24)라고 한다면 불신자의 죽음을 네크로스(νεκρός, (a) adj, 계 3:1, 엡 5:14)라고 한다. 결국 그리스도인은 육적 죽음(θάνατος)을 통해 영생으로 들어가게 되고 불신자는 육적 죽음(νεκρός)을 통해 영원한 죽음(둘째 사망)으로 들어가게 된다.

"심판"의 헬라어는 크리시스[124](κρίσις, nf)이며 그 심판에는 긍정적인 의미와 부정적인 의미가 있다. 긍정적 의미의 심판 결과는 신원(vindication)이라고 하는데 그 결과는 영생이다. 반면에 부정적 의미의 심판 결과는 영벌인 유황불못의 심판이다. 전자는 그리스도인에게 해당되며 후자는 불신자에게 해당된다.

---

123 아포드네스코(ἀποθνήσκω, v)는 I am dying, am about to die, wither, decay/(from 575 / apó, "away from," which intensifies 2348 /thnḗskō, "to die") – properly, die off (away from), focusing on the separation that goes with the "dying off (away from)."이며 이는 아포(ἀπό, prep, from, away from)와 드네스코(θνήσκω, v, to die/(the root of thanatos, "death") – to die (spiritually or physically); subject to death)의 합성어이다. 그리스도인의 죽음을 다나토스(θάνατος, nm, death, physical or spiritual/(derived from 2348 /thnḗskō, "to die") – physical or spiritual death; (figuratively) separation from the life (salvation) of God forever by dying without first experiencing death to self to receive His gift of salvation, 요 5:24)라고 한다면 불신자의 죽음을 네크로스(νεκρός, (a) adj: dead, lifeless, subject to death, mortal, (b) noun: a dead body, a corpse/ (an adjective, derived from nekys, "a corpse, a dead body") – dead; literally, "what lacks life"; dead; (figuratively) not able to respond to impulses, or perform functions ("unable, ineffective, dead, powerless," L & N, 1, 74.28); unresponsive to life-giving influences (opportunities); inoperative to the things of God, 계 3:1, 엡 5:14)이다.

124 크리시스(κρίσις, nf)는 judging, judgment, decision, sentence; generally: divine judgment; accusation/(a feminine noun derived from 2919 /krínō, "to separate, distinguish, judge") – judgment, emphasizing its qualitative aspect that can apply either to a positive verdict (for righteousness) – or more commonly, a "negative" verdict which condemns the nature of sin that brings it on.)이다.

28 이와 같이 그리스도도 많은 사람의 죄를 담당하시려고 단번에 드리신 바 되셨고 구원에 이르게 하기 위하여 죄와 상관없이 자기를 바라는 자들에게 두 번째 나타나시리라

죽음이란 단회적이다. 그렇기에 성육신하신 예수 그리스도의 죽음 또한 반복될 수 없다. 예수님의 십자가 대속 죽음은 단회적이자 영원한 것이며 완전한 것이고 결정적인 것이다. 십자가 보혈에 의해 영 죽을 수밖에 없던 인간들을 최종적인 완전한 구원(대속 제물되신 목적; 많은 사람의 죄를 담당하시려고, 사 53:12)으로 인도하신 것이다.

"단번에(ἅπαξ, 하팍스)"라는 것은 '영 단번(once for all)'이라는 영원성, 완전성, 충분성, 지속성, 최종성의 의미로 예수 그리스도 대속 제물의 단회성을 강조하고 있다.

"구원에 이르게 하기 위하여"란 창세 전에 택정된 자들(엡 1:3-5)을 죄에서 건져 구원하기 위해 초림하셨음을 말씀하는 것이다. 즉 예수 그리스도 새 언약의 성취를 말한다. 이후 새 언약의 완성을 위해 예수 그리스도는 다시 이 땅에 재림하실 것이다(요 14:1-3).

"죄와 상관없이"라는 것은 초림의 때에 인간의 모든 죄를 완전히 도말하셨기 때문에 재림 시에는 더 이상 인간의 죄에 대한 대속과는 상관없이 죄에 대한 심판을 하러 오신다는 의미이다.

"바라다"의 헬라어는 아페크데코마이[125](ἀπεκδέχομαι, v)인데 이는

125　아페크데코마이(ἀπεκδέχομαι, v)는 to await eagerly (from 575 /apó, "away from," 1209 / déxomai, "welcome" and 1557 /ekdíkēsis, "out of") - a triple compound (properly) meaning

종말론적인 의미를 담고(롬 8:19, 23, 25, 고전 1:7, 갈 5:5, 빌 3:20) 있는 말로서, 아포(ἀπό)와 에크데코마이(ἐκδέχομαι, v)의 합성어이다.

"두 번째 나타나심"이란 예수님의 재림(παρουσία)을 가리킨다. 한편 "나타나시리라"는 것은 '반드시 재림하신다'라는 의미로 그 헬라어는 호 에르코메노스(ὁ ἐρχόμενος)이다.

요한계시록을 잇는 두 사상이 있는데 그것은 "반드시 오시리라(ὁ ἐρχόμενος)"와 "아멘 주 예수여 어서 오시옵소서(마라나타)"이다.

"welcome from and out of"; waiting that decisively "puts away" all that should remain behind)인데 이는 종말론적인 의미를 담고(롬 8:19, 23, 25, 고전 1:7, 갈 5:5, 빌 3:20) 있다. 이는 아포(ἀπό, from, away from)와 에크데코마이(ἐκδέχομαι, v, to take or receive, by implication to await, expect/(from 1537 /ek, "out from and to" and 1209/dexomai, "welcome") - properly, welcome from the heart, looking to the end-result of the waiting (literally, its "out-come," outcome))의 합성어이다.

괴짜의사 Dr. Araw의
쉽고 바르게 읽는 히브리서 장편(掌篇) 강의

레마이야기 10

미쁘신 하나님으로 말미암아
예수의 피를 힘입어 성소에

'예수의 피를 힘입어 성소에'라는 소제목에서의 "성소"란 지성소를 가리킨다. 그러므로 "예수의 피를 힘입어 성소에"라는 것은 가스펠송 가사의 '보혈을 지나 하나님 품으로, 보혈을 지나 아버지 품으로'의 또 다른 표현이기도 하다.

성부하나님은 미쁘셔서(피스토스, πιστός) 때가 되매 새 언약의 성취인 초림의 예수님(요 1:41)을 그리스도(Χριστός, nm)로, 메시야(משיח,

Μεσσίας, nm)로[126] 이 땅에 보내셨다. 그리스도 메시야이신 예수님의 '전 생애적 고난'으로 말미암아 우리는 완전한 죄 사함과 더불어 하나님의 위엄의 보좌(지성소, 미래형 하나님나라) 앞으로 당당히 들어갈 수 있게 되었다.

한편 예수님의 '전 생애적 고난'이란 십자가 수난과 죽음만을 의미하지 않는다. 근본 하나님이신 예수님의 인간으로 오심(성육신, incarnation), 신인양성의 하나님이신 예수께서 공생애 전까지 인성으로서의 일체 순종하심과 배우심, 기름부음 받은 자로 오신, 즉 수동적 입장을 취하심까지를 모두 다 포함한다.

하나님의 "미쁘심"이란 '믿음직한, 신실한'이라는 의미이다. 성부하나님의 신실하심과 미쁘심으로 인해 우리가 은혜로 구원을 얻게 된 것이다. 하나님은 만세 전에 아무 공로 없는 우리를 순전히 그분의 은혜로 택정하셨다. 때가 되매 우리에게 눈과 귀를 열어주셔서 복음을 듣게 하시고 영안을 열어 주셨다. 그리하여 믿음(피스티스, πίστις, a gift from God, given the persuasion of His will)을 선물로 주신 그분은 우리를 먼저 살리신 후 우리로 믿게 하셨던 것이다(피스튜오 혹은 페이도, πείθω, divine persuasion).

지난날 성막에는 성소와 지성소를 구분하던 두꺼운 휘장이 있어 함부

---

126   그리스도(Χριστός, nm)는 the Anointed One, Messiah, Christ/(from 5548 /xríō, "anoint with olive oil") - properly, "the Anointed One," the Christ (Hebrew, "Messiah"))이고 메시야(מָשִׁיחַ, Μεσσίας, nm)는 Messiah, the Anointed One, the O.T. title corresponding to Christ/**Messías** - literally, "the anointed one," referring to Jesus as the Christ - supremely empowered by the Holy Spirit to accomplish all of the divine plan)이다.

로 지성소에 못 들어가도록 거대한 벽이 가로 막혀 있었다. 모세의 예법에 의하면 성소에는 레위지파의 제사장만이 들어갈 수 있었다. 제사장은 매일매일 등대의 기름을 채워야 했으며 향로의 연기를 피워올려야 했다. 떡상 위의 진설병은 안식일마다 바꿔야 했다. 지성소에는 일 년에 일 차씩 레위지파 아론의 후손인 대제사장만 들어갔다.

두려움과 하나님의 영광을 알현하는 경외심으로.

하나님 앞에서의 '두려움'이란 대제사장이 하나님의 존전(尊前)에서 자신과 권속의 죄가 드러나면 죽게 되기 때문이다. 그래서 지성소에 들어가기 전에는 수송아지와 숫양을 속죄 제사와 번제물로 드렸다(레 16:3, 11). 그것도 모자라 금향로를 들고 하나님을 상징하는 법궤 앞에서 자신을 숨기려고 연기를 피우며(레 16:12-13) 조심스럽게 들어갔다. 조금이라도 추한 자신을 감추기 위해…….

'경외심'이라고 표현한 것은, 하나님의 임재를 상징하는 법궤 즉 거룩하신 하나님을 뵈온다는 것은 인간으로서는 최고의 영광이었기 때문이다. 어느 누구도 근접할 수 없는 대제사장만의 특권이었다. 그것도 일 년에 단 한 차례만.

그랬었는데…….

이제 우리는 큰 대제사장이신 예수 그리스도를 힘입어 은혜의 보좌 앞에 당당히 나아가게 되었다(히 4:16).

언제든지…….

어디에서든지…….

10-1 율법은 장차 오는 좋은 일의 그림자요 참 형상이 아니므로 해마다 늘 드리는 바 같은 제사로는 나아오는 자들을 언제든지 온전케 할 수 없느니라

"좋은 일"이란 '소망'이다. '예수, 그리스도, 생명'이라는 핵심을 말하고 있다. 이를 풀이하면 미래형 하나님나라에로의 입성과 영생을 가리킨다.

"그림자요 참 형상이 아니라"는 것은 율법의 불충분성(불완전성)을 말하는 것이며 "해마다 늘 드리는 바 제사"라는 것은 되풀이되는 반복성으로 율법은 일시적이요 제한적이라는 의미이다. 이는 율법이 장차 오는 좋은 일의 몽학선생(초등 교사)이자 초등 학문이라는 것을 가리킨다. 즉 율법은 예수 그리스도의 전조(前兆)이자 예수님의 도래를 예고하는 그림자라는 것이다. 그렇기에 율법은 최종적인 것도 아니요 궁극적인 것(실제 형상 혹은 참된 형상)은 더더욱 아니라는 의미이다.

"온전케 할 수 없다"라는 것은 '불충분하다, 불완전하다, 일시적이다, 제한적이다'라는 의미이다. 즉 임시적이며 한시적인 것으로 하나님의 의도된 최종 목적이 아니라는 것이다.

2 그렇지 아니하면 섬기는 자들이 단번에 정결케 되어 다시 죄를 깨닫는 일이 없으리니 어찌 드리는 일을 그치지 아니하였으리요

구약의 제사로는 "섬기는 자로 양심상 온전케 할 수 없어(히 9:9)" 사람들을 죄로부터 완전히 깨끗케 할 수가 없다. 만약 제사로 온전케 되었다면 수 많은 짐승의 희생은 계속될 필요가 없었을 것이다. 결국 히브리서 10장 22절에서 보듯이 그리스도의 피에 의해서만 "마음에 뿌림을 받아

양심의 악을 깨닫고 악한 양심으로부터 벗어나게" 되는 것이다.

3 그러나 이 제사들은 해마다 죄를 생각하게 하는 것이 있나니

구약의 제사들은 온전한 죄 사함을 이룰 수 없었지만 그 대신에 자신들의 죄를 생각나게 하여 해마다(대속죄일, 유대력 7월 10일, 욤 키푸르) 제사를 드려야 할 필요성을 인식하게는 했다. 결국 죄를 깨닫게 하는 역할을 감당했으며 더 나아가 영 단번에 죄를 사하실 메시야의 도래를 소망하게 했다. 그렇기에 율법은 그리스도에게로 인도하는 몽학선생(초등 교사)이었던 것이다.

4 이는 황소와 염소의 피가 능히 죄를 없이 하지 못함이라

레위기 16장에 의하면, '황소와 숫양'은 대제사장과 권속을 위한 속죄 제물이었고 '숫염소와 숫양'은 백성들의 속죄 제물이었다. 그러므로 이 구절에서 "황소와 염소"라는 것은 대제사장과 권속들, 백성들의 속죄 제물을 모두 함의하는 말이다.

한편 염소는 두 마리가 준비되었는데 하나는 바로 죽여 그 피를 가지고 지성소로 들어갔다. 다른 하나는 살려두었다가 나중에 광야로 추방되었다. 후자의 염소는 '아사셀127(עֲזָאזֵל, Entire removal)을 위한 것이었다. 이

---

127 '아사셀(עֲזָאזֵל, Entire removal)은 entire removal of sin and guilt from sacred places into desert on back of goat, symbol of entire forgiveness, 레 16:8, 10)'이다.

는 염소의 이름이 아니라 온전한 속죄(entire removal)의 상징으로 사용된 단어이다.

"능히 죄를 없이 하지 못함"이란 말씀 안에는 짐승의 피와 그리스도의 피의 차이점이 함의되어 있다. 이를 표로 나타내면 다음과 같다.

짐승의 피	그리스도의 피
온전한 속죄를 이루지 못함 불충분, 불완전, 제한적, 일시적 반복적	완전한 속죄 영 단번 영원성, 충분성, 완전성 지속성, 최종성
짐승들의 대속 죽음 : 의미도 영문도 모름 자원이 아님 강제적인 죽음	예수님의 대속 죽음 : 분명한 목적을 아심 자원함으로 스스로 십자가에 달리심
율법의 제사제도 : 하나님이 친히 제정	예수님의 십자가 보혈 : 하나님의 구속 계획의 성취로 주어짐
그리스도의 피를 예표하고 상징한 것	하나님의 공의(대가 지불)를 만족하는 것
그리스도가 오기 전까지 유의미(有意味)	율법을 완성함

5 그러므로 세상에 임하실 때에 가라사대 하나님이 제사와 예물을 원치 아니하시고 오직 나를 위하여 한 몸을 예비하셨도다

"그러므로"라는 것은 '율법과 그것에 따른 제사들, 짐승 제물로는 온전한 죄 사함을 이룰 수 없으므로'라는 의미이다.

"세상에 임하실 때에"라는 것은 그리스도의 선재성(先在性)과 더불어 성육신(초림, incarnation)을 함의하고 있다.

"제사"의 헬라어는 뒤시아[128](θυσία, nf)인데 이는 '희생 제물로 드리는 제사'를 가리킨다.

"예물"의 헬라어는 프로스포라(προσφορά, nf, an offering/מִנְחָה, 미네하흐, nf, a gift, tribute, offering)인데 이는 '곡물로 드리는 제사 즉 소제'를 말한다.

"몸"의 헬라어는 소마[129](σῶμα, nf)이다. 이에 해당하는 히브리어는 '귀'를 나타내는 오젠(אֹזֶן, nf, an ear, as part of body; of human being, 시 40:6)이 사용되었다. 히브리어 귀(부분, 제사와 예물)를 헬라어 몸(전체, 순종 즉 예수의 희생 제물로서의 죽음)으로 굳이 대조하면서 구분하여 해석한 것은 다음과 같다. 전자의 귀가 모형과 그림자(부분)라면 후자의 몸은 실체(전체)이신 예수 그리스도를 예표하는 것이기 때문이다.

---

128 뒤시아(θυσία, nf)는 a sacrifice/properly, an offering (sacrifice); an official sacrifice prescribed by God; hence an offering the Lord accepts because offered on His terms, זֶבַח, 레 7:15)이다.

129 소마(σῶμα, nf)는 body, flesh; the body of the Church/the physical body. 4983 (sóma) is also used figuratively of the mystical Body of Christ (= the Church, the one people of God, the Sept. for גְּוִיָּה בָּשָׂר, etc.; נְבֵלָה (a corpse), also for Chaldean גְּשֵׁם; a body)이다.

6 전체로 번제함과 속죄제는 기뻐하지 아니하시나니

"번제(Burnt offering, 출 29:38-42, 레 1:1-17, 8:18, 9:12, 12:6, 8, 14:19, 15:15, 30, 민 18:3-8, 28:9-10)"란 헬라어로 홀로카우토마[130](ὁλοκαύτωμα, nn)이며 히브리어로는 올라흐(עֹלָה, The Sept. especially for עֹלָה; also for אִשֶּׁה)이다. 이는 하나님께 대한 '온전한 헌신'을 예표하는 제사이다.

"속죄제(레 4:24)"의 헬라어는 페리 하마르티아스(περὶ ἁμαρτίας, offerings for sin)이며 히브리어는 하타아흐(הַטָּאָה, nf, sinful thing, sin) 인데 이는 범죄한 자가 자신의 '지은 죄를 사함 받기 위해' 하나님께 드리는 제사이다. 즉 그리스도의 속죄 사역을 상징하는 제사이다.

"기뻐 아니하다"라는 것은 번제와 속죄제는 하나님의 공의를 만족(충족, 대가 지불)시키지 못한다라는 의미이다. 당연히 예수 그리스도의 피만이 하나님의 공의를 온전히 만족시킬 수 있다.

7 이에 내가 말하기를 하나님이여 보시옵소서 두루마리 책에 나를 가리켜 기록한 것과 같이 하나님의 뜻을 행하러 왔나이다 하시니라

"내가, 나를"이 가리키는 것은 예수 그리스도이다.

"두루마리 책"은 구약을 가리킨다(Bengel, Alford, Moffatt, Vincent, Bruce). 어떤 이들은 모세오경이나 메시야 예언을 지칭한다(Calvin,

---

130 홀로카우토마(ὁλοκαύτωμα, nn)는 a whole burnt offering/(literally, "an offering that is completely burned up") - a whole burnt-offering)이다.

Westcott)고 주장하지만 나는 전자를 지지한다.

"하나님의 뜻(델레마 데우)을 행하러 왔나이다"라는 것은 요한복음 6장 39-40절, 히브리서 10장 9절의 말씀을 가리킨다. 더 나아가 데살로니가 전서 4장 3절, 5장 16-18절을 가리킨다. 결국 복음 전파를 통한 현재형 하나님나라(주권, 통치 질서, 지배개념)의 확장을 가리키고 있다.

"제사, 예물, 번제, 속죄제"는 구약의 율법 중 의식법(ritual law)에 해당하며 율법의 규정을 따라 드리는 것이다. 그러나 히브리서 10장 5, 6, 8절에 의하면 그런 제사는 원치도 기뻐하지도 않으신다고 했다. 하나님은 9, 10절에 말씀하신대로 둘째 것 즉 그리스도의 속죄 사역을 원하시고 기뻐하신다고 했다.

"하나님의 뜻을 행하러 왔나이다"라는 것은 요한복음 6장 38-39절에서 하셨던 말씀으로 죄로 인해 영죽을 인간의 구원을 위해 십자가 보혈로 대가 지불(구속, 속량)함으로 새 언약의 성취를 위해 오셨다는 말이다.

"첫 것"이란 구약의 제사, 율법의 제사를 가리킨다. "폐하다"의 헬라어는 아나이레오(ἀναιρέω, v, to take up, take away, make an end)인데 이는 '제거하다, 끝난 데서 시작하여 계속하다'라는 의미이다. 즉 첫째 것(율법)에 뒤이어 둘째 것(복음 즉 십자가 보혈)으로 완성한다라는 것을 가리킨다.

"둘째 것"이란 그리스도의 속죄 사역(복음, 예수 그리스도 생명)을 말한다.

10 이 뜻을 좇아 예수 그리스도의 몸을 단번에 드리심으로 말미암아 우리가 거룩함을 얻었노라

"이 뜻"이란 하나님의 뜻(델레마 데우)을 가리키는데 불완전하고 불충분하며 임시적인 구약의 율법 제사 대신에 예수 그리스도의 대속 사역을 통한 하나님의 구원 계획을 말씀하고 있다.

"단번에"라는 것은 '영 단번(once for all)'이라는 것으로 영원성, 완전성, 지속성, 충분성, 최종성을 가리킨다.

"얻었노라"는 것은 단순히 성취한 것만이 아니라 계속하시고 완성하실 것이라는 의미이다. 그렇기에 '거룩함'은 하나님이 값없이 주신 은혜의 선물인 것이다.

11 제사장마다 매일 서서 섬기며 자주 같은 제사를 드리되 이 제사는 언제든지 죄를 없게 하지 못하거니와

"매일, 자주, 같은"이란 단어에는 구약 율법 제사의 불완전성(일시적, 제한적, 임시적)과 불충분성(반복적)이 함의되어 있다.

"서서"라는 단어는 12절의 "하나님의 우편에 앉으사"라는 말과 대조된다. 전자(제사장)는 '서서' 섬기는 하나님의 종이라는 의미가 있고 후자(예수님)는 승리주로서 하나님의 보좌 우편에 앉으신 하나님의 아들이라는 의미가 내포되어 있다.

"없게 하다"의 헬라어는 페리아이레오[131](περιαιρέω, v)인데 이는 '완전히 제거하다'라는 의미이다. 그렇기에 '없게 하지 못하다'라는 것은 구약의 율법 제사는 제한된 범위 안에서 제한된 정도로 일시적인 죄 사함과 정결 효력만 있었다(히 9:13)라는 의미를 가진다.

12 오직 그리스도는 죄를 위하여 한 영원한 제사를 드리시고 하나님 우편에 앉으사

"죄를 위하여"라는 것은 그리스도로 오신 역사상 유일한 의인이신 예수님은 당신의 죄 때문이 아니라 죄인인 인간을 위하여 온전한 속죄 제사를 드렸다라는 의미이다.

"한, 영원한"이란 11절의 "매일, 자주, 같은"이라는 단어와 대조되는 말이다. 전자가 영 단번(once for all)이라는 유의미한 지속성을 가리킨

---

131 페리아이레오(περιαιρέω, v)는 (a) I strip off, strip from, take away, (b) I cast off, cut adrift, cast loose/(from 4012 /perí, "all-around, encompassing" and 138 /hairéomai, "to take, separate") – properly, completely separate, remove totally (inclusively, comprehensively); leave behind entirely (in "all directions"; note the prefix, peri))이다.

다면 후자는 임시적, 일시적, 불충분성, 불완전성, 무의미한 반복성을 내포하고 있다.

한편 11절의 "드리되"의 헬라어 동사는 프로스페론(προσφέρων, V-PPA-NMS)으로서 현재 능동분사인데 이는 제사장들이 반복적으로 계속하여 드리던 제사를 가리킨다. 반면에 12절의 "드리시고"의 헬라어 동사는 프로세넹카스(προσενέγκας, V-APA-NMS)인데 이는 제2부정과거 능동분사로 그리스도께서 드리신 제사는 과거에 단 한번(단회적으로) 행해진 영 단번의 제사라는 의미이다.[132]

"하나님 우편에 앉으사"라는 것은 하늘 성소(참 장막, 미래형 하나님나라)에서 승리주 하나님으로 계심을 의미한다.

13 그 후에 자기 원수들로 자기 발등상이 되게 하실 때까지 기다리시나니

"그 후에"는 십자가 보혈로 새 언약을 성취하신 후 부활 승천하셔서 승리주 하나님으로 하나님의 보좌 우편에 앉으신(막 16:19, 히 1:3, 시 110:1) 후에라는 의미이다.

"발등상이 되게 하실 때까지"라는 것은 히브리서 1장 13절에서 언급했듯이 예수님은 승리주로 계시다가 그날에 재림하실 것인데 마지막 날에는 백보좌 심판을 통해 사단의 권세를 완전히 누르시고 그 원수들을 발등상이 되게 할 것이라는 의미이다.

---

132 V-PPA-NMS이란 Verb – Present Participle Active – Nominative Masculine Singular이고 V-APA-NMS이란 Verb – Aorist Participle Active – Nominative Masculine Singular이다.

"기다리시나니"라는 것은 성부하나님의 때와 기한을 따르시는 예수님의 기다리심을 가리킨다. 초림의 예수님은 부활 승천하시면서 "속히 오리라(계 20:7, 12, 20)"고 하셨다. 이후 승리주 하나님이신 예수님은 하늘 성소에서 모든 사람이 구원에 이르기를 원하시는(벧후 3:9, 요 6:39) 아버지의 마음을 알고 잠잠히 그 뜻을 따르고 있는 것이다.

14 저가 한 제물로 거룩하게 된 자들을 영원히 온전케 하셨느니라

"한 제물"이란 '그리스도 자신의 몸'을 가리킨다. "영원히 온전케 하셨다"라는 것은 죄 사함에의 영원한 효력을 말한다.

"단번에, 영원한, 영원히"란 '영 단번(once for all)'을 의미하는데 이는 영원성, 지속성, 완전성, 충분성, 최종성을 가리킨다.

"거룩하게 된 자들"의 헬라어는 투스 하기아조메누스(τοὺς ἁγιαζομένους, V-PPM/P-AMP[133])인데 이는 하기아조(ἁγιάζω, 거룩하게 되다)의 현재 수동태 분사이다. 즉 현재 분사형 시제를 사용한 것은 성화(聖化)의 과정(過程, process) 때문이다. 성도는 그리스도를 믿는 즉시 의롭다 칭함을 받는다. 그렇다고 하여 본래의 죄성조차 단번에, 완전히 없어져서 거룩하게 변하지는 않는다. 주인 되신 성령님의 내주하심으로 성화의 과정을 거치게 되며 종국적으로 육신의 장막을 벗는 그날, 곧 예수님의 재림의 그날에 영화(롬 8:30)롭게 될 것이다.

---

133   V-PPM/P-AMP이란 Verb – Present Paticiple Middle or Passive – Accusative Masculine Plural 을 가리킨다.

15 또한 성령이 우리에게 증거하시되 **16** 주께서 가라사대 그 날 후로는 저희와 세울 언약이 이것이라 하시고 내 법을 저희 마음에 두고 저희 생각에 기록하리라 하신 후에

15-16절은 예레미야가 성령에 감동되어 말한 것으로 예레미야 31장 33절의 말씀이다. 이는 히브리서 8장 10절에서도 인용되었다. 돌비에 새겼던 옛 언약과는 확연히 다른 심비(마음과 생각)에 새긴 새 언약의 특징을 드러내고 있는 말씀이다.

"내가 나의 법을 그들의 속에 두며 그 마음에 기록하여 나는 그들의 하나님이 되고 그들은 내 백성이 될 것이라"_렘 31:33

"내 법을 저희 생각에 두고 저희 마음에 이것을 기록하리라 나는 저희에게 하나님이 되고 저희는 내게 백성이 되리라"_히 8:10

17 또 저희 죄와 저희 불법을 내가 다시 기억지 아니하리라 하셨으니

이는 히브리서 8장 12절과 예레미야 31장 34절의 말씀이다. 차이가 있다면 '불의'가 '불법'으로 바뀌어 있고 그 "불의를 긍휼히 여기고"라는 말이 생략되어 있는 것이다.

"내가 저희 불의를 긍휼히 여기고 저희 죄를 다시 기억하지 아니하리라"_히 8:12

"내가 그들의 죄악을 사하고 다시는 그 죄를 기억지 아니하리라"_렘

18 이것을 사하셨은즉 다시 죄를 위하여 제사 드릴 것이 없느니라

이 구절은 '율법(律法) 지상주의(至上主義, suprematism)'에 대한 폭탄적 선언이다. 그렇다고 하여 율법 폐기를 주장하는 것은 아니다. 율법 본래의 제 역할이 끝났음을 의미하는 것이다. 이제 후로는 누구든지 그리스도 보혈의 공로를 힘입기만 하면 죄 사함은 물론이요 하나님의 은혜의 보좌 앞에 당당히 나아가게 됨을 말씀하고 있다.

19 그러므로 형제들아 우리가 예수의 피를 힘입어 성소에 들어갈 담력을 얻었나니

"그러므로"는 '참 대제사장 되신 예수 그리스도께서 모형과 그림자인 구약 율법의 제사를 단번에 드리셨으므로'라는 의미이다.

"예수의 피를 힘입어"라는 것은 구약 제사에 있어서의 짐승의 피가 아니라는 것을 분명히 밝히는 말씀이다.

"성소"는 하나님의 임재를 의미하는 지성소를 가리키는 것으로 이 구절에서는 하늘 성소(히 9:12, 24) 즉 미래형 하나님나라, 거룩한 성 새 예루살렘을 가리킨다.

"담력"의 헬라어는 파르레시아[134]($παρρησία$, nf)인데 이는 '언론의 자유, 행동을 밀고 나가는 용기'라는 의미이다. 구약시대에는 하나님의 존전에 언감생심(焉敢生心) 접근 불가였다. 죄인이 거룩하신 하나님께 다가가면 바로 죽음이었기 때문이다. 그러나 초림의 예수께서 십자가 보혈로영 단번에 다 이루신 후에는 그 예수를 힘입어 하나님께로 거침없이 나아갈 수 있게 되었다라는 의미이다.

20 그 길은 우리를 위하여 휘장 가운데로 열어 놓으신 새롭고 산 길이요 휘장은 곧 저의 육체니라

"길, 진리, 생명(요 14:6)"이신 예수님은 우리를 위하여 대속 제물, 화목제물이 되셨다(롬 5:10-11). 그 예수 그리스도는 우리에게 하나님께로 나아가는 길이 되셨고 그 길을 여셨다. 성소와 지성소 사이에 가로 막혀있던휘장을 '당신의 몸을 찢으심으로' 그 휘장을 위에서부터 아래로 찢으셨다(마 27:51). 그 예수를 힘입어 우리는 하나님의 은혜의 보좌 앞으로 당당하게 나아갈 수 있게(히 4:16) 된 것이다.

구약 율법에 의거한 옛 제사는 임시적이고 불충분하기에 반복되어야했고 일시적인 죄 사함의 길이었다. 그 길은 죽은 길이요 옛 길이었다. 반면에 그리스도로 말미암아 아버지 하나님께로 나아가는 그 길은 새롭고

---

134 파르레시아($παρρησία$, nf)는 freedom of speech, confidence/(from 3956 /pás, "all" and rhēsis, "a proverb or statement quoted with resolve," L-S) - properly, confidence (bold resolve), leaving a witness that something deserves to be remembered (taken seriously)이다.

산 길 즉 영원한 생명의 길이다.

21 또 하나님의 집 다스리는 큰 제사장이 계시매

　"하나님의 집"이란 모든 성도들의 모임인 교회공동체를 가리킨다.

　모세를 위시한 구약의 제사장들이 섬기는 사환으로서 하나님의 집의 종들(히 3:5-6)이었다면, 큰 대제사장이신 예수 그리스도(히 3:1, 4:14)는 하나님의 아들이시며 직접 하나님의 집을 다스리는 분이시다.

22 우리가 마음에 뿌림을 받아 양심의 악을 깨닫고 몸을 맑은 물로 씻었으니 참 마음과 온전한 믿음으로 하나님께 나아가자

　"마음에 뿌림을 받아 양심의 악을 깨닫고"에서 말하는 것은 성도가 보혈의 공로를 입은 후 지난날의 잘못을 깨달았으면 다시는 그 죄악을 되풀이하지 않으려고 노력해야 한다는 것이다. 즉 "죄와 싸우되 피흘리기까지" 싸워야 하며 혹여라도 죄를 지었으면 철저히 회개한 후 내적 정결에 이르러야 함을 말씀하고 있다.

　"몸을 맑은 물로 씻었으니"라는 것은 그리스도의 보혈로 말미암아 내적 정결함을 얻게 된 것을 믿고 고백하는 '세례'를 가리킨다. 여기서 '세례(밥티조, $\beta\alpha\pi\tau\iota\zeta\omega$)'란 첫째, 예수님의 십자가 보혈로 죄 씻음, 둘째, 그 예수를 나의 구주 나의 하나님으로 입으로 시인하고 마음으로 믿는 영접, 셋째는 그 예수와의 연합(Union with Christ) 즉 하나됨(Unity), 마

지막 넷째는 신앙 고백까지를 포함한다. 처음 세 가지가 구원자(Savior)에 관한 고백이라면 마지막 네 번째는 주인 되심(Lord, Master)에 대한 고백이다.

"참 마음"의 헬라어는 알레디네스 카르디아스(ἀληθινῆς καρδίας, a sincere herart)인데 이는 '진실되고 충성된 마음'이라는 의미이다.

"온전한 믿음으로 하나님께 나아가자"에서의 '온전함'이란 헬라어로는 플레로포리아(πληροφορία, nf, full assurance, conviction, confidence/properly, full carry-through ("fully come to bear"))이다. 이는 '그 양이 충분하다'라는 의미로 그리스도의 장성한 분량이 충만한 데까지(엡 4:13) 이르는 신앙생활 곧 명사인 믿음(피스티스)의 동사(피스튜오)화 과정을 말한다.

23 또 약속하신 이는 미쁘시니 우리가 믿는 도리의 소망을 움직이지 않고 굳게 잡아

"약속하신 이"는 성도들에게 영원한 안식을 허락(히 6:13, 8:6, 요 3:16)하신 '성부하나님'을 가리킨다.

"미쁘시니"의 헬라어는 피스토스[135](πιστός, adj)인데 이는 '신뢰할 만하다, 믿음직스럽다'라는 의미로 민수기 23장 19절에서 잘 말씀해주고

---

135 피스토스(πιστός, adj)는 trustworthy, faithful, reliable, believing/(an adjective, derived from 3982 /**peíthō**, "persuaded") - properly, faithful (loyalty to faith; literally, fullness of faith); typically, of believing the faith God imparts)이다.

있다.

"하나님은 인생이 아니시니 식언치 않으시고 인자가 아니시니 후회가 없으시도다 어찌 그 말씀하신 바를 행치 않으시며 하신 말씀을 실행치 않으시랴"_민 23:19

"믿는 도리(히 3:1, 4:14)"에서 말하는 '도리'의 헬라어는 호모로기아[136] (ὁμολογία, nf)인데 이는 '참된 믿음의 도, 복음의 요체'로서의 '말씀'을 가리킨다.

"소망을 움직이지 않고 굳게 잡아"라는 것은 디모데전서 4장 10절의 말씀처럼 믿는 자들의 구주이신 예수 그리스도를 끝까지 견고히 붙잡아야(히 3:6, 14) 한다라는 것이다. 왜냐하면 소망은 믿음을 온전케 하기 때문이다. 여기서 '소망(엘피스)'이란 미래형 하나님나라에로의 입성과 영생을 가리킨다.

24 서로 돌아보아 사랑과 선행을 격려하며

"돌아보다"의 헬라어는 카타노에오[137](κατανοέω, v)인데 이는 히브리

---

136 호모로기아(ὁμολογία, nf)는 an agreement, confession/(from 3674 /homoú, "the same, together" and 3004 /légō, "speak to a conclusion, lay to rest") – properly, a conclusion embraced by common confession (profession, affirmation)이다.

137 카타노에오(κατανοέω, v)는 to take note of, perceive, consider carefully/ (from 2596 / katá, "down along, exactly according to" and 3539 /noiéō, "to think") – properly, to think from up to down, to a conclusion; to consider exactly, attentively (decisively); to concentrate by fixing one's thinking " 'to perceive clearly' (kata, intensive), 'to understand fully, consider closely' " (Vine, Unger, White, NT, 123). 2657 (katanoéō) expresses real comprehending – "thinking decisively to a definite (clear) understanding.")이다.

서 3장 1절의 "생각하라(κατανοήσατε, carefully consider)"와 같은 단어이다. 즉 '계속하여 진심으로 돌보라'는 의미이다.

선행은 사랑의 마음과 생각에서 나온다. 결국 마음과 생각에서 언행(言行)이 나오며 그것이 지속되면 습관이 되고 종국적으로 성품이 된다. 그러므로 사랑은 먼저 지속적으로 실천하는 것이 중요하다. 우리는 하나님의 사랑을 먼저 받은 자 되었으니 마땅히 우리도 이웃을 사랑해야 한다.

"격려"의 헬라어[138]는 파록쉬스모스(παροξυσμός, nm)이다. 이는 원래 '초조하게 하다, 논쟁 따위를 격발시키다'라는 의미이나 이 구절에서는 '고무시키다(Robertson)'라는 의미로 사용되었다. 즉 사랑과 선행을 격려하고 권면하며 힘을 내도록 용기를 북돋우어주며 심지어는 충동을 느낄 정도로 실천하라는 의미이다. 이는 파록쉬노(Παροξύνω)라는 동사에서 파생되었다.

25 모이기를 폐하는 어떤 사람들의 습관과 같이 하지 말고 오직 권하여 그 날이 가까움을 볼수록 더욱 그리하자

"모이다"라는 단어는 24절의 "격려하다"라는 말과 상관관계가 있다.

---

138 파록쉬스모스(παροξυσμός, nm)는 stimulation, provocation, irritation, angry dispute/a provocation which literally jabs (cuts) someone so they "must" respond)이다. 이는 파록쉬노(Παροξύνω, to sharpen, to stimulate, to provoke, I arouse anger, provoke, irritate/from para and oxunó (to sharpen)/paroksýnō (from 3844 /pará, "alongside" and oxys, "a sharp edge") - properly, cut close alongside, i.e. to incite ("jab") someone and stimulate their feelings (emotions); "become emotionally provoked (upset, roused to anger)" (A-S), as personally "getting to someone"; (figuratively) "to provoke feelings, spurring someone to action" (Souter).) 라는 동사에서 파생되었다.

"모이기를 폐하는 어떤 사람들"의 정체에 관하여는 학자들마다 견해가 다르다. 교회보다 회당에 모이기를 중시하는 유대교 신자들(Delitzsch), 지적 교만에 빠진 영지주의자들(Menear), 이방인들, 혹은 유대교도의 박해에 흔들려 교회의 모임을 꺼리는 연약한 신자들(Zahn, Moffatt, Bruce) 등이다. 한편 집회에 대한 관심은 2,000년 전의 그때나 오늘 21세기 코로나 시대인 작금의 상황이나 별반 다르지 않은 듯하다.

곧 교회들의 영적 나태함, 일부 교계 지도자들의 지나친 지적 교만, 교인들의 종교적 허무주의, 의인인 양 치부하는 기독교계 내부의 중직자들의 지나친 기독교 자아 비판, 교권에만 사로잡힌 종교 지도자들의 무능과 위선, 비겁함 등등을 보면 그 양상이 너무나 흡사해 보인다.

"그 날"이란 예수 그리스도의 재림의 날, 하나님의 최후 심판의 날(롬 13:12, 살전 5:4)을 가리킨다. 한편 말세(종말)의 끝으로 갈수록 점점 더 신앙 생활을 힘들게하는 다양한 모양들(딤후 3:1-12)이 점점 더 거세게, 급박하게 나타나게 될 것이다.

26 우리가 진리를 아는 지식을 받은 후 짐짓 죄를 범한즉 다시 속죄하는 제사가 없고

"진리"의 헬라어는 알레데이아[139](ἀλήθεια, nf)인데 이는 하나님의 말

139　알레데이아(ἀλήθεια, nf)는 truth, but not merely truth as spoken; truth of idea, reality, sincerity, truth in the moral sphere, divine truth revealed to man, straightforwardness/(from 227 / alēthés, "true to fact") - properly, truth (true to fact), reality)이다.

씀 혹은 복음이다. 그리스도로 말미암는 구원(예수, 그리스도, 생명, 요 20:31)에 관한 진리를 말하고 있다.

"지식"의 헬라어는 에피그노시스[140]($\epsilon\pi\iota\gamma\nu\omega\sigma\iota\varsigma$, nf)인데 이는 불완전한 지식이 아니라 완전한 지식(롬 1:32, 2:18-19, 골 1:9)으로서 '하나님의 뜻을 아는 것'을 가리킨다.

"진리를 아는 지식을 받은 후"라는 것은 히브리서 6장 4-6절의 "한 번 비췸을 얻고(히 6:4), 하늘의 은사를 맛보고 성령에 참여한 바되고 하나님의 선한 말씀과 내세의 능력을 맛보고"라는 말과 10장 32절의 "빛을 받은 후"라는 말과 같은 맥락이다.

"짐짓(벧전 5:2 자원함) 죄를 범한즉"이란 히브리서의 "타락한 자들은 (6:6), 뒤로 물러가면(10:38-39), 침륜에 빠지면(10:39)"이라는 의미이다. 이때 "짐짓"의 헬라어는 헤쿠시오스[141]($\epsilon\kappa\omicron\upsilon\sigma\iota\omega\varsigma$, adv)인데 이는 '자발적인, 고의적으로 행하는, 일부러, 의도적으로 행하는' 범죄를 가리킨다. 당시 기독교로 개종한 유대인이 다시 유대교로 회귀하는 것을 두고 말한 것(Vincent, Delitzsch)이다.

"다시 속죄하는 제사가 없다"는 문장은 문자적으로 해석하면 안 된다. 왜냐하면 로마서 8장의 말씀(31-39)과 충돌되기 때문이다. 앞서 언급한

---

140 에피그노시스($\epsilon\pi\iota\gamma\nu\omega\sigma\iota\varsigma$, nf)는 knowledge of a particular point (directed towards a particular object); perception, discernment, recognition, intuition/(from 1909 /epi, "on, fitting" which intensifies 1108 /gnósis, "knowledge gained through first-hand relationship") - properly, "contact-knowledge" that is appropriate ("apt, fitting") to first-hand, experiential knowing. This is defined by the individual context. See 1921 (epignōskō)이다.

141 헤쿠시오스($\epsilon\kappa\omicron\upsilon\sigma\iota\omega\varsigma$, adv)는 voluntarily, willingly, of one's own accord, spontaneously/(an adverb, derived from 1595 /hekoúsion) - properly, willingly (willfully), i.e. "what is of free-will" (J. Thayer)이다.

히브리서 6장 4-6절의 경우에서처럼 이 말씀은 수사적 용법, 반어적 용법으로 이해해야 한다.

"무서운 마음"이란 '두렵고 떨리는 마음'을 가리킨다.

"맹렬한 불"은 하나님의 진노(히 12:29 소멸하는 불, 신 4:24, 사 26:11)를 의미하며 동시에 하나님의 최후 심판의 날에 불신자들이 들어가게 될 형벌의 장소, 유황불못을 가리킨다(마 5:22, 18:9, 막 9:43, 계 20:10, 14-15, 21:8).

"모세의 율법을 폐한 자"란 구약의 모세 율법을 어긴 자를 가리킨다. "폐하다"의 헬라어는 아데테오[142]($\dot{\alpha}\theta\epsilon\tau\dot{\epsilon}\omega$, v)인데 이는 '무효로 하다, 피하다, 제껴두다, 어기다'라는 의미이다.

"두세 증인"이란 신명기 17장 2-7절의 말씀으로 우상숭배자가 '증인

142　아데테오($\dot{\alpha}\theta\epsilon\tau\dot{\epsilon}\omega$, v)는 to do away with what has been laid down, set aside/(literally, a-thetos, "un-place") - properly, do away with; reject what is already laid down; to set aside (disregard as spurious); nullify, make void; to break faith (Abbott-Smith); remove out of an appointed (proper) place, i.e. reject as invalid; refuse to respect (even "despise"); to cancel, disannul, abrogate (passive, "be set aside" because perceived to lack value); to disregard, pass over (refuse to acknowledge)이다.

들'에 의해 확정되면 돌로 쳐 죽임을 당했다. 그러나 율법에는 한 사람의 증거로는 죽이지 말라(신 17:6)고 하셨다.

29 하물며 하나님 아들을 밟고 자기를 거룩하게 한 언약의 피를 부정한 것으로 여기고 은혜의 성령을 욕되게 하는 자의 당연히 받을 형벌이 얼마나 더 중하겠느냐 너희는 생각하라

"하물며"라는 것은 율법을 어겨도 형벌을 받거든 하물며 하나님의 아들과 예수 그리스도의 십자가 보혈을 모욕하고 거부하는 것은 당연히 중한 형벌을 받게 될 것이라는 의미이다.

"부정한 것"의 헬라어는 코이노스[143](κοινός, adj)인데 이는 "보통의 것, 하찮은 것'이라는 의미로 그리스도의 보혈을 하찮은 것으로 모독하다 라는 의미이다.

"은혜의 성령을 욕되게 하는" 것이란 성령훼방죄(막 3:28-29, 마 12:31-32, 눅 12:10)로서 성령님의 사역을 훼방하는 죄, 즉 불신을 말한다. 이는 결코 용서받을 수 없는 유일한 죄이다. 결국 '성령훼방죄'란 구원자이신 예수님만이 성부하나님의 유일한 기름부음 받은 자 곧 그리스도 메시야이심을 받아들이지 않고 부인하는 것을 가리킨다.

---

143 코이노스(κοινός, adj)는 (a) common, shared, (b) Hebraistic use: profane; dirty, unclean, unwashed/properly, common, referring to what is defiled (stripped of specialness) because treated as ordinary ("common")이다.

30 원수 갚는 것이 내게 있으니 내가 갚으리라 하시고 또 다시 주께서 그의 백성을 심판하리라 말씀하신 것을 우리가 아노니

이 구절은 신명기 32장 35-36절의 인용 말씀이다.

"보수는 내 것이라 그들의 실족할 그때에 갚으시리로다 그들의 환난의 날이 가까우니 당할 그 일이 속히 임하리로다 여호와께서 자기 백성을 판단하시고 그 종들을 인하여 후회하시리니 곧 그들의 무력함과 갇힌 자나 놓인 자가 없음을 보시는 때에로다"_신 32:35-36

공의와 사랑의 하나님은 배교자(背敎者)들을 향하여는 정죄하고 심판하시지만 그리스도 안에 거하는 자들을 향하여는 긍휼과 자비, 한량없는 은혜를 베푸신다.

31 살아 계신 하나님의 손에 빠져 들어가는 것이 무서울진저

"살아계신 하나님(히 3:12, 9:14, 12:22)"은 악한 자를 심판하시는 하나님이라는 의미로 그 분은 소멸하는 불(히 12:29)이시다.

"손에 빠져 들어간다"라는 것은 '그 분의 능력 아래 놓인다'는 의미이다. 즉 하나님의 손은 죄인을 구원하시기도 하나 악인을 심판하시기도 한다라는 것이다. 이 구절에서는 부정적 의미로서 하나님의 최후 심판(히 10:27)을 가리키는데 하나님의 심판에서 어느 누구도 결코 벗어날 수 없다는 뜻이다. 반면에 긍정적 의미일 때는 신원(Vindication)의 의미가 내포되어 있다.

"무서울진저"의 헬라어는 포베로스(φοβερός, adj, fearful, dreadful, terrible/fearful, prompting a person to withdraw (flee))인데 이는 장차 임할 준엄한 심판으로 인한 두려움이다.

32 전날에 너희가 빛을 받은 후에 고난의 큰 싸움에 참은 것을 생각하라

이 구절은 독자로 하여금 인내하도록 격려, 독려, 경고(warning)하고 있는 말씀이다. 첫 열정과 첫 마음을 간직하고 지난날에도 그런 고난 가운데서 잘 견디어 냈으니 지금도 그렇게 견디어내라는 것이다. 최선을 다해 분투(奮鬪)할 것을 도전하고 있다.

"빛"이란 복음의 진리(히 10:26)를 말하며 "받은 후에"라는 것은 '들은 후에'라는 의미이다.

"고난의 큰 싸움"이란 로마의 4대 황제 글라우디오스와 5대 황제 네로의 박해를 가리킨다. "싸움"의 헬라어는 아들레시스(ἄθλησις, nf, a contest, a struggling (as in an athletic contest))인데 이는 운동 경기(딤후 2:5)를 의미한다. 이 구절에서는 성도가 신앙의 성장을 위해 겪게 되는 수고나 영적 고통을 말한다.

33 혹 비방과 환난으로써 사람에게 구경거리가 되고 혹 이런 형편에 있는 자들로 사귀는 자 되었으니

"비방과 비난"이란 모욕, 멸시와 업신여김, 경멸, 차별, 천대, 악담과 학대(갇힘과 매 맞음, 빼앗김)를 의미한다.

"비방"의 헬라어는 오네이디스모스(ὀνειδισμός, nm, a reproach, reviling/reproach (reviling); an insult aimed to damage (disgrace) reputation)인데 이는 '중상하다, 조롱하다, 꾸중하다, 빈정대다'라는 동사 오네이디조(ὀνειδίζω)에서 파생되었다. 즉 정신적인 고통을 가하는 것(롬 15:3)을 말한다.

"환난"의 헬라어는 들립시스[144](θλῖψις, nf)인데 이는 '상처, 고통, 핍박'등 육체의 고통(요 15:18)을 가리킨다.

"구경거리가 되고"의 헬라어는 데아트리조메노이(θεατριζόμενοι, being made a spectacle)이다. 이는 '무대로 데리고 오다, 조소거리가 되게 하다'라는 의미로 그 동사는 데아트리조(θεατρίζω)이다. 오늘날 동물원의 원숭이를 연상하면 쉽게 이해할 수 있다. 우리 주변에서 흔히 보게 되는 손가락질과 야유, 돌 던짐, 왕따, 악플 등이 떠오르는 단어이기도 하다. 당시에는 그리스도인이라는 이유 하나만으로 원형경기장에서 짐승에게 찢겨 죽는 모습을 관중들에게 보여야만 했다.

"이런 형편에 있는 자들"은 동일하게 고난을 받았던 지체들을 가리킨다. "사귀는 자"의 헬라어는 코이노노스[145](κοινωνός, nm)이며 이는 '동

144　들립시스(θλῖψις, nf)는 persecution, affliction, distress, tribulation/properly, pressure (what constricts or rubs together), used of a narrow place that "hems someone in"; tribulation, especially internal pressure that causes someone to feel confined (restricted, "without options")이다.

145　코아노노스(κοινωνός, nm)는 a sharer, partner, companion/2844 koinōnós (a masculine noun/substantival adjective) - properly, a participant who mutually belongs and shares fellowship; a "joint-participant." [2842 /koinōnía (a feminine noun) stresses the relational aspect of the fellowship.])이다.

업자, 동역자(눅 5:10)'라는 의미이다.

34 너희가 갇힌 자를 동정하고 너희 산업을 빼앗기는 것도 기쁘게 당한 것은
더 낫고 영구한 산업이 있는 줄 앎이라

믿음을 지키다가 갇히게 된 자들을 염려하여 동정하거나 연민을 느끼
며 마음을 함께했다는 것(히 13:3)을 가리킨다. 이는 자신에게 닥칠 위험이
나 화를 감수했다는 것을 함의하고 있다.

"산업을 빼앗긴다"에서 '산업'의 헬라어는 휘파르콘톤(ὑπαρχόντων,
possessions)인데 이는 '소유물, 재산'을 의미한다. 당시에는 길드조합
에 가입하지 않으면 비즈니스에서의 불이익뿐 아니라 재산 몰수까지 당
하기도 했다. 그런데 길드조합에 들어가려면 '시저는 나의 주님이시다'라
는 신앙 고백을 해야만 했다. 당연히 그리스도인들은 그럴 수 없어 길드
조합에 들어가지 않았고 그 결과 불이익과 핍박은 물론이요 재산 몰수까
지 받아야만(마 5:12) 했다.

"더 낫고 영구한 산업(마 6:20)"이란 '소망'으로서 더 좋고 영원한 소유인
하늘 도성(히 11:10, 13-16, 12:22, 13:14) 즉 미래형 하나님나라에로의 입성과
영생을 가리킨다.

35 그러므로 너희 담대함을 버리지 말라 이것이 큰 상을 얻느니라

"그러므로"는 '하늘에 더 낫고 영구한 산업이 있으므로'라는 의미이다.

"담대함을 버리지 말라"는 것은 유혹을 뿌리치고 그리스도의 보혈(히 10:19, 32-35)에 대한 믿음과 확신을 가지고 끝까지 은혜의 보좌 앞으로 나아가라는 권면을 말한다. '확신'이란 그리스도의 보혈로 죄 사함 받은 후 하나님과 화목하게 되었다는 것(롬 5:10-11)과 미래형 하나님나라에서의 영광된 영생에의 확신(롬 8:18)을 가리킨다.

"큰 상"이란 이 세상에서의 육신을 가진 우리가 생각하는 그런 상이 아니다. 즉 상급론(賞給論)을 말하려는 것이 아니다. 헬라어로는 메갈렌 미스다포도시안(μεγάλην μισθαποδοσίαν, a great reward)이라고 하는데 이는 '종말론적인 상'을 말하는 것으로 그리스도인이 미래형 하나님나라에서 누리게 될 '영생'을 가리킨다.

36 너희에게 인내가 필요함은 너희가 하나님의 뜻을 행한 후에 약속을 받기 위함이라

"인내"란 헬라어로 휘포모네[146](ὑπομονή, nf)인데 이는 '견딤, 감내, 참음'이라는 의미이다. 그리스도인으로 하나님의 뜻을 행함에 있어 부수적으로 따르게 되는 모든 육체적, 정신적, 영적인 고난에 대한 '오래 참음, 견고함'을 가리킨다.

---

146 휘포모네(ὑπομονή, nf)는 a remaining behind, a patient enduring, endurance, steadfastness/(from 5259 /hypó, "under" and 3306 /ménō, "remain, endure") – properly, remaining under, endurance; steadfastness, especially as God enables the believer to "remain (endure) under" the challenges He allots in life)이다.

"약속"의 헬라어는 에팡겔리아[147]($\epsilon\pi\alpha\gamma\gamma\epsilon\lambda\iota\alpha$, nf)이며 이는 35절에서의 "큰 상"과 같은 종말론적인 의미이다. 영원한 기업 즉 영생에의 약속으로 의의 면류관(딤후 4:7-8), 생명의 면류관(약 1:12)을 주실 것에 대한 약속을 가리킨다.

37 잠시 잠간 후면 오실 이가 오시리니 지체하지 아니하시리라

이 구절은 성도들이 인내해야 하는 이유와 인내할 수 있는 이유를 밝혀주고 있는데 이사야 26장 20절과 하박국 2장 3-4절에도 동일하게 말씀하고 있다.

"잠시 잠간"이란 이 땅에서 제한된 육체를 가지고 살아가는 우리가 외국인과 나그네로 살아가는(히 11:13) 제한되고 유한된 한 번 인생으로서의 '잠간'을 가리킨다. 육체적 죽음 이후에는 반드시 심판이 있으며 우리는 육체적 죽음 이후 즉시 부활하여 영생을 누리게 된다.

길어야 70, 건강해도 80인 인생을 영원과 비교하면 '잠간'이라는 말 자체도 어불성설(語不成說)일 뿐이다. 또한 예수 재림까지의 기간이 '잠간'이란 것은 시공을 초월하시는 하나님의 편에서의 시간(벧후 3:8-10)을 가리킨다.

"오실 이"란 메시야(마 11:3, 눅 7:19)이다. 구약성경(단 7:13-14, 말 3:1-6)에는

---

147 에팡겔리아($\epsilon\pi\alpha\gamma\gamma\epsilon\lambda\iota\alpha$, nf)는 a summons, a promise/(a feminine noun comprised of 1909 /epí, "appropriately on" and **aggellō**, "announce") – a promise which literally "announces what is fitting" (apt, appropriate)이다.

메시야가 오셔서 자기 백성을 구원하고 원수 마귀사단을 격멸한다고 말씀하고 있다.

"지체하지 아니하시리라"는 것은 '속히 오리라(계 22: 6, 7, 12, 20)'는 말씀으로 시간적인 것으로 해석하기 보다는 '반드시, 돌발적으로 오신다'라는 의미이다.

38 오직 나의 의인은 믿음으로 말미암아 살리라 또한 뒤로 물러가면 내 마음이 저를 기뻐하지 아니하리라 하셨느니라

"오직 나의 의인은 믿음으로 말미암아 살리라(합 2:4, 롬 1:16-17, 갈 2:16, 3:11)"는 말은 '그의 믿음(하나님의 계명과 예수 믿음, 계 14:12)'으로 즉 하나님의 신실하심(피스토스)으로 살아난 것(마소라 사본)이라는 의미[148]이다.

"믿음"의 헬라어[149]는 피스티스($\pi\acute{\iota}\sigma\tau\iota\varsigma$, nf)이며 "미쁘시니"의 헬라어는

---

148   토마스 슈라이너 히브리서 주석, 복있는 사람, p496-497

149   피스티스($\pi\acute{\iota}\sigma\tau\iota\varsigma$, nf)는 faith, faithfulness/(from 3982/**peithô**, "persuade, be persuaded") - properly, persuasion (be persuaded, come to trust); faith.이다. Faith (4102/pistis) is always a gift from God, and never something that can be produced by people. In short, 4102/pistis ("faith") for the believer is "God's divine persuasion" - and therefore distinct from human belief (confidence), yet involving it. The Lord continuously births faith in the yielded believer so they can know what He prefers, i.e. the persuasion of His will (1 Jn 5:4).

$E\acute{\iota}\theta\omega$(to persuade, to have confidence/(the root of 4102 /**pístis**, "faith") - to persuade; (passive) be persuaded of what is trustworthy. The Lord persuades the yielded believer to be confident in His preferred-will (Gal 5:10; 2 Tim 1:12). 3982 (**peíthō**) involves "obedience, but it is properly the result of (God's) persuasion" (WS, 422).

pisteúō (from 4102 /**pístis**, "faith," derived from 3982 /**peíthō**, "persuade, be persuaded") -

피스토스(πιστός, adj)인데 이는 '신뢰할 만하다, 믿음직스럽다'라는 의미이다.

"뒤로 물러가면(눅 9:62, 빌 3:12-14, 딤후 4:7-8)"의 헬라어는 에안 휘포스테일레타이(ἐὰν ὑποστείληται)인데 이는 '철회하다, 뒤로 자신을 끌다'라는 의미이다. 히브리서 10장 26절의 "짐짓 죄를 범한즉", 히브리서 6장 6절의 "타락한 자들은", 10장 39절의 침륜에 빠질 자"와 동일한 의미로 쓰였다.

.

39 우리는 뒤로 물러가 침륜에 빠질 자가 아니요 오직 영혼을 구원함에 이르는 믿음을 가진 자니라

"뒤로 물러감"의 헬라어는 휘포스톨레[150](ὑποστολή, nf)이며 이의 반의어는 '믿음'이다.

"침륜"의 헬라어는 아폴레이아[151](ἀπώλεια, nf)인데 이는 '멸망, 파괴,

---

believe (affirm, have confidence); used of persuading oneself (= human believing) and with the sacred significance of being persuaded by the Lord (= faith-believing). Only the context indicates whether 4100 /pisteúō ("believe") is self-serving (without sacred meaning), or the believing that leads to/proceeds from God's inbirthing of faith.

"미쁘시니"의 헬라어는 피스토스(πιστός, adj, trustworthy, faithful, reliable, believing/(an adjective, derived from 3982 /peíthō, "persuaded") - properly, faithful (loyalty to faith; literally, fullness of faith); typically, of believing the faith God imparts)인데 이는 '신뢰할 만하다, 믿음직하다'라는 의미이다.

150 휘포스톨레(ὑποστολή, nf)는 a letting down, a shrinking back, drawing back/properly, "draw down (under)," i.e. shrink (draw) back in apostasy; backwards movement (spiritually)이다.

151 아포레이아(ἀπώλεια, nf)는 destruction, ruin, loss, perishing; eternal ruin/(from 622 / apóllymi, "cut off") - destruction, causing someone (something) to be completely severed - cut off (entirely) from what could or should have been. (Note the force of the prefix, apo.)이다.

소멸'이라는 의미로서 불신자들의 종말론적 파멸을 가리킨다(마 7:13, 요 17:12, 행 8:20, 롬 9:22, 빌 1:28, 3:19, 살후 2:3, 딤전 6:9, 벧후 2:1, 3, 3:7, 16, 계 17:8, 11). 결국 그들은 예수님의 백보좌 심판 후 영벌에 처하여져서 영원한 죽음(둘째 사망, 계 20:10, 14-15)에 이르게 될 것이다.

"영혼을 구원함에 이르는 믿음"이라는 것은 '믿음(명사인 피스티스, 택정된 자에게 주신 믿음, 허락하신 믿음)으로 말미암아 살리라'는 것을 가리킨다.

레마이야기 11

믿음, 바라는 것들의 실상,
보지 못하는 것들의 증거

믿음은 실상(實狀, truth, fact)이다.

바라는 것들의.

믿음은 증거(證據, evidence, proof)다.

보지 못하는 것들의.

우리는 '믿음으로' 바라는 것들을 현실에서 실상(實狀)으로 이루게 되고 보지 못하는 것들을 실상(實像)으로 보게 된다. 당연히 가시적인 것과 비가시적인 것 둘 다를 포함한다.

'믿음'을 보다 정확하게 폭넓게 이해하려면 헬라어 '믿음'의 명사, 동사, 형용사적 의미를 되새겨보면 큰 도움이 된다. 믿음의 명사는 피스티스이며 동사는 피스튜오이고 형용사는 피스토스이다.

만세 전에 하나님의 섭리 속에 택정된 자는, 때가 되면 복음이 들려지게 되는데 이를 통해 주신(허락하신) 믿음(피스티스)은 하나님의 은혜이자 선물로서 명사형이다. 믿음이라는 명사의 동사화 과정(행함, 피스튜오)이 바로 신앙생활이다.

우리는 믿음(피스티스)으로 믿음(피스튜오)에 이르게 되었다. 그러므로 우리가 구원(의롭다 칭함)을 얻은 것은 하나님의 신실하심, 미쁘심(믿음, 피스튜오)때문이다.

"오직 의인은 믿음으로 말미암아 살리라"에서의 '믿음(피스토스, 형용사)'은 아무 대가 없이 아무 공로 없이 은혜로 주신 것인 바 하나님의 '미쁘심, 신실하심'을 의미한다.

결국 믿음은 '크다, 작다, 많다, 적다, 강하다, 약하다'의 문제라기 보다는 '있다, 없다'의 문제이며 그 믿음은 택정된 자에게 주시는 하나님의 선물이다. 우리는 믿음의 주체 곧 믿음의 대상이 누구인가 하는 것을 분명히 해야한다. 또한 믿음은 야릇한 어떤 느낌(feeling, emotion)이라기 보다는 하나님의 말씀(케리그마)의 권위를 따라 그 말씀대로 순종하는 것을 말한다.

바라는 바가 실체로 드러날 것을 확신하고(선취(先取) 하는 것) 보이지 않는(보지 못하는, 고전 2:9 고후 4:16-18, 5:7) 하나님의 약속들(미래형 하나님 나라에의 입성과 영생)이 이루어질 것을 확신하는 것(요 20:29)이 '믿음'이다.

아브라함, 이삭, 야곱, 요셉 등 족장들의 경우 그들의 믿음에는 한결같이 '기다림'이 수반되었다. '기다림'이란 신뢰가 전제된 믿음에서만 우러나온다.

모세의 경우 믿음으로 하나님을 의지하면서 애굽이라는 거대한 악의 세력으로부터 잃었던 것을 되찾고, 홍해 도하 후에는 광야에서 이스라엘 백성들을 이끌며 끊임없이 악과 싸웠다. 필자의 경우에는 '믿음'이라는 단어를 상기할 때마다 '하나님의 미쁘심, 하나님의 신실하심, 하나님의 오래 참으심, 하나님의 설득하심'이라는 이미지가 강하게 다가온다.

믿음의 선진들이 한 번 인생을 살아가며 소유했던 신앙의 특징들을 표로 정리[152]하면 다음과 같다. 11장에 소개되어 있는 모든 믿음의 선진들은 당시에 각자가 살아갔던 모습이기도 하지만 오늘의 교회인 우리들이 그렇게 살아가야 할 신앙적 모습이기도 하다.

사족을 달자면, 성경은 위대한 믿음의 사람을 드러내려는 것이 아니라는 점이다. 사실 인간이란 합리적이지도 않고 이성적이지도 않다. 지독히 감성적이고 끊임없이 합리화하는 존재일 뿐이다.

오직 하나님만이 위대하시다. 그 하나님은 별 볼일 없는 사람일지라도 당신의 섭리와 경륜을 통해 차곡차곡 한 단계씩 훈련시키시며 그날을 기다리신다. 반복적으로 설득하고 또 설득하며, 지속적으로 교육시키셔서 마침내 믿음의 사람으로 만드시고야 만다.

---

152 그랜드종합주석 16, p 189-190

믿음의 선진	신앙의 특징
아벨	하나님의 방식으로 하나님의 뜻을 따라 하나님이 기뻐하는 제사를 드림 (창 4:3-5, 히 11;4)
에녹	하나님과 동행하며 하나님을 기쁘시게 함 (창 5:24, 히 11:5)
노아	하나님을 경외함으로 하나님의 말씀을 믿고 순종하는 구별됨으로 홍수 심판을 대비하여 구원의 방주를 지음 (창 7:1, 히 11:7) 세상의 죄악을, 흐름을, 대세를 따르지 않음 (창 6:5-12)
아브라함	불확실한 가운데 결단하고 순종함 (창 12:1-5, 히 11:8-9) 과거의 죄된 삶에 속한 모든 것을 버림 (창 12:1-3) 자신이 가장 아끼는 것을 바침(창 22:9-12)
사라	황당한 현실과 자신의 판단을 잠시 보류하고 미쁘신 하나님의 약속을 확신함 (창 17:19, 히 11:11) 하나님의 약속에 대한 의심을 버림 (창 18:10-15, 히 히 11:11)
이삭	하나님을 믿는 믿음으로 순종함 (창 27:26-40, 히 11:20) 세상 것에 대한 욕심을 버림 (창 26:14-27)
야곱	험악한 세월을 통해 연단받아 성장과 성숙을 이룸 (창 48:1, 5, 히 11:21)

요셉	현재에 좌절하지 않고 미래를 소망함 (창 50:24-25, 히 11:22) 육체의 정욕, 안목의 정욕과 싸움 (창 39:9-13) 자신을 해한 자들에 대한 원망, 증오를 버림 (창 50:19-29)
모세	헌신하는 믿음(출 2:11, 히 11:23-27) 세상의 부귀영화 대신 하나님을 선택 (히 11:24-26)
이스라엘백성	담대함(출 14:22, 히 11:29)
라합	모험과 도전적인 믿음, 붙잡는 믿음 (수 2:1, 히 11:31)
기드온	인간적인 나약함과 교만을 버림 (삿 6:14-17, 24, 8:23)
바락	하나님에 대한 신뢰 부족, 현실의 두려움, 하나님의 일에 대한 망설임(삿 4장) 그러므로, 하나님이 예비한 영광을 취하지 못함(삿 4:9)
삼손	세상 정욕과 교만, 헛된 자랑(삿 16:20-30) 아픔과 굴욕을 맛본 후에야 최후사역 감당(삿 16:30-31)
입다	출신 배경에 대한 불만, 동족에 대한 원망 (삿 11:7-11) 하나님 성품에 대한 곡해(인신공양, 삿 11:31)
다윗	하나님을 신뢰-대적에 대한 두려움이 사라짐 (삼상 17:45-49) 당신이 그 사람이라-즉각적으로 회개 (삼하 12:7, 아타 하이쉬) 교만의 큰 댓가(삼하 24:2-15)를 지불함 -첫 아들 죽음

이 구절은 믿음에 대한 정의이기도 하지만 믿음의 본질이 무엇이며 믿음이 어떻게 역사하는지를 설명하고 있다.

즉 믿음은 바라는 바가 실체로 드러날 것을 확신하는 것 곧 선취(先取)하는 것이다. 하나님은 미쁘사 약속한 것은 반드시 이루신다(민 23:19). 그러므로 약속을 믿는 것은 그 약속을 이미 받은 것(성취)이나 다름없다.

그렇기에 믿음으로 우리는 미래형 하나님나라에서 실상으로 이루어질 것을 지금 누리게 되며 믿음으로 지금 보지 못하는 것들을 미래형 하나님나라에서 보게 될 것을 지금 믿고 이미 선(先)취한 것이다. 그러므로 당연히 현실에서도 하나님의 뜻 가운데 믿음으로 이루어지고 믿음으로 보게도 된다.

믿음의 핵심내용(contents)은 다음의 4가지이다.

첫째, 태초부터 계신 '삼위하나님의 존재'를 믿는 것이다. '다른 하나님, 한 분 하나님'이신 삼위일체 하나님은 우리가 알지도 상상치도 못하는 '태초(아르케, 올람)'부터 계셨다. 그리고는 역사의 시작점, 태초(베레시트, 게네시스)에 천지를 창조하셨다.

둘째, '삼위하나님의 공동 창조 사역'을 믿는 것이다. 창세기 1장 1-2절에는 성부하나님께서 예수 그리스도로 말미암아 세상을 창조하시고는 성령하나님께서 운행하셨다고 말씀하셨다. 창조주 하나님, 역사의 주관자 하나님이시다.

셋째와 넷째는 예수 그리스도의 십자가 보혈을 통한 구속(초림, 새 언약의 성취)과 예수 그리스도를 통한(재림, 새 언약의 완성) 미래형 하나님나라에의 입성과 영생을 믿는 것이다. 한편 성경은 6대 언약으로 이루어져 있다. 아담 언약, 노아 언약, 아브라함 언약, 모세 언약, 다윗 언약, 그리고 예수 그리스도의 새 언약이다. 전자의 다섯 가지를 구약이라고 하며 이 모두는 예수 그리스도의 새 언약으로 귀결된다. 예수님의 초림이 새 언약의 성취이며 재림이 바로 새 언약의 완성이다.

결국 믿음은 보이지 않는(보지 못하는, 고전 2:9 고후 4:16-18, 5:7) 하나님의 약속들(미래형 하나님나라에의 입성과 영생)이 이루어질 것을 확신하는 것(요 20:29)이다. 비록 직접 눈으로 보지는 않았으나 하나님의 약속을 믿는 중에 소망하는 것이다.

"실상(實狀)"이란 헬라어는 휘포스타시스[153](ὑπόστασις, nf)인데 이는 '기초, 객관적 본체 혹은 실체, 확신(confidence), 보증(assurance)'이라는 의미이다. 히브리서 3장 14절의 "확실"이라는 의미로 '확실한 것에 대한 보증'을 가리킨다.

"증거(證據)"의 헬라어는 엘렝코스[154](ἔλεγχος, nm)이며 이는 '확신, 경고, 책망(딤후 3:16)'이다. 앞의 '실상'이라는 말을 반복 기술한 것이다. '보지 못하는 것'과 '바라는 것', '실상'과 '증거'는 다른 표현 같은 의미이다.

---

153 휘포스타시스(ὑπόστασις, nf)는 (lit: an underlying), (a) confidence, assurance, (b) a giving substance (or reality) to, or a guaranteeing, (c) substance, reality/(from 5259 /hypó, "under" and 2476 /hístēmi, "to stand") - properly, (to possess) standing under a guaranteed agreement ("title-deed"); (figuratively) "title" to a promise or property, i.e. a legitimate claim (because it literally is, "under a legal-standing") - entitling someone to what is guaranteed under the particular agreement)이다.

154 엘렝코스(ἔλεγχος, nm)는 a proof, test, possibly: a persuasion; reproof/nner conviction focuses on God confirming His inbirthing of faith ("the internal persuasion from Him," see 4102 / pístis)이다.

2 선진들이 이로써 증거를 얻었으니라

"선진들"의 헬라어는 호이 프레스뷔테로이(οἱ πρεσβύτεροι, the ancients)인데 이는 구약성경에 언급한 위대한 신앙의 선조들을 가리킨다. 장로[155](πρεσβύτερος, adj, elder)라는 의미로도 사용(마 15:2, 막 7:3, 5, 벧전 5:1, 요이 1:1)되었다.

"이로써"란 '믿음으로써'라는 의미이며 "증거를 얻었다"라는 것은 '하나님의 인정을 받았다'라는 의미이다.

3 믿음으로 모든 세계가 하나님의 말씀으로 지어진 줄을 우리가 아나니 보이는 것은 나타난 것으로 말미암아 된 것이 아니니라

기독교 신앙의 본질인 '믿음'은 눈에 보이는 것을 신앙(信仰)하는 것이 아니라 눈에 보이지 아니하는 하나님과 장차 완성될 미래형 하나님나라에서의 영생을 믿는 것이다.

즉 믿음이란, 이 세상을 말씀으로 무(無)에서 유(有)를 창조하신 창조주 하나님의 존재를 믿는 것이며 더 나아가 눈에 보이는 세계 뒤에 감추어진 보이지 않는 세계를 믿음의 눈으로 바라보는 것이다. "모든 세계"란 천지

---

155 장로(πρεσβύτερος, adj)는 elder, usually used as subst.; an elder, a member of the Sanhedrin, an elder of a Christian assembly/properly, a mature man having seasoned judgment (experience); an elder)이다.

만물을 가리킨다.

"하나님의 말씀으로 지어진 줄을 아나니"라는 것은 기존에 존재하던 물질을 사용하여 창조한 것이 아니라 '오직 말씀(Sola Scriptura)'에 의해 무(無)에서 유(有)가 창조되었음을 강조하는 것이다.

"보이는 것"은 현상계(現象界) 즉 우리가 눈으로 보고 손으로 만져 인지할 수 있는 이 세상의 모든 것을 가리키며 "나타난 것" 역시 우리가 경험할 수 있는 '현상계(現象界)의 모든 것'을 가리킨다.

그러므로 "보이는 것은 나타난 것으로 말미암아 된 것이 아니니라"는 것은 '물질은 물질로 말미암아 된 것이 아니다'라는 의미이다. 이는 일단의 과학자들이 주장하는, 천지만물이 원(原) 물질의 폭발(Big bang theory)에 의해 생성되었다고 하는, 그런 것이 아니라 삼위하나님께서 '오직 말씀'으로 무(無)에서 유(有)가 있게 하신 것이라는 의미이다. 다시 말하지만 '믿음'이란 눈에 보이는 세계 뒤에 감추어진 비가시적인 세계와 창조주의 존재를 믿는 것을 말한다.

그렇기에 우리는 비가시적인 영적 세계에 하나님이 계심을 믿는다. 동시에 그 하나님께서 천지만물을 창조하셨음을 믿는다. 그래서 우리는 현재 가시적인 세계를 통해 장차 주어질 비가시적인 세계의 존재를 바라보며 믿음으로 확신하는 것이다.

4 믿음으로 아벨은 가인보다 더 나은 제사를 하나님께 드림으로 의로운 자라 하시는 증거를 얻었으니 하나님이 그 예물에 대하여 증거하심이라 저가 죽었

"더 나은 제사"의 헬라어는 플레이오나 뒤시안($\pi\lambda\varepsilon\acute{\iota}o\nu\alpha$ $\theta\upsilon\sigma\acute{\iota}\alpha\nu$, A more excellent sacrifice)이다. 이는 '훨씬 더 가치가 있는(of higher value, 요 21:15) 제사'를 가리키는 것으로 하나님 보시기에 결함이 없는 '완전한 제사, 흠없는 제사'라는 의미이다. 그 기준은 어떤 제물로 드렸느냐가 아니라 그 제사를 드리는 사람의 마음가짐이 어떠했느냐이다. 즉 탐욕에 기초한 것(탐욕에서 거두어들인 제물)이냐 아니냐라는 것과 하나님의 방식을 따랐느냐 아니냐의 두 가지를 내포하고 있다고 나는 생각한다.

결국 아벨은 가인과는 달리(창 4:5-7) 하나님을 믿고 경외하는 마음으로 제사를 올렸던 것이다. 그래서 하나님은 아벨의 '그' 믿음의 제사를 열납하셨다. 누가복음 11장 51절에 의하면 아벨은 인류 최초의 선지자이자 첫 순교자이다.

한편[156] 유대의 역사가 요셉푸스(Titus Flavius Josephus, BC 37-100년)는 아벨의 경우, 인간의 탐욕적 노력이 가미된 땅의 소산인 곡물제사가 아니라 그냥 자연초장에서 자란 양의 첫 새끼를 바친 것이 하나님을 기쁘시게 한 것이라고 했다.

Menear는 양의 피와 기름이 구약의 속죄 제물과 같은 것(출 29:13-14)이기에 하나님께서 열납한 것이라고 했다.

나는 창세기 4장 4절의 "아벨과 그 제물"이라고 한 점으로 보아 양이냐 곡식이냐라는 제물의 종류보다는 '믿음으로 드린 아벨의 마음가짐'과 함

---

156 그랜드종합주석 16, p 193

께 '하나님의 방식으로 드렸던 아벨의 하나님을 경외하는 태도'가 하나님을 기쁘시게 했다고 해석한다.

"의로운 자라 하시는 증거를 얻었으니~증거하심이라"는 것은 '아벨이 하나님께 드린 제사는 그의 믿음을 증거하는 것'이어서 아벨의 제사를 '흠없다'라고 여겨주시며(하쏴브, 로기조마이) 열납하신 것이다. 이는 마치 창세기 15장 6절의 아브라함을 '여겨주심'과 같다. 즉 감량이 안됨에도 불구하고 그렇다고 여겨주셨다라는 것이다.

"그 예물에 대하여 증거"라고 한 것은 예물을 드림에 있어 정성과 지성도 중요하나 제사(믿음)의 동기 즉 '하나님의 은혜에 붙잡힌 믿음'이 중요하다는 것이다. 더 나아가 양을 제물로 드려 피를 흘린 것은 어린 양이신 예수 그리스도의 보혈의 피를 상징한 것이기도 하다.

"저가 죽었으나"라는 것은 아벨의 살해당한 사실(창 4:8)을 들추어 내는 것이다. "믿음으로써 말하느니라"는 것은 아벨이 죽은 직후에 땅에서 그의 피가 하나님께 호소한 사실을 가리킨다(창 4:10, Thomas Aquinas, Bleek, De Wette, Dods)고 해석하기도 하고, 아벨의 신앙적 삶이 오는 모든 세대의 성도들(교회들)에게 신앙의 본으로 기억, 증거한다는 것을 가리킨다(Crysostom, Alford, Moffatt, Bruce, Stuart, Vincent)라고 해석하기도 한다.

5 믿음으로 에녹은 죽음을 보지 않고 옮기웠으니 하나님이 저를 옮기심으로 다시 보이지 아니하니라 저는 옮기우기 전에 하나님을 기쁘시게 하는 자라 하

에녹의 이야기는 창세기 5장 21-24절에만 나온다. 그는 65세에 아들 므두셀라를 낳았다. 이후 300년간 에녹은 하나님과 동행(마소라 사본, MT, Masoretic Text)했으며 365세 되던 해에 하나님께서 하늘로 불러 가셨다.

'므두셀라'의 히브리어는 메투셀라흐(מְתוּשֶׁלַח, perhaps "man of the dart", a descendant of Seth)인데 이는 마트(מַת, nm, male, man)와 셀라흐(שֶׁלַח, nm, a missile, weapon, sprout)의 합성어이다. 셀라흐는 살라흐(שָׁלַח, v, to send, cast away)에서 파생되었다. 마트의 동사는 무트(מוּת, to die)이다. 창세기 2장 17절의 "정녕 죽으리라"의 히브리어는 모트(מוֹת, surely) 타무트(תָּמוּת, you shall die)이다. 그러므로 므두셀라를 연결하면 '이 아이가 죽으면 곧 심판이 임한다'라는 뜻이다. 성경(창 7:6)은 노아가 600세 되던 해 홍수가 일어나 심판이 주어졌다고 말하고 있다. 정확하게 므두셀라 이름의 의미대로 므두셀라가 죽던 해(969세), 그때가 노아가 600세 되던 해였는데 홍수 심판이 일어났던 것이다.

잠시 족보를 보자. 에녹은 아담의 7대손(유 1:14)이다. 노아는 아담의 10대손이다. 에녹은 65세에 므두셀라를 낳았고 므두셀라는 187세에 라멕을 낳았으며 라멕은 182세에 노아를 낳았다. 노아가 600세 되던 해는 그의 할아버지 므두셀라가 969세가 되던 해였다.

한편 에녹은 불의한 죄인(롬 3:11, 23)이었으나 그의 믿음으로 말미암아 하나님을 기쁘시게 한 자로 인정받았다. 즉 그는 하나님이 살아계시는 것과 하나님이 자기를 구원해 주실 것을 믿었던 것이다. 그리하여 육신적 죽음을 보지 않고 살아있는 그대로 승천함으로 구원을 받았던 것이다.

이 구절에서는 "옮기다"라는 말이 3번이나 나오는데 이는 그가 죽지 않았음을 강조하는 말이다. 즉 '사망에서 생명으로 옮기웠다(골 1:13, 요 5:24, 빌 1:23, 딤후 4:6, 떠나다; 아나뤼오)'라는 의미이다. "옮김"이라는 명사는 메타데시스(μετάθεσις, nf, (a) change, transformation, (b) removal)인데 이는 동사 메타티데미(μετατίθημι (a) I transfer, mid: I go over to another party, desert, (b) I change)에서 파생되었다.

에녹은 장차 예수님의 재림 시에 구원얻을 자의 예표(요 11:25-26)로서 에녹의 승천과 성도들에게 주어질 부활체로서의 승천의 유사성을 드러낸 것이다.

"하나님을 기쁘시게 하는 자"란 하나님의 뜻(델레마 데우)을 따라 행하는 자라는 의미로 유다서 1장 14절은 하나님의 마음(천국 복음)을 전하는 자를 가리킨다. 그런 에녹은 하나님과 동행했으며 그런 그의 삶 자체가 '삶으로 드리는 예배'였다.

6 믿음이 없이는 기쁘시게 못하나니 하나님께 나아가는 자는 반드시 그가 계신 것과 또한 그가 자기를 찾는 자들에게 상 주시는 이심을 믿어야 할지니라

"믿음이 없이는 기쁘시게 못하나니"라는 것은 앞의 5절에서 믿음이 있었던 에녹은 하나님을 기쁘시게 하여 산 채로 구원 받았다는 것을 드러내고 있는 것이다.

그리스도인들은 영원 전부터 살아 역사하시는 역사의 주관자 하나님의

존재와 지금도 천지만물을 주관하시며 사람의 심령까지도 감찰하시는 인격적이신 하나님(요 17:3), 그리고 자기 백성을 구원하시는 구원자 하나님을 믿는 것과 아는 일에 하나가 되어야 한다.

"상 주시는 이심을 믿어야 할지니라"는 것은 11장 26절의 "상 주심을 바라봄이라"는 의미로서 빌립보서 3장 14절에는 "위에서 부르신 부름의 상을 위하여 좇아가노라"고 말씀하기도 했다.

7 믿음으로 노아는 아직 보지 못하는 일에 경고하심을 받아 경외함으로 방주를 예비하여 그 집을 구원하였으니 이로 말미암아 세상을 정죄하고 믿음을 좇는 의의 후사가 되었느니라

노아의 "아직 보지 못하는 일"은 홍수 심판을 가리킨다.

"경외함으로"의 헬라어는 율라베오마이[157]($εὐλαβέομαι$, v)인데 이는 '조심스럽게 잡다, 존경심을 품고 신중하게 행동하다'라는 의미이다.

그런 노아는 120년(창 6:3, 홍수 후 인간의 수명 혹은 홍수 전 남은 기간) 동안이나 묵묵히 방주를 준비했다. "방주"의 헬라어는 키보토스[158]($κιβωτός$, nf)이며 히브리어는 테바(the Sept. for תֵּבָה)이다. 이는 출애굽기 2장 3절에서 모세의 생명을 구했던 '갈대상자'를 나타내는 히브리어와 동일하다. 더 나아가 '지성소안의 법궤'를 의미하기도 한다. 이들은

---

157 율라베오마이($εὐλαβέομαι$, v)는 to be cautious/(from 2126 /eulabés) – "showing pious care, reverent circumspection" (M. Vincent)이다.

158 키보토스($κιβωτός$, nf)는 (properly: a wooden box, hence) the Ark, in which Noah sailed; the Ark of the Covenant/properly, an ark, a wooden box (chest)이다.

모두 다 '예수 그리스도'를 상징하며 동시에 구원받은 성도들의 모임인 '교회공동체'를 가리킨다.

"그 집을 구원하였으니"에서의 '그 집'이란 노아의 여덟 식구를 가리킨다.

"이로 말미암아 세상을 정죄하고"에서 '세상'이란 노아 시대에 온통 악으로 물들어 있던 '악한 세상'을 지칭한다. 당시 세상은 노아의 외침을 듣지 않았다가 홍수 심판을 당하고 말았다(벧후 2:5). 노아의 방주는 결국 세상의 불신앙을 정죄한 것(Westcott)이다.

"믿음을 좇는 의의 후사"에서 '후사'의 헬라어는 클레로노모스 [159](κληρονόμος, nm)인데 이는 '상속인'이라는 의미이다. 결국 노아야말로 인류 중 공식적으로 의롭다 칭함을 받은 자(창 6:9, 겔 14:14, 20)임을 가리킨다.

8 믿음으로 아브라함은 부르심을 받았을 때에 순종하여 장래 기업으로 받을 땅에 나갈새 갈 바를 알지 못하고 나갔으며

"믿음으로(창 15:6)"라는 말 속에는 행함으로(약 2:21-22)라는 의미도 내포되어 있다. 그러므로 '믿음으로' 지체하지 않고 '순종하여' 그와 그의 후손들이 가나안 땅(창 12:6-7)을 얻게 되었던 것이다. 한편 '가나안 땅'이란 하늘의 가나안 즉 미래형 하나님나라를 가리킨다.

---

159 클레로노모스(κληρονόμος, nm)는 an heir, an inheritor/(a masculine noun derived from 2819 /kléros, "lot" and nemō, "to distribute, allot") - an heir; someone who inherits)이다.

"부르심을 받았다"라는 것은 사도행전 7장 2-3절에서 말씀하셨던 "영광의 하나님이 그에게 보여 ~내가 네게 보일 땅으로 가라"고 하신 것을 가리킨다.

"순종하다"의 헬라어는 휘파쿠오[160]($\upsilon\pi\alpha\kappa o\acute{\upsilon}\omega$, v)인데 이는 '경청하다, 아래서 듣다'라는 의미이다.

"나갈새, 나갔으며"라는 말은 그 방향이나 목적지가 가나안(실제 가나안 땅이었음)이라는 것을 드러내려는 것이라기보다는 당시 아브라함이 많이 머뭇거렸을 뿐 아니라 아브라함의 상태가 막막했다는 것을 의미한다. 한편 '가나안(Canaan)'이란 '낮은 땅'이라는 의미로 팔레스타인의 옛 이름이다. 요단강 서쪽 전 지역으로 단에서 브엘세바까지(삿 20:1, 삼상 3:20)를 말한다.

"갈 바를 알지 못하고 나갔으며"라는 말은 앞절의 "보지 못하는 일에 ~ 방주를 예비하여"라는 말과 같은 맥락으로 하나님을 믿고 신뢰하였기에 하나님의 명령에 순종함으로 나아간 것이라는 말이다. 이는 믿음의 바탕 위에 120년간 묵묵히 방주를 예비한 노아처럼 아브라함도 믿음을 붙잡고 성령님에 이끌리어(할라크, 동행) 미지의 곳으로 발걸음을 향했다는 것을 가리킨다.

9 믿음으로 저가 외방에 있는 것 같이 약속하신 땅에 우거하여 동일한 약속을

---

160 휘파쿠오($\upsilon\pi\alpha\kappa o\acute{\upsilon}\omega$, v)는 to listen, attend to/(from 5259 /hypó, "under" and 191 /akoúō, "hear") – properly, to obey what is heard (literally, "under hearing")이다.

"외방에 있는 것 같이"의 헬라어는 호스 알로트리안(ὡς ἀλλοτρίαν, as(in) a foreign country)인데, 이는 '이방에 속한 것 같이, 다른 것에 속한 것 같이'라는 의미이다. 그렇기에 아브라함은 주시마 약속하신 그 가나안 땅에서 나그네로, 이방인으로 살았던 것이다. 수백 년 후 여호수아 때에는 가나안을 정복함으로써 유업이 이루어진 것이기에 비로소 그 약속이 성취되었다(수 11:23)라고 한 것이다.

"동일한 약속"이란 아브라함(창 12:3), 이삭(창 26:3-4), 야곱(창 28:13-15)도 마찬가지로 땅을 기업으로 약속받았다는 것을 의미한다. 그러나 뒤이어 "장막에 거하였으니"라는 말이 이어지는 것으로 보아 실제적인 정착 생활은 하지 못하고 나그네로서의 삶을 살았다는 것을 가리킨다. 그렇기에 현실적으로 약속의 성취는 받지 못했음을 알 수 있다.

오늘을 살아가는 우리 또한 미래형 하나님나라를 약속 받은 자들이다. 그러나 육신의 장막을 벗는 그날까지는 이 땅에서 나그네로서의 삶을 살아야 한다. '이 땅'이란 현재형 하나님나라를 가리킨다. 그렇기에 우리는 믿음으로 이 땅에서 살아가되 동시에 믿음으로 미래형 하나님나라를 선취(先取)하고 반드시 이룰(성취할) 것을 확신하며 살아가야 한다.

10 이는 하나님의 경영하시고 지으실 터가 있는 성을 바랐음이니라

이 구절은 앞절의 아브라함이 "외방에 있는 것 같이" 즉 나그네로 살아간 이유를 설명하고 있다.

"하나님의 경영하시고 지으실 터가 있는 성"이란 하나님이 다스리실 미래형 하나님나라를 가리킨다. "바랐다"의 헬라어는 에크데코마이[161] (ἐκδέχομαι, v)이며 이는 '지속적인 천국 소망'을 가리킨다.

11 믿음으로 사라 자신도 나이 늙어 단산하였으나 잉태하는 힘을 얻었으니 이는 약속하신 이를 미쁘신 줄 앎이라

창세기 17장 17절, 18장 10-15절에 의하면 아브라함도 사라도 자식을 주겠다는 하나님의 말씀에 약간 '비틀어서' 웃음을 지었다. 당시 그들 부부의 믿음은 완벽하지 않았다. 그러나 그들의 믿음 상태와 관계없이 때가 되매 하나님의 은혜는 약속의 자식 이삭을 허락하셨다. 그리하여 하나님은 그들을 '믿음을 좇는 의의 후사들'에게 본이 되게 하셨던 것이다.

또 다른 예는 아브라함의 조카 롯에게서 볼 수 있다. 그는 현실적이고 가시적인 것을 좋아하던 욕심이 많았던 자이다. 그런 만큼 영적 안목은 희미했다. 더 나아가 자기의 욕심 앞에서는 예의도 없었다. 그러다 보니 자신을 키워주고 돌보아주었던 삼촌 아브라함을 제치고 눈에 좋게 보이는 소돔과 고모라를 냉큼 먼저 택했다.

그럼에도 불구하고 베드로후서 2장 7-8절에는 그런 롯을 가리켜 "의로운 롯, 이 의인이, 그 의로운 심령을"이라고 하셨다. 우리가 성경을 '조금

---

161   에크데코마이(ἐκδέχομαι, v)는 to take or receive, by implication to await, expect/(from 1537 /ek, "out from and to" and 1209/dexomai, "welcome") - properly, welcome from the heart, looking to the end-result of the waiting (literally, its "out-come," outcome)이다.

만 안다면' 전혀 이해가 되지 않는 상황이다. 그러나 우리가 성경을 '조금 더 안다면' 창세기 15장 6절의 말씀처럼 "여기시고(하솨브, 로기조마이)"를 드러내신 아버지 하나님의 마음을 알 수 있다. 그렇기에 어느 누구 할 것 없이 그저 하나님의 은혜에 감사할 뿐이다.

"늙어 단산하였으나"라는 말 속에는 아브라함 99세, 사라 89세에 받은 '그' 약속이 그 다음 해인 아브라함 100세, 사라 90세에 성취됨으로 놀라운 반전을 보여주는 말씀이다. 그것은 사실 인간의 이성으로는 이해불가한 사건(죽은 자와 방불한 사람으로 말미암아 잉태된 것, 11:12)이었다. 그러나 신실하신 하나님은 때가 되매 약속의 자녀인 이삭을 허락하셨던 것이다(창 17:1, 17, 21:5).

"약속하신 이를 미쁘신줄 앎이라"는 것은 베드로전서 3장 6절에서 보듯 사라가 하나님의 미쁘심(신실하심)을 신뢰하였기에 아브라함을 주(主)라 칭하며 복종하였던 것이라 생각된다.

12 이러므로 죽은 자와 방불한 한 사람으로 말미암아 하늘에 허다한 별과 또 해변의 무수한 모래와 같이 많이 생육하였느니라

"하늘에 허다한 별과 해변의 무수한 모래"라는 것은 실제로 그러했다라는 것보다 과장법적인 표현(창 13:16, 22:17, 36:4, 출 32:13, 신 1:10, 겔 32:13)이다.

BC 2,000년, 그때로부터 세월은 흘러 흘러 오늘에 이르게 되었다. 우리는 어디를 가더라도 전 세계 곳곳에 있는 예수님 안에서 한 지체된 '영적 아브라함'의 자손 된 허다한 무리를 만날 수 있게 되었다. 이를 생각해

보면 말씀 중의 '허다한 별, 무수한 모래'는 전혀 과장이 아님을 알 수 있다. 하나님의 하나님 되심을 목도하게 한다.

한편 '하늘의 별'처럼이라고 표현한 것은 택정함을 입은 영적 이스라엘을 가리키는 것이며 '바다의 모래'처럼이라는 것은 유기된 불신자를 가리키는 것으로 해석하기도 한다. 그러나 나는 계시록 7장 9절 말씀처럼 하늘의 별이나 바다의 모래라는 표현은 "아무라도 능히 셀 수 없는 큰 무리"를 가리키는 것으로 해석한다.

13 이 사람들은 다 믿음을 따라 죽었으며 약속을 받지 못하였으되 그것들을 멀리서 보고 환영하며 또 땅에서는 외국인과 나그네로라 증거하였으니

"이 사람들"이란 아브라함, 이삭, 야곱, 요셉 등 이스라엘 민족의 조상들을 가리킨다. 그들은 약속은 받았으나(히 6:15) 그 약속에 대한 성취는 보지 못하고 죽었다. 그러나 당대의 그들은 믿음을 가졌기에 선취하고 살았다. 반면에 오늘을 사는 우리는, 메시야에 대한 그들의 "믿음은 바라는 것들의 실상이요 보지 못하는 것들의 증거"를, 초림의 예수를 통해 받았고 누리며 살아가고 있다.

"멀리서 보고 환영하며 ~증거하였으니"라는 것은 요한복음 8장 56절의 말씀과 상통한다. 이는 선조들이 바라는 것들의 실상과 보지 못하는 것들의 증거를 그 당시의 시점에서도 '믿음으로' 보았다는 것을 의미한다. 즉 그들은 '종말론적 시각'을 가지고 장차 오실 그리스도 메시야를 확신하고 기쁨으로 영접했다라는 의미이다. 그렇기에 아브라함도(창 23:4) 야

곱도(창 47:9) 땅에서는 외국인과 나그네로 살았지만(고전 4:9-13, 고후 1:8-10, 벧전 4:13-14, 16) 장래의 약속을 보고 그 약속의 성취에 대해 기뻐하였다는 것을 의미한다.

14 이같이 말하는 자들은 본향 찾는 것을 나타냄이라 15 저희가 나온 바 본향을 생각하였더면 돌아갈 기회가 있었으려니와

"본향"의 헬라어[162]는 파트리스(πατρίς, nf)이다. 이는 아버지, 부모(요 5:17)라는 파테르(πατήρ, nm, (Heavenly) Father)에서 유래한 말로 '자신이 태어난 고향(요 4:44)'을 가리킨다. 이 단어는 영단어 Patriotism(애국심)의 어원이기도 하다.

아브라함의 경우 만약 고향인 갈대아 우르(창 11:28)가 진정한 본향이라고 생각했다면 이방인으로 살아야만 하는 가나안에서 다시 고향땅으로 돌아갔을 것이다. 그러나 그는 믿음으로 미래형 하나님나라인 본향을 바라보았고 그리워하였기에 현실적이고 육적인 고향 갈대아 우르로 되돌아가지 않았던 것이다.

16 저희가 이제는 더 나은 본향을 사모하니 곧 하늘에 있는 것이라 그러므로

---

162 파트리스(πατρίς, nf)는 of one's fathers, fatherland, one's native place인데 이는 아버지, 부모(요 5:17)라는 파테르(πατήρ, nm, father, (Heavenly) Father, ancestor, elder, senior/father; one who imparts life and is committed to it; a progenitor, bringing into being to pass on the potential for likeness)에서 유래되었다.

하나님이 저희 하나님이라 일컬음 받으심을 부끄러워 아니하시고 저희를 위하여 한 성을 예비하셨느니라

14-16절까지에는 "더 나은 본향"이란 말을 3번이나 강조하였는데 이는 종국적으로 '하나님의 도성 즉 미래형 하나님나라'를 강조한 말이다 (계 21:2, 마 25:34, 요 14:2-3). 차이가 있다면 14절은 일반적인 고향을, 15절은 믿음의 선진들이 육체적으로 태어난 고향을, 16절은 진정한 본향, 미래형 하나님나라를 가리킨다.

"사모하다"의 헬라어는 오레고[163](ὀρέγω, v)인데 이는 '~을 향해 뻗치다, 탐내다, 열망하다'라는 의미이다.

"저희 하나님이라 ~부끄러워 아니하시고"는 아브라함과 이삭과 야곱의 하나님(창 28:13, 출 3:6, 마 22:32)으로 불리워졌는 바 이는 그들의 믿음이 하나님의 공의를 기쁘게 했다는 것을 가리킨다.

"한 성"이란 하나님의 손으로 지으신 성, 즉 10절의 하나님의 도성, 하나님의 장막, 하나님의 처소, 미래형 하나님나라(계 21:2, 마 25:34, 요 14:2-4)를 가리킨다.

17 아브라함은 시험을 받을 때에 믿음으로 이삭을 드렸으니 저는 약속을 받은 자로되 그 독생자를 드렸느니라

---

[163] 오레고(ὀρέγω, v)는 to stretch out, to reach after, to yearn for, long for, am eager for, aspire to/**orégomai** ("a primitive verb," NAS Dictionary) - properly, stretch towards; (figuratively) strongly inclined to (pulled towards); aspire to; desire to attain (acquire), reach to)이다.

"시험하다"의 헬라어는 페이라조(πειράζω, v, I try, tempt, test)인데 여기서는 신앙의 연단을 위한 하나님의 테스트(test)를 가리킨다.

한편 아브라함의 독자 이삭을 번제물로 바치라고 한 것은 장차 속량제물이신 하나님의 독생자 예수님을 십자가에 달려 죽게하시는 것(요 3:16)을 예표한 사건이다.

창세기 22장 8절에는 "하나님이(אֱלֹהִים/엘로힘) 친히(לוֹ/로) 준비(יִרְאֶה/이레)하시리라"는 히브리어 문장이 있다. 이 문장을 구성하는 히브리어 세 단어의 첫 알파벳을 모으면 아일(אַיִל)이 된다. 이는 이삭 대신에 죽임을 당한 '숫양'을 의미하는 단어이다. 바로 그 '숫양'이 레위기 16장의 대속죄일(욤 키프루)에 대제사장과 그 가족(수송아지와 숫양), 백성들(숫염소와 숫양)을 위해 희생 제물로 바쳐진 공통된 짐승 제물 '숫양 즉 아일(אַיִל)'이다.

18 저에게 이미 말씀하시기를 네 자손이라 칭할 자는 이삭으로 말미암으리라 하셨으니

이 구절은 창세기 21장 12절의 말씀을 인용한 것이다. 하나님은 아브라함에게 창세기 12장 2절의 말씀을 통해 약속(정식 언약)하셨다. 그랬던 하나님이 아브라함에게 이삭을 바치라고 한 것은 인간의 상식으로는 도저히 이해할 수가 없는 것이었다. 그러나 하나님을 절대적으로 신뢰했던 아브라함의 편에서는 당신의 약속을 신실하게 지키실 하나님을 믿었기에 비록 이삭이 죽는다고 할지라도 또 다른 방식으로 행하실 하나님을 믿고 나아간 것이었다.

19 저가 하나님이 능히 죽은 자 가운데서 다시 살리실 줄로 생각한지라 비유컨대 죽은 자 가운데서 도로 받은 것이니라

이 구절에서 "능히"라는 말에는 '하나님의 전지전능하심'이라는 의미가 이미 내포되어 있음을 볼 수 있어야 한다.

"죽은 자 가운데서 다시 살리실 줄로 생각한지라"는 것은 인간의 상식과 논리, 이성과 과학을 초월했던 '지난날 노년의 이삭의 출생'이나 '이제 행할 일로 인해 번제물의 역할이 될 이삭의 죽음' 또한 하나님께서 인간의 상상 밖에서 풀어가실 것이라는 믿음이 있었다라는 것을 의미한다.

"죽은 자 가운데서 도로 받은 것이니라"는 것은 이삭의 경우 실제로 죽은 것은 아니었으나 죽은 목숨이나 다름없었다. 일촉즉발(一觸卽發)의 순간 하나님은 이삭을 대신하여 숫양(아일)을 번제물로 삼으셨다. 결국 아브라함에게 있어 이삭은 죽은 자 가운데서 도로 받은 것이다(Henry Alford, Dods, Ellicott).

20 믿음으로 이삭은 장차 오는 일에 대하여 야곱과 에서에게 축복하였으며

"장차 오는 일에 대하여"란 창세기 26장 1-5절의 약속의 땅 가나안과 더불어 자손의 번성(하늘의 별, 바다의 모래처럼)에 대한 축복의 약속(26:4)을 가리킨다. 두 아들, 야곱과 에서에 대한 축복의 전말은 창세기 27-28장에 잘 기록되어 있다.

21 믿음으로 야곱은 죽을 때에 요셉의 각 아들에게 축복하고 그 지팡이 머리에 의지하여 경배하였으며

이삭이 임종 시 야곱과 에서에게 축복하였듯이(27-28장) 야곱 역시 임종 시 자기의 손자인 요셉의 두 아들 에브라임과 므낫세에게 축복을 했다(창 48장, 14, 15-20)라는 것이다.

"그 지팡이"라는 말에서의 '지팡이'는 창세기 32장 10절, 48장 2절에도 동일하게 나오는 것으로 이는 '예수 그리스도'를 가리킨다. 즉 야곱은 쇠진하여 죽을 때에도 하나님을 의지하였으며 하나님께 침상 머리에서 경배(창 47:31)했다라는 말이다. "지팡이 머리"의 헬라어는 토 아크론 테스 랍두(τὸ ἄκρον τῆς ῥάβδου, the top of the staff)인데 여기서 '지팡이'의 헬라어는 랍도스(ῥάβδος, nf, a rod, staff, staff of authority, scepter)이다. 히브리어로는 마켈(מַקֵּל, nm, a rod, staff) 혹은 마테흐(מַטֶּה, 지팡이, 지파)이다.[164]

한편 "침상(הַמִּטָּה:) 머리(רֹאשׁ)(창 47:31)"에서의 침상은 미타흐(מִטָּה, nf, a couch, bed)인데 이는 동사 나타흐(נָטָה, to stretch out, spread out, extend, incline, bend)에서 파생되었다.

70인역에는 이 구절에서처럼 야곱이 "지팡이(מַטֶּה, 마테흐) 머리에 의지

---

164 엑스포지멘터리 창세기, 국제제자훈련원, 송병현, 2012. P793-795 (to lean upon, Hebrews 11:21 (after the Sept. of Genesis 47:31, where the translators read מַטֶּה, 지팡이, for מִטָּה, a bed(침상); (cf. προσκυνέω, a.)); or by shepherds), Bible Hub

하여 경배했다(히 11:21)"라고 기록된 데 반해 마소라 사본에서는 "자신의 침상(מִטָּה, 미타흐) 머리에서 경배했다(창 47:31, 48:2, 49:33)"라고 되어 있다.[165] 이 둘의 차이에 대한 고민은 그다지 의미가 없어 보인다. 중요한 것은 믿음으로 의지했던 하나님을 경배한 것이다. 침상 머리면 어떻고 지팡이 머리면 어떠한가? 믿음으로 경배하는 것이 중요한 것일 뿐.

결국 믿음이란 하나님의 약속을 선취(先取)하는 것으로서 비록 현실적으로는 바라는 것과 보지 못하는 것들이기는 하나 반드시 실상으로 증거로 나타날 것임을 믿고 예수 그리스도를 신뢰하고 의지하며 하나님께 경배함으로 나아가는 것이 중요하다.

22 믿음으로 요셉은 임종시에 이스라엘 자손들의 떠날 것을 말하고 또 자기 해골을 위하여 명하였으며

이는 창세기 50장 24-25절, 출애굽기 13장 19절, 여호수아 24장 32절의 말씀에 근거한다. 요셉은 창세기 15장 13-16절에서의 약속의 말씀이 반드시 성취될 것을 확실히 믿었다. 그렇기에 그는 자신의 후손들에게 자신의 뼈를 잘 보관했다가 그들이 출애굽할 때에 가나안으로 가지고 올라가라고 유언했던 것이다(창 50:25).

23 믿음으로 모세가 났을 때에 그 부모가 아름다운 아이임을 보고 석 달 동안

---

165   토머스 슈라이너 히브리서 주석, 복있는 사람, p528-530

이는 출애굽기 2장 2절의 말씀이다. 한편 "아름다운 아이"란 단순히 외적인 모양이나 형태만을 가리키는 것이 아니다. 하나님의 은혜와 영광을 입은 아이였다라는 것이다. 그러한 사실을 부모가 느꼈기에 죽음을 무릅쓰고서라도 살리려 했던 것이다.

"임금의 명령을 두려워 않다"라는 것은 갈라디아서 1장 10-11절의 말씀과 상통한다.

"이제 내가 사람들에게 좋게 하랴 하나님께 좋게 하랴 사람들에게 기쁨을 구하랴 내가 지금까지 사람들의 기쁨을 구하였다면 그리스도의 종이 아니니라 형제들아 내가 너희에게 알게 하노니 내가 전한 복음은 사람의 뜻을 따라 된 것이 아니니라"_갈 1˚10-11

당시 전제군주(專制君主) 시대에 있어서 왕의 힘은 절대권력이었음을 감안해 볼 때 임금의 명령을 무서워하지 않은 것은 대단한 믿음이었다(단 6:15).

24 믿음으로 모세는 장성하여 바로의 공주의 아들이라 칭함을 거절하고

"믿음으로 ~거절하고"라는 말은, 모세가 생모 요게벳(Jochebed)의 품에서 자라며 어려서부터 이스라엘인으로서의 민족 의식과 야훼신앙을 배웠을 것이라는 내용이 함의되어 있다. 그러다 보니 결정적인 순간에 이르게 되자 '믿음으로' 세상 부귀영화를 거절할 수 있었던 것이다. 그러나 논리적인 추론보다는 모세를 향한 하나님의 섭리 하 경륜으로서 당신의 구속사적 관점으로 해석함이 정당하다.

"장성하다"라는 말 속에는 육체적 성장(growth)과 아울러 영적 성숙(maturity)이라는 이중적 의미가 내포되어 있다.

25 도리어 하나님의 백성과 함께 고난 받기를 잠시 죄악의 낙을 누리는 것보다 더 좋아하고 26 그리스도를 위하여 받는 능욕을 애굽의 모든 보화보다 더 큰 재물로 여겼으니 이는 상 주심을 바라봄이라

"하나님의 백성"이란 택정함을 입은 선민인 육적(혈통적) 이스라엘과 더불어 만세 전에 하나님의 은혜로 택정함을 입은 영적인 이스라엘 둘 다를 가리킨다. 이를 로마서 2장 28-29절에는 "표면적 유대인"과 "이면적 유대인"으로 표현했다.

"고난"이란 "그리스도를 위하여 받는 능욕"으로 고난과 모욕을 가리킨다.

"잠시 죄악의 낙"이라는 말은 "애굽의 모든 보화"를 가리키는 것으로 하나님의 뜻을 좇아 살려하지 아니하고 육신의 정욕, 안목의 정욕, 이생의 자랑 등을 추구하며 살려는 모든 삶을 가리킨다.

27 믿음으로 애굽을 떠나 임금의 노함을 무서워 아니하고 곧 보이지 아니하는 자를 보는 것 같이 하여 참았으며

"애굽을 떠나"라는 것은 중의적 표현(重義的表現)이다. 40세 때 동족이

핍박받는 것을 보고 애굽 관리를 죽였다가 바로의 보복이 두려워 미디안 광야로 도망갔던 일과 10가지 재앙 후 이스라엘 백성들과 함께 애굽을 떠났던 출애굽 사건 둘 다를 의미한다. 전자냐 후자냐의 논란이 있으나 둘 다 해석이 가능하다고 생각된다. 왜냐하면 두 사건 모두 '바라는 것들을 실상으로 보며 보이지 않는 것들을 증거로 보는 믿음'으로 모든 과정을 이겨냈기 때문이다.

한편 '모세의 믿음'에서의 '믿음'은 동사(피스튜오)가 아니라 명사(피스티스)임을 기억해야 한다. 23절의 출생, 24절의 성장, 25절의 왕궁에서의 탈출, 그리고 출애굽, 홍해 도하 등등 모든 과정은 하나님의 섭리(providence) 하(下) 경륜(dispensation, administration)이었다. 그 일의 진행 바탕에는 하나님이 허락하신 '믿음(피스티스)'이 내재되어 있었던 것이다.

믿음이란 '보이지 아니하는 자(야훼 하나님)를 본 것처럼 살아가는 것'을 말한다. 하나님은 인간의 눈에는 보이지 않는 영적 존재(약 1:17)이다. 하나님은 온 우주 가운데 편만(omni-presence, 무소부재)해 계시는 천지의 주재이시다(렘 23:24). 믿음은 그런 하나님을 실상으로 보게 한다.

"참다"의 헬라어는 카르테레오[166]($\kappa\alpha\rho\tau\epsilon\rho\acute{\epsilon}\omega$, v)인데 이는 크라토스($\kappa\rho\acute{\alpha}\tau\sigma\varsigma$, nn)에서 파생되었다. '굳센 힘이나 의지로 자기를 지키다'라는 것을 가리키는데 여기에서 '인내하다'라는 의미로 발전되었다. 즉 모세는

---

166 카르테레오($\kappa\alpha\rho\tau\epsilon\rho\acute{\epsilon}\omega$, v)는 I persevere, endure, am steadfast, patient인데 이는 크라토스($\kappa\rho\acute{\alpha}\tau\sigma\varsigma$, nn, dominion, strength, power; a mighty deed/(from a root meaning "to perfect, complete," so Curtius, Thayer) - properly, dominion, exerted power)에서 파생되었다.

하나님을 믿음으로 고난과 환난 속에서도 끝까지 인내하고 이겨나갔다라는 의미이다.

28 믿음으로 유월절과 피 뿌리는 예를 정하였으니 이는 장자를 멸하는 자로 저희를 건드리지 않게 하려 한 것이며

"유월절과 피 뿌리는 예"는 앞서 9장 19-22절에서 설명하였다. 이는 출애굽기 12장에 언급된 사건이기도 하다. "장자를 멸하는 자로 저희를 건드리지 않게 하려 한 것"을 기념하여 지키는 절기가 바로 유월절(逾越節, Passover)이다.

29 믿음으로 저희가 홍해를 육지 같이 건넜으나 애굽 사람들은 이것을 시험하다가 빠져 죽었으며

이 구절에서는 "저희가(이스라엘 백성들)"와 "애굽 사람들(애굽의 군사들)"을 일부러 대조하고 있다. 전자가 하나님의 능력을 믿고 모세를 따라 건너간 자들이라면 후자는 하나님의 섭리와 경륜을 무시하고 하나님의 능력을 믿지 않으면서 홍해를 건너다가(시험하다가) 빠져 죽은 자들을 가리킨다.

30 믿음으로 칠 일 동안 여리고를 두루 다니매 성이 무너졌으며

여호수아 6장 1-20절에는 난공불락의 성(城) 여리고(Jericho)의 함락 사건을 보여준다. 하나님의 전능하심을 믿은 이스라엘 백성들은 7일 동안 여리고성을 돈다. 첫 날에서 여섯째 날까지는 한 번 돌고, 마지막 일곱째 날에는 일곱 번 돌고는 그냥 외쳤을 뿐이다. 놀랍게도 그렇게나 견고한 여리고성은 맥없이 무너졌다. 초자연적인 하나님의 능력은 믿음으로 행한 후에 일어났던 것이다.

31 믿음으로 기생 라합은 정탐꾼을 평안히 영접하였으므로 순종치 아니한 자와 함께 멸망치 아니하였도다

"믿음으로 기생 라합은"이라는 말은 '전적으로 하나님을 경외하고 하나님을 믿었다'라는 의미이다. 그렇기에 라합은 여호수아가 싯딤에서 보냈던 두 정탐꾼이 위기에 처했을 때 목숨 걸고 도와주었던 것이다. 그리하여 본인과 가족들의 목숨을 건질 수 있었다.

훗날 라합은 살몬과 결혼하여 다윗의 선조인 보아스를 낳게 된다(수 2장, 6:17, 마 1:15, 약 2:25, 룻 4:17-22).

한편 이스라엘이 여리고성을 점령할 때에 라합은 살고 있던 성벽 위의 집(수 2:15) 창문에 "붉은 줄(수 2:18, 21)"을 매달았다. 이는 출애굽 시 유월절 어린 양의 피를 집의 인방과 문설주에 바름으로 죽음의 사자가 넘어갔던 (Passover, 유월절) 그것을 연상시키기도 한다.

32 내가 무슨 말을 더 하리요 기드온, 바락, 삼손, 입다와 다윗과 사무엘과 및 선지자들의 일을 말하려면 내게 시간이 부족하리로다

"기드온(삿 6-8장), 바락(삿 4-5장), 삼손(삿 13-16장), 입다(삿 11-12장)"는 사사 시대를 대표하던 가장 뛰어난 인물들이며 "다윗(삼상 16장-삼하 24장)"은 왕 정시대를 대표하던 자이다. 한편 "사무엘(삼강 1-28장)"은 이스라엘의 선지 자를 대표하는 인물이다. "선지자들의~"이란 상기 인물들 이외에도 더 많은 믿음의 본을 보였던 사람들이 있음을 드러내고 있는 것이다.

그런데 흥미로운 사실은 성경이 믿음의 선진이라고 예를 든 사람들 가 운데 하나같이 처음부터 위대했다거나 살아가는 동안 견고한 믿음의 소 유자가 아니었다라는 사실이다. 견고한 믿음은 고사하고 그들에게서는 오히려 연약함과 죄악들이 더 뚜렷하게 드러난다. 여기에서 우리는 '믿 음(피스티스)'을 허락하신 하나님의 은혜에 다시 고개를 숙이게 된다. 모 든 것이 하나님의 은혜(Sola Gratia)이며 그저 감사일 뿐이다. 즉 '믿음' 이란 '강하다, 약하다, 많다, 적다, 크다, 작다'의 문제가 아니라 '있다, 없 다'의 문제라는 것을 또 다시 실감케 한다.

"기드온(גִּדְעוֹן)"은 '벌목하는 사람'이라는 뜻으로 그 히브리어 동사는 가 다(גָּדַע, v, to hew, hew down or off)이다. 그는 미디안을 쳐서 대승을 거둔 사사 시대의 대표적 인물 중의 하나이다. 당시 미디안인들과 연합전 선을 편 적들은 미디안 사람, 아말렉 사람, 동방 사람들이었다(삿 6:33). 그 수가 얼마나 많았던지 "메뚜기의 중다함 같고 그 약대의 무수함이 해변의 모래가 수다함 같은지라(삿 7:12)"고 기록되어 있다. 그를 본 기드온은 주저 했을 뿐 아니라 하나님께 표징(양털과 이슬, 삿 6:36-40)을 요구했다. 그리고

도 모자라 자신의 부하 '부라'를 데리고 적진으로 '부랴부랴' 내려가 적들의 꿈이야기(삿 7:9-15)를 듣고서야 겨우 싸울 수 있었다. 그런 기드온의 삶은 '믿음으로'라는 말이 무색할 정도였다. 그는 "바라는 것들의 실상이요 보지 못하는 것들의 증거"인 '믿음으로' 미디안과의 전쟁에 임하지 못했다. 더 나아가 그는 전쟁에서 승리 후 금으로 된 에봇을 만들어 온 이스라엘을 죄로 이끌기도 했다(삿 8:24-27). 그랬던 기드온조차도 하나님은 믿음의 조상으로 '여겨주셨던' 것이다.

"바락"은 하나님께서 함께 하시마 약속(삿 4:9, 14)했던 가나안왕 야빈과 그의 군대장관 시스라와의 전쟁에 싸울 용기가 없어 많이도 주저했던 인물이다(삿 4:8). 그는 장군이었음에도 불구하고 여인의 치마폭을 붙잡는 일을 감행했던 부끄러운 인물이었다. 하나님의 '여겨주심'은 그랬던 그를 승전 장군으로 만드셨고 믿음의 선진 반열에 들어가게 하셨다. 그저 하나님의 은혜(Sola Gratia)이다.

"삼손"은 '나실인(נָזִיר, nm, one consecrated, devoted, Nazirite / from נָזַר, v, to dedicate, consecrate)이라는 특별한 소명과 사명을 받았음에도 불구하고 성적인 타락과 충동적인 성향으로 공격적인 행동과 방화, 살인까지 저질렀던 인물이다(삿 13-16장). 특히 이방 여인 들릴라의 꾐에 속아 넘어가 눈알이 뽑히고 온갖 모욕과 조롱거리가 됨으로 하나님마저 이방인들의 조롱거리가 되게 했다(삿 16:23-24). 그럼에도 불구하고 하나님은 삼손과 함께 하셔서 그의 머리털을 다시 자라게(삿 16:22) 하셨다. 때가되자 하나님은 당신께 처절하게 부르짖는 삼손의 기도를 들으시고 그 원수들을 한꺼번에 모조리 물리칠 수 있게 하셨다(삿 16:28-30). 나는 이를 가리켜 '믿음으로 삼손은~'이 아니라 '여겨주심으로 삼손은~'이라고 바꾸어 읽곤 한다. 명약관화(明若觀火)이다. 그저 하나님의 은혜(Sola Gratia)이다.

'그는 연다'라는 뜻을 가진 사사 "입다(Jephthah)"는 자신을 과시하는, 허황된 말을 앞세워 되돌이킬 수 없는 실수를 저질렀던 인물이다. 그는 자신의 번지르르한 말을 하나님의 뜻(마음)보다 앞세웠고 더 높은 가치를 두고야 말았다. 자신의 말이 착오라고 판단했다면 하나님 앞에서 철저히 회개했으면 좋았을 텐데……. 그는 끝까지 하나님 앞에서 자존심 싸움을 했으며 자신의 체면만을 생각했던 인물이다. 사연인즉 암몬과의 싸움에서 승리 후 자신에게 가장 먼저 나오는 '그 사람'을 제물로 바치겠다고 공언(삿 11:30-31, 34-40)한 것이다. 그런데 자신의 외동딸이 가장 먼저 축하하러 나올 줄이야……. 그는 하나님의 속성을 왜곡했던 사람인 듯하다. 인신공양(人身供養)을 하나님이 기뻐하시는 것으로 알 정도의 수준이었으니까……. 그런 그가 '믿음으로 입다는~'이라니 도저히 이해가 안 된다. 그러나 성경은 '믿음으로 입다는~'이라고 했다. 그저 하나님의 은혜(Sola Gratia)이다.

"다윗"은 왕정시대의 대표이다. 그는 거의 전 인생을 귀하게 살았던 인물이기는 하다. 그러나 결정적인 하자(瑕疵, flaw, defect)가 있었다. 자신의 탐욕의 희생 제물로 충성스러운 신하 우리야를 죽였고, 그의 아내 밧세바를 취했던 것이다. 그런 다윗이……. 그저 하나님의 은혜(Sola Gratia)이다.

"사무엘"은 이스라엘 선지자의 대표이다. 그의 전 생애를 통하여는 허물을 발견하기가 만만치 않다. 그러나 완전한 사람이 어디 있으랴……. 안타깝게도 사무엘은 자식 교육만큼은 전혀 아니었던 듯하다. "흉보면서 닮는다"는 말이 있는데 그의 스승인 엘리 제사장의 자식 교육의 부재를 자신도 모르게 온전히 따라간 듯하다. 사무엘 선지자와 달리 그의 아들들은 전혀 정직하지 못했다(삼상 8:3). 그럼에도 불구하고 사무엘은 자기의 아들들을 사사로 세우는(삼상 8:2) 불공정한 일을 자행하기까지 했다. 그런 사무엘은 '믿음으로 사무엘은~'이라고 말할 수가 없다. 그저 하나님의 은혜(Sola Gratia)이다.

상기의 모든 믿음의 선진들을 가만히 살펴보면 하나같이 연약함과 실수, 그리고 흉과 허물들이 있음을 알 수 있다. 그럼에도 불구하고 히브리 기자는 "믿음으로"라고 말씀하고 있다. 결국 그들의 믿음은 주신 믿음, 허락하신 믿음 즉 '여겨주심'이라는 것이다.

그리고 믿음이란 앞서 언급했듯이 첫째, 자신의 죄와 허물에도 불구하고 태초[167](עוֹלָם, nm/ἀρχή, nf)부터 계신 창조주 하나님의 존재를 믿는 것, 둘째는 삼위일체 하나님께서 태초(רֵאשִׁית, nf/γένεσις, nf)에 천지를 공동으로 창조하신 것을 믿는 것, 셋째는 끝까지 예수 그리스도의 십자가를 붙드는 것, 마지막으로 예수님을 통하여 미래형 하나님나라에 들어가 영생을 누리게 됨을 믿는 것이다.

---

167 태초(עוֹלָם, nm, forever and ever, eternity, antiquity/ἀρχή, nf, beginning, origin, properly, from the beginning (temporal sense), i.e. "the initial (starting) point"; (figuratively) what comes first and therefore is chief (foremost), i.e. has the priority because ahead of the rest ("preeminent"))란 우리가 알지 못하는 영원 전을 말하며 태초(רֵאשִׁית, nf, beginning, chief/γένεσις, nf, origin, birth)란 역사의 시작점을 말한다.

믿음은 보이지 않는 비(非) 가시적(可視的)인 것을 확신하게 한다. '믿음으로' 미래의 바라는 것들을 선취함으로 현실 세계에서 실상으로 이루어지게 하고 '믿음으로' 보지 못하는 것들을 선취함으로 현실 세계에서 실상으로 보게 한다.

33 저희가 믿음으로 나라들을 이기기도 하며 의를 행하기도 하며 약속을 받기도 하며 사자들의 입을 막기도 하며

"믿음으로 이기기도 하며"라는 것은 사사기 4-5장의 가나안왕 야빈과 그의 군대장관 시스라를 이긴 바락의 승리나 300명으로 미디안을 이긴 기드온의 믿음을 두고 한 말이다. 이에 더하여 입다가 암몬 사람을 무찌른 것(삿 11-12장), 삼손의 무용담(삿 13-16장), 블레셋을 이긴 사무엘(삼상 7장), 연전 연승의 다윗왕 이야기 등을 일컫기도 한다.

"의를 행하기도 하며"라는 말에서 '의'의 헬라어는 디카이오쉬네[168](δικαιοσύνη, nf)이다. 이는 이스라엘 백성들에게 참되고 옳은 일을 가르칠 사사들과 왕들의 감독과 책임을 의미(삼하 8:15, 대상 8:14)한다.

"약속을 받기도 하며"라는 것은 특별히 전쟁에서의 승리에 대한 약속이다. 즉 앞서 믿음으로 이긴 전쟁들에 대한 약속들을 말한다.

"사자들의 입을 막기도 하며"라는 것은 '믿음으로' 위험하고 위급한 상

---

168 디카이오쉬네(δικαιοσύνη, nf)는 (usually if not always in a Jewish atmosphere), justice, justness, righteousness, righteousness of which God is the source or author, but practically: a divine righteousness/(from 1349 /díkē, "a judicial verdict") – properly, judicial approval (the verdict of approval); in the NT, the approval of God ("divine approval"))이다.

황들을 이겨나간 것을 가리킨다. '사자'와 연관된 선진들의 이야기는 아주 흥미롭다. 삼손은 맨손으로 사자를 찢어 죽였고(삿 14:6-7), 다윗은 들에서 양을 치던 목자 시절에 맹수인 사자들로부터 자신의 양떼를 지켰으며(삼상 17:34-36) 다니엘은 배고픈 사자들이 득실거리던 사자굴에서도 무사히 살아났다(단 6장, 6:19).

34 불의 세력을 멸하기도 하며 칼날을 피하기도 하며 연약한 가운데서 강하게 되기도 하며 전쟁에 용맹되어 이방 사람들의 진을 물리치기도 하며

 "불의 세력(단 3장)을 멸하기도 하며"는 느부갓네살 왕의 금신상에 절하라는 명령에도 아랑곳하지 않고 기꺼이 풀무불을 선택한 사드락, 메삭, 아벳느고의 승리를 말한다.
 "칼날(삼상 18:11, 왕상 19:1, 10, 왕하 6:12-19, 시 18:2)을 피하기도 하며 연약한 가운데서 강하게 되기도 하며 전쟁에 용맹되어 이방사람들의 진을 물리치기도 하며(삿 7:16, 삼상 17:29)"라는 것은 구약에서 이스라엘 백성들이나 개인들, 선지자들이 그들의 원수를 이겼던 수많은 이야기들을 함의하고 있다. 열왕기상 19장에는 "내일 이맘때에는 정녕 네 생명으로 저 사람들 중 한 사람의 생명같게 하리라(왕상 19:2)"며 엘리야를 위협하던 이세벨의 표독스러움에서 건지시는 하나님을 볼 수 있다. 열왕기하 6장에는 아람 왕 벤하닷이 쳐들어와 사마리아를 에워쌌을 때 이스라엘왕은 아합의 아들 여호람(왕하 3:1)이었다. 그는 수시로 엘리사를 위협(왕하 6:31-33)했으나 하나님은 엘리사를 보호하셨고 반면에 여호람은 비참한 최후(왕하 7:20)를

맞게 되었다. 서기관 바룩과 예레미야 선지자의 경우 그 성정이 포악하기로 유명했던 18대 유다왕 여호야김의 칼날에서 보호하셨다.

"연약한 가운데서 강하게 되기도 하며(삿 4장, 사 38:1-9)"라는 것은 상황과 환경 가운데 혹은 제한된 자신을 볼 때에는 한없이 연약했으나 자신을 바라보지 않고 전능하신 하나님을 의지함으로 강하게 되어 종국적으로는 승리하게 됨을 보여주셨다.

35 여자들은 자기의 죽은 자를 부활로 받기도 하며 또 어떤 이들은 더 좋은 부활을 얻고자 하여 악형을 받되 구차히 면하지 아니하였으며

"자기의 죽은 자를 부활로 받기도 하며(왕상 17:23, 왕하 4:35-37, 눅 7:11-14, 요 11:17-44)"라는 것은 사렙다 과부의 경우 엘리야를 통해 자신의 죽은 아들을 되돌려 받았고(왕상 17:17-23) 수넴 여인은 엘리사를 통해 자신의 죽은 아들을 되돌려 받은 것을 가리키는 것이다(왕하 4:18-36).

"또 어떤 이들은 더 좋은 부활을 얻고자 하여 악형을 받되 구차히 면하지 아니하였으며"라는 것은 제2마카비서를 참고[169]로 설명하고자 한다. 여기에는 하나님을 배반하지 않음으로 죽었던 엘리아살의 고문 이야기가 나온다. 또한 한 어머니와 7형제들이 채찍과 가죽끈으로 고문당한 이야기, 혀를 뽑힌 이야기, 두피가 벗김을 당하고 수족이 절단된 이야기, 요리하듯 기름으로 튀겨지는 고통을 당한 이야기 등등……. 이런 가운데에서

---

169   토머스 슈라이너 히브리서 주석, 복있는 사람, p546-547 재인용

도 그들은 끝까지 하나님에 대한 믿음을 저버리지 않았다. 그 결과 더 좋은 부활(크레이트토노스 아나스타세오스, κρείττονος ἀναστάσεως, a better resurrection)을 얻게 되었다. 그리스도를 통한 영구한 부활, 즉 영생으로의 부활을 가리킨다. 한편 엘리야와 엘리사를 통해 육적으로 살아났던 그 아들들은 다시 "누구나 한 번은 죽게 되는(히 9:27)" 육적 죽음을 맞게 된다. 하지만 그리스도인들은 '믿음으로' 영구한 부활을 얻게 된다. 우리 또한 죽은 후 미래형 하나님나라에로의 입성과 영생에로의 '더 좋은 부활(고전 15:20-22)'을 얻었음에 그저 감사할 뿐이다.

36 또 어떤 이들은 희롱과 채찍질뿐 아니라 결박과 옥에 갇히는 시험도 받았으며

"희롱, 채찍질"이란 제사장 임멜의 아들인 바스홀에게 매 맞고(렘 20:2) 조롱당한(렘 29:7-9) 선지자 예레미야를 가리켜 말한 것이다. 신약에서는 역시 매 맞고(고후 11:23-25) 미친 자로 취급을 당했던(행 26:24) 바울을 가리킨다. 그들은 "결박과 옥(렘 20:2, 37:15, 39:26, 고후 11:23)에 갇히는 시험"을 받았다.

37 돌로 치는 것과 톱으로 켜는 것과 시험과 칼에 죽는 것을 당하고 양과 염소의 가죽을 입고 유리하여 궁핍과 환난과 학대를 받았으니

"돌로 치는 것(창 4:8-아벨, 대하 24:20-22-스가랴, 눅 11:51-아벨과 스가랴, 왕상 21:13-나봇, 행 7:59-60-바울)"은 모세 율법에 의하면 간음죄(레 20:10, 신

22:22)나 우상숭배자(레 20:2, 24:14)에게 행하던 벌이었다. 그런데 도리어 의인이 신앙을 지키려다 악인에 의해 돌로 죽임을 당했으니 아이러니 (irony)가 아닐 수 없다. 전승에 의하면 예레미야도 돌에 맞아 죽었다고 한다(Tertullian).

"톱으로 켜는 것"은 성경에 명확하게 기록되어 있지는 않다. 그러나 전승에 의하면 유대의 14대왕 므낫세에 의해 이사야가 죽은 고목나무 속에 숨어있다가 톱에 켜 죽임을 당했다고 한다(Assen, Justin Martyr, Tertullian).

"칼에 죽는 것"이란 사울왕이 에돔사람 도엑을 시켜 다윗을 도왔던 아히멜렉과 제사장들의 성읍인 놉의 남녀노소를 죽인 것(삼상 22:18-19)과 이세벨에 의해 죽임을 당한 선지자들(왕상 19:10), 유다 18대왕 여호야김에 의해 죽은 우리야(렘 26:23) 등을 말한다.

"양과 염소의 가죽을 입고 유리하여 궁핍과 환난과 학대"를 감수했다는 것은 나그네처럼 뚜렷한 정착지도 없고 물질적으로도 넉넉치 못한 삶을 살았다(왕하 1:8-엘리야, 막 1:6-세례요한)는 의미이다.

38 (이런 사람은 세상이 감당치 못하도다) 저희가 광야와 산중과 암혈과 토굴에 유리하였느니라

(이런 사람은 세상이 감당치 못하도다)의 헬라어는 혼 욱크 엔 악시오스 호 코스모스(ὧν οὐκ ἦν ἄξιος ὁ κόσμος)인데 이는 '이런 사람들을 위해 세상은 살기에 가치 없는(살 만한 곳이 되지 못하는) 곳이다'라고 해

석(NIV, KJV, RSV, 공동번역)된다. 또 다른 하나는 '세상이 이런 사람을 가치 없게 보았다'라고 해석(Davidson)한다. 나는 둘 다를 받아들인다.

그러나 나는 "이런 사람들은 세상이 감당하지 못한다"라는 것을 상기의 두 가지 의미와 함께 '세상은 이런 사람들을 감당할 수 없다'라는 문자 그대로의 해석을 하나 더 덧붙이고 싶다. 상기의 세 가지로 해석하는 이유는 그들에겐 더 나은 본향, 영원한 본향이라는 소망이 있었기 때문이다.

사실 잠시 스쳐 지나가는 "외방"으로서의 이 세상은 기독교적 가치관으로 보면 그다지 대단한 곳은 아니다. 오래 전에 자주 불렀던 가스펠송의 가사가 자주 다가오곤 한다.

죄 많은 이 세상은 내 집 아니네
내 모든 보화는 저 하늘에 있네
저 천국 문을 열고 나를 부르네
나는 이 세상에 정들 수 없도다

"광야와 산중과 암혈과 토굴에 유리"하였다라는 것은 믿음의 선진들이 박해자들을 피해 정처없이 떠돌아다니며 피신한 것을 가리킨다(삼상 22:1-2, 왕상 19:9).

39 이 사람들이 다 믿음으로 말미암아 증거를 받았으나 약속을 받지 못하였으니

이 구절을 보면, 믿음의 선진들은 비록 믿음으로 하나님의 인정을 받았으나 당시 현실에서의 약속은 받지 못하였음을 알 수 있다. 그렇기에 "약속을 받지 못하였다"라는 것은 새 언약의 성취인 예수님의 초림을 보지 못했다라는 의미이다. 더 나아가 새 언약의 완성은 예수님의 재림 시에 이루어지기 때문에 약속을 받지 못하였다라고 한 것이다.

40 이는 하나님이 우리를 위하여 더 좋은 것을 예비하셨은즉 우리가 아니면 저희로 온전함을 이루지 못하게 하려 하심이니라

"더 좋은 것"이란 '소망'을 가리키는데 예수 그리스도로 말미암는 구원, 즉 미래형 하나님나라에로의 입성과 영생을 가리킨다(히 10:1).

"예비하다"의 헬라어는 프로블레포마이[170](προβλέπομαι, v)인데, 이는 '예견하다, 미리보다'라는 의미로 마지막 때 우리에게 가장 좋은 것을 주시기 위해 믿음의 선진들에게는 그에 대한 약속만 주셨다라는 의미이다.

"우리가 아니면 저희로 온전함을 이루지 못하게 하려 하심이니라"에서 '우리'는 구속 사역으로 인해 그리스도 새 언약의 성취의 기쁨을 맛본 신약 성도를 가리킨다. '저희'가 가리키는 구약 성도들은 증거는 얻었으나 약속의 성취는 얻지 못했다.

구약 성도들의 믿음과 우리의 믿음이 완전하고 온전한 믿음이 되도록 하기 위해 그리스도께서는 초림을 통해 새 언약을 성취하셨다. 이후 신구

---

170 프로블레포마이(προβλέπομαι, v)는 I provide, foresee/(from 4253 /pró, "before" and 991 /blépō, "to see") - properly, see beforehand, in advance ("foresee"), used only in Heb 11:40)이다.

약 모든 성도는 시공을 초월하여 온전한 구원을 누리게 된 것이다. 즉 예수님의 초림으로 우리의 믿음에 대한 새 언약의 성취가 없었다면, 그 초림을 바라며 믿음으로 살았던 선진들의 믿음도 온전해질 수 없다라고 해석한 유진 피터슨의 메시지 신약이 해석에 도움을 주고 있다.

즉 구약의 성도는 믿음으로 약속에 대한 선취(先取) 속에서 구원의 기쁨으로 살았다면 신약의 성도들은 믿음으로 약속에 대한 성취(成就) 속에서 구원의 기쁨으로 살아가고 있는 것이다.

괴짜의사 Dr. Araw의
쉽고 바르게 읽는 히브리서 장편(掌篇) 강의

레마이야기 12

믿음의 주요 또 온전케하시는
이인 예수를 바라보라

예수님은 믿음의 창시자로서 창조주 하나님, 역사의 주관자 하나님, 심판주 하나님이시다. 삼위일체 하나님이신 예수님은 택정된 자들에게 믿음(피스티스)을 허락하셔서 그들의 구원을 성취하셨을 뿐 아니라 장차 그 구원을 완성하실 하나님이시다. 우리는 그 예수님만을 바라보아야 한다.

"믿음의 주요 또 온전케하시는 이인 예수를 바라보자"_히 12:2

은혜 종교, 말씀 종교, 계시 종교, 특별 종교인 기독교는 예수를 믿는 종교이다. 복음을 진리로 믿는 종교이다. 기독교인은 예수님을 믿는 사람이다. 그렇기에 예수님이 누구시며 왜 예수를 믿어야 하며 예수님의 무엇을 믿느냐가 중요하다. 더 나아가 그 예수를 믿으면 어떻게 되느냐가 중요하다. 이것을 히브리서 1장에서는 기독론(Christology)을 통해 확실하게 말씀해 주셨다.

오늘날 교회를 다니고 있는 사람들 중에는 점점 더 이런 본질적인 사실을 모르고 믿는 경우가 흔해졌다. 다시 말하지만 우리 그리스도인들은 복음을 진리로 믿는 사람들이다. 그렇기에 어느 누구 할 것 없이 복음과 십자가에 목숨을 건다. "하나님의 은혜의 복음을 전하는 그 일에 생명조차 귀한 것으로 여기지 않는" 그런 사람들이다.

그렇다면 복음(福音)은 무엇인가? 복음이 무엇이기에 복된 소식, 기쁜 소식으로 다가왔다는 말인가?

결국 복음의 개념을 파악하는 것(conceptualization)은 너무 중요하다. 그래야만 복음을 쉽고 바르게 온전히 전할 수 있다. 그러나 더 중요한 것은 자기 자신이 먼저 복음의 맛을 보고 복음에 감동되어야 한다. 이처럼 복음을 알고 복음에 감동이 된 사람은 웬만한 핍박과 환난 속에서도 복음 전하는 것을 쉽게 포기하지 않는다. 복음을 부끄러워하지도 않는다. 오히려 "복음을 전하지 않으면 내게 화로라(고전 9:16)"는 말씀을 되새기며 그들이 듣든지 아니 듣든지 때를 얻든지 못 얻든지 상관없이 복음을 선포한다. 더 나아가 복음에 올인함은 물론이요 하나님의 은혜의 복음을 전하는 그 일에 생명조차 조금도 귀한 것으로 여기지 않게 된다.

오직 복음!

오직 예수!

먼저 복음을 정확하게 알려면 삼위일체 하나님에 대한 개념을 정립해야 한다. 사실 삼위일체 하나님을 한 마디로 표현하는 것도 불가능하지만 이해하는 자체도 정말 어려운 것이 사실이다. 인간의 유한(有限) 속에 무한(無限)을 담을 수 없기 때문이다. 그렇다고 하여 지금껏 그래왔듯이 두루뭉실하게 넘어갈 수는 없다. 지금까지는 모두가 다 그렇게 삼위일체 하나님에 관해, 삼위일체론을 대충대충 알아왔고 자신이 알고 있을 것이라고 착각하며 지내왔다.

알 듯 모를 듯…….

많은 경우, 관행(慣行)을 핑계 삼아 마치 언급하는 것 자체가 큰 일이라도 일어날 듯이 그렇게 입을 다물어 왔다. 그러다가 어느 날 우리는 삼위일체 하나님에 관해 아무 것도 모른다는 사실에 화들짝 놀라게 되었다. 뒤늦게 사단의 속임수에 '교묘하게' 속은 것임을 분명히 알게 된 것이다.

이에 대해 성경 교사이자 청년 사역자인 필자는 오랜 기간을 고민하다가 무식 용감하게 나섰고 삼위일체 하나님을 이렇게 한마디로 표현하며 가르쳐왔다.

"다른 하나님, 한 분 하나님."

'기능론적 종속성(functional subordination), 존재론적 동질성(essential equality).'

무한한 은혜와 넘치는 사랑으로 가득하신 성부하나님은 인간의 구속을 계획하신 하나님이시다.

신실하신 성자예수님은 아버지 하나님의 인간의 구속 계획을 십자가 보혈로 성취하기 위해 이 땅에 유일한 의인으로, 완전한 인간이자 완전한 신으로 오신, 신인양성의 하나님이시다.

진리의 영이신 성령하나님은 그 예수님만이 구원자시며 성부하나님의 유일한 기름부음 받은 자 즉 그리스도, 메시야이심을 가르쳐주시고 우리에게 믿음(피스티스)을 선물로 주셔서 우리로 믿게 하시고(피스튜오) 그런 우리를 하나님의 자녀로 인 쳐주시고, 미래형 하나님나라에 들어가게 하신 하나님이시다.

결국 복음이란 성부하나님의 무조건적 은혜로 택정하심을 입은 인간들을 구속하기 위해 때가 되매 성자하나님을 이 땅에 보내셔서 십자가 보혈로 구속 계획을 성취하게 하신 것이다.

성령하나님은 그 예수님만이 성부하나님의 유일한 기름부음 받은 자이신 그리스도 메시야이심을 가르쳐주시고 우리에게 믿음을 허락하셔서 우리로 믿게 하셨다. 동시에 그런 우리를 하나님의 자녀로 인 쳐주시고 우리 안에 들어오셔서 주인 되심으로 다스리시고 지배하셔서 우리를 미래형 하나님나라로 인도하시며 그곳에서 영생을 누리게 하신다. 이러한 기쁜 소식을 '복음(복된 소식)'이라고 한다.

복음의 핵심 요소(6 core contents)는 다음과 같다. 그러므로 우리가 복음을 전할 때 핵심 요소만큼은 꼭 전해야만 한다. 각자의 달란트에 따라 보다 쉽게 각자의 방법이나 표현으로 전하는 것은 무방하다. 그러나 달란트를 뛰어넘어 핵심 요소만큼은 꼭 전하여야 복음을 온전히 그리고 올바로 전한 것이다. 이를 가리켜 나는 '복음의 핵심 요소(6 core contents)'라고 명명했다.

복음의 핵심 요소란,

첫째, 예수님만이 그리스도 메시야이시다.

둘째, 예수님만이 구원자이시다.

셋째, 예수님만이 대속 제물, 화목 제물 되셨다.

넷째, 예수님은 신인양성의 하나님으로 이 땅에 유일한 의인으로 오신 (BC 4, 초림, 예수 그리스도 새 언약의 성취) 완전한 인간이시며 완전한 신이시다. 그 예수님은 30년간 인간으로서 순종하시고 배우시며 일체 수동적 입장을 취하신(Messianic Secret) 후 3년 반(AD 26~30년 중반) 동안의 공생애 가운데 천국 복음만을 전파하시고, 천국 복음만을 가르치시고, 병자들을 고치셨다(Messianic Sign).

이후 수치와 저주를 상징하는 십자가 보혈로 "다 이루시고(테텔레스타이, It has been finished,)" 삼일 만에 죽음 이기시고 부활하심으로 우리에게 소망을 주셨다. 그리고는 이 땅에 40일간 계시다가 500여 형제가 보는 가운데 하늘(미래형 하나님나라)로 승천하시며 다시 오시마(재림, 예수 그리스도 새 언약의 완성) 약속하신 분이시다.

다섯째, 예수님만이 길이요 진리요 생명이시다. 그 예수로 말미암지 않고는 아무도 아버지 하나님께로 갈 수가 없다. "보혈을 지나 하나님 품으로."

여섯째, 그 예수님을 나의 구주 나의 하나님으로 입으로 시인하고 마음으로 믿으면 아무 대가 없이 아무 공로 없이 은혜로 믿음으로 구원을 얻게 된다. 이후 그 예수님을 통해 미래형 하나님나라에서 영생을 누리게 된다.

할렐루야!

그렇기에 오늘도 우리는 '6 Sola'를 붙들고 살아가는 것이다.

Sola Scriptura, 오직 말씀.

Sola Fide, 오직 믿음.

Sola Gratia, 오직 은혜.

Solus Christus, 오직 예수.

Solus Spiritus, 오직 성령.

Soli Deo Gloria, 오직 하나님께만 영광.

12-1 이러므로 우리에게 구름 같이 둘러싼 허다한 증인들이 있으니 모든 무거운 것과 얽매이기 쉬운 죄를 벗어 버리고 인내로써 우리 앞에 당한 경주를 경주하며

"이러므로"는 '구약의 성도(믿음의 선진들, 구름같이 둘러싼 허다한 증인들)는 믿음으로 약속에 대한 선취(先取) 속에 구원의 기쁨으로 살아갔다면, 신약의 성도들은 믿음으로 약속에 대한 성취(成就) 속에 구원의 기쁨으로 살아가게 되었으므로'라는 의미이다.

"모든 무거운 것"의 헬라어는 옹코스(ὄγκος, nm, bulk, an encumbrance, (properly: bulk, mass, hence) a weight, burden)인데 이는 '짐, 장애'라는 의미이다. 예를 들면 수영 선수에게는 긴 머리카

락이, 육상 선수에게는 거추장스러운 옷이 짐이요 장애라는 것이다.

그리스도인들에게는 육신의 정욕, 안목의 정욕, 이생의 자랑 등의 영적 장애물이 짐이 될 수 있다. 또한 멍에로 작용하는 의문(儀文)의 율법(행 15:10)도 마찬가지로 짐이다. 이 모든 무거운 것(짐)을 벗어버려야 한다. 왜냐하면 예수 그리스도의 복음으로 인해 구약 율법의 일부 의식법, 시민법적 규정은 폐기되었다. 그 외의 것은 복음이 요구하는 각종 교훈으로 더욱 승화(히 10:9)되었다. 그렇기에 폐지된 율법의 규정에 다시 얽매이면 그것 자체가 무거운 짐이 되어버리는 것이다.

"얽매이기 쉬운 죄"의 헬라어는 텐 유페리스타톤 하마르티안(τὴν εὐπερίστατον ἁμαρτίαν)이다. 이는 '주위에 위치한 죄' 곧 우리 주변에 상존하고 있는 다양한 각종 죄악들을 가리킨다.

"벗어버리고"라는 것은, 죄라는 낡은 옷은 벗어버리고 그리스도의 의의 옷, 흰 옷, 어린 양의 피에 씻은 흰 옷, 빛의 갑옷을 입어야 한다라는 의미(엡 4:22-24, 롬 13:12, 갈 3:27, 계 7:9, 14)이다.

가만히 보면 신앙인의 삶의 여정은 위에서 부르신 부름의 상을 위해 마치 장애물을 통과하면서 앞만 보며 골인 지점인 목표를 향해 전력으로 질주하는 '경주'와 같다.

그렇기에 반드시 종착지에 도달해야만 승리한 것이 된다(고전 9:23-27, 갈 2:2, 빌 2:16, 3:2, 딤후 4:7). '경주'란 사람에 따라 단거리이기도 하고 장거리 마라톤이기도 하다.

어떤 것이든 간에 최선을 다한 완주가 중요하다. 물론 모든 것의 주도권은 내가 아니라 성령님이시며 그 달리기의 전 과정은 주인 되신 성령님께서 인도하여 가실 것이다.

"경주"의 헬라어는 아곤[171]($\dot{\alpha}\gamma\acute{\omega}\nu$, nm)이다. 이는 경쟁을 통해 일등을 해야 하는 달리기이기도 하나 여기서는 '안팎으로 펼쳐지는 내적, 외적 신앙의 싸움' 즉 '영적 싸움'을 가리킨다. 이때 필요한 3가지 원리가 있다. 첫째는 모든 무거운 것과 얽매이기 쉬운 죄를 '벗어버리는' 것이고, 둘째는 우리 앞에 당한 경주를 '인내로써' 경주하는 것이며, 셋째는 믿음의 주요 또 온전케 하시는 이인 예수만 '바라보는' 것이다. 결국 인생의 모든 짐은 던져버리고 말씀을 붙잡고 인내로써 나아가되 예수만 바라보아야 한다라는 것이다.

"인내"의 헬라어는 휘포모네[172]($\dot{\upsilon}\pi o\mu o\nu\acute{\eta}$, nf)이며 그 동사는 휘포메노($\dot{\upsilon}\pi o\mu\acute{\epsilon}\nu\omega$)인데, 이는 '끝까지 자리를 지키고 남아있는 태도'를 의미하는 것으로 로마 군대의 용어이다. 로마 군인들은 전쟁을 할 때 3열로 배열하여 싸웠다. 첫째 열이 끝까지 버티다가 무너지면 그 다음 열이, 그리고 그 다음 열이 상대의 돌격에 대해 끝까지 버티고 버티며 싸웠던 것을 가리킨다.

---

171 아곤($\dot{\alpha}\gamma\acute{\omega}\nu$, nm)은 an (athletic) contest; hence, a struggle (in the soul)/ **agón**(a masculine noun, and the root of the English words, "agony," "agonize") - properly, a contest (struggle), a grueling conflict (fight); (figuratively) positive struggle that goes with "fighting the good fight of faith" (1 Tim 6:12) - which literally states, "Struggle (75 /**agōnízomai**) the good struggle (73 /**agōn**) of the (life of) faith.")이다.

172 휘포모네($\dot{\upsilon}\pi o\mu o\nu\acute{\eta}$, nf)는 a remaining behind, a patient enduring, endurance, steadfastness, patient waiting for/ (from 5259 /**hypó**, "under" and 3306 /**ménō**, "remain, endure") - properly, remaining under, endurance; steadfastness, especially as God enables the believer to "remain (endure) under" the challenges He allots in life)이며 그 동사는 휘포메노($\dot{\upsilon}\pi o\mu\acute{\epsilon}\nu\omega$, to stay behind, to await, endure, (a) I remain behind, (b) I stand my ground, show endurance, (c) I endure, bear up against, persevere/ literally, remaining under (the load), bearing up (enduring); for the believer, this uniquely happens by God's power (cf. 1 Thes 3:5))이다.

2 믿음의 주요 또 온전케 하시는 이인 예수를 바라보자 저는 그 앞에 있는 즐거움을 위하여 십자가를 참으사 부끄러움을 개의치 아니하시더니 하나님 보좌 우편에 앉으셨느니라

"믿음의 주"에서 '주'의 헬라어는 아르케고스[173](ἀρχηγός, nm)이다. 이는 '창시자, 앞서 인도하는 자'라는 의미로 만세 전에 택정된 자들에게 때가 되매 믿음을 선물로 주셔서 구원을 허락하셨고 자기 백성을 끝까지 버리지 않고 인도하시는 분이라는 의미이다.

"온전케 하시는 이"의 헬라어는 텔레이오테스[174](τελειωτής, nm)인데 이는 '불완전한 인간을 완전케하시는 분'이라는 의미이다.

'바라보다'의 헬라어는 아포라오[175](ἀφοράω, v)인데, 이는 '시선을 집중하다, 깊이 생각하다'라는 의미로서 "그 앞에 있는 즐거움"이란 십자가 구속 사역의 성취를 가리킨다.

"하나님 보좌 우편에 앉다"라는 것은 '승리주 하나님이 되셨다'라는 의

---

173 아르케고스(ἀρχηγός, nm)는 originator, author, founder, prince, leader/(from 746 /arxⓔ, "the first" and 71 /ágō, "to lead") - properly, the first in a long procession; a file-leader who pioneers the way for many others to follow. 747 (arxēgós) does not strictly mean "author," but rather "a person who is originator or founder of a movement and continues as the leader - i.e. 'pioneer leader, founding leader'"(L & N, 1, 36.6)이다.

174 텔레이오테스 (τελειωτής, nm)는 a perfecter, completer, finisher/properly, a consummator, bringing a process to its finish (used only in Heb 12:2)이다.

175 아포라오(ἀφοράω, v)는 I look away from (something else) to, see distinctly/(from 575 / apó, "away from" and 3708 /horáō, "see") - properly, "looking away from all else, to fix one's gaze upon" (Abbott-Smith)이다.

미이다. 단순히 하나님 보좌 좌편이나 앞뒤로 앉으면 안 된다라는 그런 문제가 아니다. 이는 역사적 배경이나 문화적 배경을 살펴보면 그 의미를 쉽게 이해할 수 있다(히 1:3 참조).

3 너희가 피곤하여 낙심치 않기 위하여 죄인들의 이같이 자기에게 거역한 일을 참으신 자를 생각하라

"피곤하다"의 헬라어는 캄노[176](κάμνω, v)인데 이는 '약하게 되다, 병들다'라는 의미이다. "낙심하다"의 헬라어는 에크뤼오[177](ἐκλύω, v)인데 이는 "피곤하여 지치다, 피곤하여 느슨해지다'라는 의미로 이 구절은 '좌절하거나 주저앉지 말라'는 격려이다.

"죄인들의 이같이 자기에게 거역한 일"이란 때리고 희롱하고 눈을 가리고 능욕하고 침뱉으며 뺨을 치며 조롱하고 심지어는 수치와 저주의 십자가에 못 박은 것을 가리킨다. 예수님은 이 모든 일들에 아무런 말씀도 하지 않으시고 처음부터 끝까지 묵묵히 감내하셨다.

이는 우리가 한 번 인생을 살아가며 겪게 될지도 모를 돌발상황과 사단의 공격들에 대한 예수쟁이로서의 마땅한 태도이기도 하다(벧전 2:21-24).

---

176 캄노(κάμνω, v)는 to be weary/properly, become weary (this was a common meaning for this term from 900 bc on, J. Thayer); weary to the point of sickness; "spent," ready to collapse (especially from over-work)이다.

177 에크뤼오(ἐκλύω, v)는 I loose, release, unloose (as a bow-string), relax, enfeeble; pass: I am faint, grow weary/(from 1537 /ek, "out from and to" and 3089 /lýō, "loose, let go") - properly, let completely out as to (entirely) succumb, i.e. with the outcome of losing inner strength; hence, to become weary (exhausted), to the point of fainting)이다.

물론 그런 상황과 공격들에 대해 비굴하게 수용하거나 수동적이 되라는 의미는 아니다.

"생각하다"의 헬라어는 아날로기조마이[178]($\dot{\alpha}\nu\alpha\lambda\text{o}\gamma\text{\'i}\zeta\text{o}\mu\alpha\text{i}$, v)인데, 이는 '~에 대하여 숙고하다'라는 의미로 '회의나 머뭇거림, 주저함 없이 생각한 바를 그대로 실행하라'는 것을 가리킨다.

4 너희가 죄와 싸우되 아직 피흘리기까지는 대항치 아니하고

이 구절을 묵상하면 베드로전서 5장 8-9절이 연상된다.

"근신하라 깨어라 너희 대적 마귀가 우는 사자같이 두루 다니며 삼킬 자를 찾나니 너희는 믿음을 굳게 하여 저를 대적하라 이는 세상에 있는 너희 형제들도 동일한 고난을 당하는 줄을 앎이니라"_벧전 5:8-9

히브리서 12장 1-3절에서는 신앙 여정을 '경주'에 비유했으나 여기서는 '격투'에 비유했다. 당시 로마 원형경기장에서 검투사들은 목숨 걸고 피 흘리기까지 싸웠는데 그 격투의 처절함을 한 번 인생의 신앙생활 곧 영적 싸움에 빗대어 말씀하신 것이다. 오늘날의 사각 링 안에서 벌어지는 피 튀기는 싸움(Boxing, UFC, MMF등)처럼 최선을 다하되 죽기 살기로 싸워야 하는 것을 가리킨다.

178　아날로기조마이($\dot{\alpha}\nu\alpha\lambda\text{o}\gamma\text{\'i}\zeta\text{o}\mu\alpha\text{i}$, v)는 I think upon, consider attentively/(from 303 /aná, "up, completing a process" intensifying 3049 /logízomai, "reckon, reason") – properly, reason up to a conclusion by moving through the needed thought-process (analysis); to "add things up," reckoning from "premise to conclusion" – especially by repeated (nuanced) reflection that advance up the "levels of truth.")이다.

5 또 아들들에게 권하는 것 같이 너희에게 권면하신 말씀을 잊었도다 일렀으되 내 아들아 주의 징계하심을 경히 여기지 말며 그에게 꾸지람을 받을 때에 낙심하지 말라

이 구절은 잠언 3장 11-12절의 말씀을 인용한 것이다.

"내 아들아 여호와의 징계를 경히 여기지 말라 그 꾸지람을 싫어하지 말라 대저 여호와께서 그 사랑하시는 자를 징계하시기를 마치 아비가 그 기뻐하는 아들을 징계함같이 하시느니라"_잠 3:11-12

"권면하다"의 헬라어는 디알레고마이[179]($\delta\iota\alpha\lambda\acute{\epsilon}\gamma o\mu\alpha\iota$, v)인데 이는 '대화하다'라는 의미이다. 부모가 아이와 대화하듯 권면하는 것을 가리킨다. "잊었도다"의 헬라어는 에클란다노마이[180]($\grave{\epsilon}\kappa\lambda\alpha\nu\theta\acute{\alpha}\nu o\mu\alpha\iota$, v)인데 이는 명심하지 않고 자주 잊어버리는 것에 대해 나지막하게 '잊지 말라'고 타이르는 것이다.

"징계"의 헬라어는 파이데이아[181]($\pi\alpha\iota\delta\epsilon\acute{\iota}\alpha$, nf)이며 동사는 파이듀오

---

179 디알레고마이($\delta\iota\alpha\lambda\acute{\epsilon}\gamma o\mu\alpha\iota$, v)는 to discuss, to address, to preach/(from 1223 /diá, "through, from one side across to the other," which intensifies 3004 /légō, "speaking to a conclusion") - properly, "getting a conclusion across" by exchanging thoughts (logic) - "mingling thought with thought, to ponder (revolve in the mind)" (J. Thayer)이다.

180 에클란다노마이($\grave{\epsilon}\kappa\lambda\alpha\nu\theta\acute{\alpha}\nu o\mu\alpha\iota$, v)는 to forget utterly, I forget entirely, make to forget/ (from 1537 /ek, "out from and to" and 2990 /lanthánō, "forget") - properly, completely forget, removed out from memory (consideration) and to the sin of willful neglect, i.e. with the outcome of being wholly (totally) absent from one's mind. This personal neglect (rejection) means to willfully dismiss (used only in Heb 12:5)이다.

181 파이데이아($\pi\alpha\iota\delta\epsilon\acute{\iota}\alpha$, nf)는 the rearing of a child, training, discipline; training and education of children, hence: instruction; chastisement, correction/(from 3811 /paideúō, see there) - properly, instruction that trains someone to reach full development (maturity))이며 동사 파이듀

(παιδεύω)이다. 이는 파이스(παῖς, nf, nm)에서 파생되었다. 즉 징계는 '회복을 전제한 체벌'을 가리키는 것으로 부모가 아이를 양육(son-making)하는 하나의 방편이다. 그러므로 단순히 '체벌'이라는 헬라어 에피튀미아(고후 2:6, ἐπιτιμία, nf) 혹은 에크디케시스(히 10:30, ἐκδίκησις, nf)와는 전혀 다르다.

"경히 여기지 말며"에서 '경히 여기다'의 헬라어는 올리고레오[182](ὀλιγωρέω, v)인데 이는 '가볍게 취급하다'라는 의미이다. 한편 이 구절에서의 올리고레이(ὀλιγώρει, V-PMA-2S)는 현재 능동태 명령형으로 '계속하여 가볍게 취급하다'라는 의미이다. 결국 '언제나, 늘, 반복하여' 소홀하게 대하면 안 된다는 것을 가리키며 그런 행위는 불경(不敬)과 교만의 발로(發露, expression, manifestation)라는 것이다.

"꾸지람을 받을 때에 낙심하지 말라"는 것은 그렇게 하시는 아버지 하나님의 마음을 알라는 것이다. 즉 그 꾸지람은 단순한 질책이나 미움이 아니라 바른 길을 가길 원하시는 '사랑의 마음'이다.

오(παιδεύω, (a) I discipline, educate, train, (b) more severely: I chastise/ (from 3816 /país, "a child under development with strict training") - properly, to train up a child (3816 /país), so they mature and realize their full potential (development). This requires necessary discipline (training), which includes administering chastisement (punishment))에서 파생되었다. 이 또한 파이스(παῖς, nf, nm, (a) a male child, boy, (b) a male slave, servant; thus: a servant of God, especially as a title of the Messiah, (c) a female child, girl)에서 파생되었다. 한편 '체벌'이라는 헬리어는 에피튀미아(고후 2:6, ἐπιτιμία, nf, punishment, penalty/(from 2008 /epitimáō, "to turn a situation in the right direction") - the fitting (appropriate) response necessary to turn someone in the right direction (used only in 2 Cor 2:6) 혹은 에크디케시스(히 10:30, ἐκδίκησις, nf, (a) a defense, avenging, vindication, vengeance, (b) full (complete) punishment)라고 한다.

182 올리고레오(ὀλιγωρέω, v)는 I despise, hold in low esteem, make light of, to esteem lightly/ (from 3641 /olígos, "little in number" and ōra, "concern, care") - properly, caring too little ("in too few places"); to esteem lightly, neglect (LS)이다.

6 주께서 그 사랑하시는 자를 징계하시고 그의 받으시는 이들마다 채찍질하심이니라 하였으니 7 너희가 참음은 징계를 받기 위함이라 하나님이 아들과 같이 너희를 대우하시나니 어찌 아비가 징계하지 않는 아들이 있으리요 8 징계는 다 받는 것이거늘 너희에게 없으면 사생자요 참 아들이 아니니라 9 또 우리 육체의 아버지가 우리를 징계하여도 공경하였거늘 하물며 모든 영의 아버지께 더욱 복종하여 살려 하지 않겠느냐 10 저희는 잠시 자기의 뜻대로 우리를 징계하였거니와 오직 하나님은 우리의 유익을 위하여 그의 거룩하심에 참예케 하시느니라 11 무릇 징계가 당시에는 즐거워 보이지 않고 슬퍼 보이나 후에 그로 말미암아 연달한 자에게는 의의 평강한 열매를 맺나니

자식을 사랑하는 부모라면 그 자식이 '바르게' '잘' 되도록 징계할 수밖에 없음을 우리는 익히 알고 있다. 그러므로 징계를 멸시하거나 징계로 인해 낙심하지 말라는 것이다.

우리는 하나님의 자녀이며 상속자이다(롬 8:15, 17). 길어야 70, 건강해도 80인 한 번 인생을 살아가는 인간에게 있어서 육체만으로도 부자(父子) 관계는 천륜(天倫)의 문제로서 중요하다. 하물며 영원을 살아가는 하나님과 그의 영적인 자녀들의 관계는 말해 무엇하랴. 그 하나님은 우리 영혼을 창조하셨고 우리의 삶을 세미하게 주관하시는(겔 18:4) 분이시다. 그 하나님은 우리의 죄를 사해주신 후 칭의(의롭다 칭함)를 통해 성화의 과정으로 인도하시며 그 과정 과정마다 연단하고 징계하며 채찍질하신다. 그리하여 종국적으로는 그리스도의 장성한 분량이 충만하기까지 인도하시는 분이시다.

10절의 "저희"는 9절의 "육체의 아버지"를 가리킨다.

12 그러므로 피곤한 손과 연약한 무릎을 일으켜 세우고 **13** 너희 발을 위하여 곧은 길을 만들어 저는 다리로 하여금 어그러지지 않고 고침을 받게 하라

이사야 35장 3절과 잠언 4장 14-15, 26절의 인용 말씀이다.

"너희는 약한 손을 강하게 하여주며 떨리는 무릎을 굳게 하여주며"_사 35:3

"사특한 자의 첩경에 들어가지 말며 악인의 길로 다니지 말찌어다 그 길을 피하고 지나가지 말며 돌이켜 떠나갈찌어다"_잠 4:14-15

"네 발의 행할 첩경을 평탄케 하며 네 모든 길을 든든히 하라"_잠 4:26

"피곤하다"의 헬라어는 파리에미(παρίημι, v, (a) I let pass, neglect, omit, disregard, (b) I slacken, loosen; pass: I am wearied)인데 이는 '지나가게 하다, 완화시키다'라는 의미이다. 이 구절에서는 파레이메나스(παρειμένας, V-RPM/P-AFP)로 사용되었는데 이는 완료 수동 분사로서 '지나감을 당했다, 완화되었다'라는 의미이다.

한편 "연약하다"의 헬라어는 파라뤼오[183](παραλύω, v)인데 이는 '옆에서 풀다, 해결하다, 마비시키다(눅 5:18, 24)'라는 것으로 '이미 마비된 무릎'이라는 의미가 강하다.

---

183 파라뤼오(παραλύω, v)는 to loose from the side, I relax, enfeeble, weaken/From para and luo; to loosen beside, i.e. Relax (perfect passive participle, paralyzed or enfeebled) -- feeble, sick of the (taken with) palsy)이다.

"일으켜 세우고"라는 말에서는 이사야 40장 31절 말씀의 "달려가도 곤비치 않겠고 걸어가도 피곤치 않게" 되는 모습이 연상된다.

"곧은 길"이란 헬라어로 트로키아스 오르다스(τροχιὰς; paths, ὀρθὰς; straight)인데 이는 의로움과 거룩함의 '길이요 진리요 생명'이신 예수 그리스도를 가리킨다. 한편 '곧은 길'의 반대말은 잠언 2장 15절의 '구부러지고 패역한 길'이다.

"어그러지다"의 헬라어는 에크트레포[184](ἐκτρέπω, v)인데 이는 '저버리는 것이나 배도'라는 의미를 품고 있다. 한편 "저는 다리"라는 말에서는 얍복강 가에서 환도뼈(Hip joint)를 맞은(dislocation) 야곱이 연상된다. 당시 야곱을 절게 한 것은 그를 사랑하신 하나님의 징계였다. 이는 야곱을 향한 하나님의 선포로서 '너는 죽었다. 이제는 내 안에서만 살아라'라는 의미이다. 곧 구약의 할례(창 17:10, מוּל)요 신약의 세례(βαπτίζω)를 가리킨다. 더 나아가 여생을 살아가며 이동 시 절룩거리며 아플 때마다 하나님만을 생각하고 붙들라는 것이었다. 그것은 야곱을 향하신 특별 훈련이요 지극한 관심이었다.

우리는 연약하여 '때마다 시마다' 자주 넘어지고 쓰러진다. 그때마다 아버지 하나님은 고육지책(苦肉之策)인 '특별훈련'이라는 '징계'를 통해 곁길로 빠지지 않도록 간섭하신다. 그렇기에 우리는 오직 말씀, 오직 예수, 오직 복음만 붙들고 바른 길로 가기 위해 매 순간 주인 되신 성령님의 인도(통치, 질서, 지배, 주권)하심을 받아야 한다.

---

184 에크트레포(ἐκτρέπω,)는, (lit: I turn out from); mid. and pass: I turn aside (from the right road), wander, forsake, and with an object: I remove from myself, shun, avoid)이다.

14 모든 사람으로 더불어 화평함과 거룩함을 좇으라 이것이 없이는 아무도 주를 보지 못하리라

　성도가 지녀야할 덕목은 믿음(동사인 피스튜오)의 인내와 모든 이들과의 화평함, 그리고 예수를 닮은 거룩함이다. 여기서 "모든 사람"의 범위는 그리스도인들과 불신자들까지도 다 포함(롬 12:18)하나 가치와 우선순위는 반드시 전제되어야 한다. 왜냐하면 화평함이라는 명분 때문에 세상이나 죄와 타협하면서까지 거룩함을 버릴 수는 없기 때문이다.

　그렇기에 엄밀히 말하면 이 구절에서의 '모든 사람'이란 불신자를 제외한 신앙 수준이 천차만별(千差萬別)인 '모든 그리스도인들'을 가리킨다.

　"이것이 없이는 아무도 주를 보지 못하리라"는 것에서 '이것'은 화평함과 거룩함을, '주'는 재림의 예수님을 가리킨다. 장차 예수께서 재림하시면 거룩하지 않은 사람은 주를 맞이할 수가 없다(시 24:3-4, 마 5:8). 레위기 11장 46절에는 '하나님은 거룩하시기에 우리도 거룩해야 한다'라고 말씀하셨다. 로마서 5장 8절을 통해 우리는 예수의 보혈로 거룩하게 되었음을 알고 있다. 결국 거룩함을 입은 우리는 그날에 재림의 예수님을 맞이하게 될 것을 말씀하고 있는 것이다.

15 너희는 돌아보아 하나님 은혜에 이르지 못하는 자가 있는가 두려워하고 또 쓴 뿌리가 나서 괴롭게 하고 많은 사람이 이로 말미암아 더러움을 입을까 두려

워하고

"돌아보다"의 헬라어는 에피스코페오[185](ἐπισκοπέω, v)인데 이는 '주의깊게 응시하다'라는 의미이며 "하나님의 은혜"란 예수 그리스도로 말미암은 구원의 은혜를 가리킨다.

"쓴 뿌리"라는 것은 '뿌리가 쓰다'라는 것이 아니라 '쓴 열매를 맺는 뿌리'라는 의미로서 그 헬라어는 리히자 피크리아스(ῥίζα πικρίας, root of bitterness)이다. 이는 '독초'를 가리킨다. 즉 '여호와를 버리고 다른 신을 섬기는 교회 내의 가짜 신도'를 상징하고 있다.

"괴롭게 하다"의 헬라어는 에노클레오[186](νοχλέω)이며 이는 '사악하고 뻔뻔하여 여러 사람을 불안하게 만들다(신 29:17-19)'라는 의미이다.

16 음행하는 자와 혹 한 그릇 식물을 위하여 장자의 명분을 판 에서와 같이 망령된 자가 있을까 두려워하라

이 구절에서는 "음행하는 자"들과 "한 그릇 식물을 위하여 장자의 명분을 판 에서"를 가리켜 망령된 자라고 말씀하고 있다. 우리 또한 그런 부류에 들어가지 않도록 삼가 두려워해야 할 것이다. 한편 성경은 음행을

---

185 에피스코페오(ἐπισκοπέω, v)는 to look upon, to care for, I exercise oversight/(from 1909 /epí, "on, fitting," intensifying 4648 /skopéō, "look intently") - properly, focus on, look at with real (caring) interest. The prefix (epi) implies "looking with fitting, apt concern," a looking on that requires what that naturally leads to.)이다.

186 에노클레오(νοχλέω)는 to crowd in, to annoy, I disturb, cause tumult, trouble/(from 1722 / en, "in," which intensifies 3791 /oxléō, "to mob") - properly, in (amongst) a tumultuous crowd (mob); (figuratively) to vex someone, as with the force of a raging mob (a mighty momentum) to carry someone along)이다.

문자적인 음행으로 보기도 하나 우상숭배라고 **표현**(겔 23:29, 48, 호 2:2, 나 3:4, 계 18:3, 19:2)하기도 했다.

"망령된 자"란 하나님의 은혜라는 영적인 것보다 육적, 물질적, 가시적, 현실적인 것에 더 우선순위와 가치를 두는 사람을 가리킨다. 이런 '망령된'에 해당하는 헬라어가 베벨로스[187](βέβηλος, adj)이다.

결국 14, 15, 16절을 통한 아버지하나님의 권면(히 12:5)은 '더불어 함께 하라'는 것이며 '쓴 열매를 맺는 뿌리를 제거'하고 '망령된 자를 멀리하라'는 것이다.

17 너희의 아는 바와 같이 저가 그 후에 축복을 기업으로 받으려고 눈물을 흘리며 구하되 버린 바가 되어 회개할 기회를 얻지 못하였느니라

이는 수사적 용법으로 반어적인 표현이다. 에서가 장자의 축복을 한 그릇 팥죽으로 대신(거룩한 일에 대한 그의 무관심한 태도)한 후 나중에는 후회하였으나 회복하지 못하였던 것을 교훈으로 말씀하고 있는 것이다. 당시 기독교로 개종한 유대인들 중 환난과 핍박을 견디다 못해 다시 유대교로 돌아가려 하는, 흔들리는 무리들이 있었는데 그들을 향한 교훈이다.

---

187 베벨로스(βέβηλος, adj)는 permitted to be trodden, by implication unhallowed/(an adjective, derived from bainō, "go" and bēlos, "a threshold to enter a building") – properly, improper, unauthorized entry – literally, "crossing a threshold" which profanes because of improper entrance)이다.

18 너희의 이른 곳은 만질 만한 불붙는 산과 흑운과 흑암과 폭풍과

18-21절까지는 하나님께서 시내산 율법 언약을 체결하시기 위해 시내산 꼭대기에 강림하신 사건을 기술하고 있다(출 19:16-25).

18절과 22절의 "너희의 이른 곳, 너희가 이른 곳"이라는 문장은 19절의 "아니라"와 연결하여 해석해야 한다. 여기서 '너희'는 예수님 초림 이후의 신약시대의 성도들을, '아니라'는 것은 구약 성도들처럼 시내산에서 율법 언약을 체결한 것이 아니라 시온산에서 예수 그리스도의 새 언약을 체결(히 12:22-27)했다는 것을 가리킨다.

"만질 만한 불붙는 산"이란 시내산(Sinai Mount)을 가리키는데 당시 여호와하나님은 자욱한 연기와 불 가운데 강림하셨다(출 19:18). 한편 '불'은 하나님의 영광을 상징하기도 하며 죄와 불의에 대한 맹렬한 심판을 상징하기도 한다.

"흑운과 흑암과 폭풍과"라는 것은 하나님의 위엄과 영광을 상징한다. 출애굽기 19장 16절에는 "제 삼일 아침에 우뢰와 번개와 빽빽한 구름이 산 위에 있고"라고 되어있다.

19 나팔소리와 말하는 소리가 아니라 그 소리를 듣는 자들은 더 말씀하지 아니하시기를 구하였으니

우뢰와 번개와 빽빽한 구름이 산 위에 있는 가운데 큰 "나팔소리"가 들렸다. 이는 하나님이 시내산 꼭대기에 강림하심을 알리는 신호(출 19:16)였다. 한편 하나님이 음성으로 대답하셨던 "말하는 소리"는 하나님이 모세

를 부르시는 소리(출 19:19-20)이다.

"그 소리를 듣는 자들은 더 말씀하지 아니하시기를 구하였으니"라고 한 이유는, 출애굽기 20장 18-19절에서 백성들은 우뢰와 번개와 나팔소리와 산의 연기를 보며 죽을까 염려되어 하나님이 우리에게 직접 말씀하시지 말고 중보자 모세를 통해 말씀하시면 듣겠다라고 한 것을 가리킨다. 결국 그들은 두려움과 공포를 빙자하여 하나님의 말씀 듣는 것을 거절한 것이다. 다시 말하면 하나님의 말씀을 거역했던 것이다.

19절의 전반부(나팔소리와 말하는 소리가 아니라~)는 22절로 곧장 연결하면 이해하기가 쉽다.

20 이는 짐승이라도 산에 이르거든 돌로 침을 당하리라 하신 명을 저희가 견디지 못함이라

출애굽기 19장 12-13절은 "그 지경이나 산을 범하는 자는 정녕 죽임을 당할 것이라"고 하셨다. 구체적으로는 "짐승이나 사람"을 막론하고 "돌에 맞아 죽임을 당하거나 살에 쐬어 죽임을 당할 것"이라고 하셨다.

당연히 거룩하신 하나님의 존전에서는 그 어떤 피조물도 죄로 인해 목숨을 부지할 수가 없는 것이다(출 19:12-13, 21, 24).

21 그 보이는 바가 이렇듯이 무섭기로 모세도 이르되 내가 심히 두렵고 떨린다 하였으나

모세는 하나님과 직접 대면하여 얘기(출 33:11)까지 하였으나 그럼에도 불구하고 불완전한 인간이자 죄인이었기에 거룩하신 하나님의 존전(尊前)에서는 심히 두렵고 떨릴 수밖에(신 9:19, 행 7:32) 없었다 라는 것이다.

22 그러나 너희가 이른 곳은 시온 산과 살아계신 하나님의 도성인 하늘의 예루살렘과 천만 천사와

"너희가 이른 곳"이란 24절의 "새 언약의 중보이신 예수와 ~뿌린 피니라"와 연결된다. 즉 성도들은 육신적으로는 '아직(not yet)'이나 영적으로는 '이미(already)'라는 의미이다.

"시온 산"이란 원래는 예루살렘 남동쪽 구릉을 의미하나 예루살렘 전체를 가리키기도 한다(삼하 5:7). 18절의 시내산과 대조되는 하늘의 시온산으로서 하나님이 거하시는 처소(시 2:6, 3:4, 15:1, 48:1, 50:2, 78:68, 사 18:7, 욜 2:32, 암 1:2)를 의미하는데 계시록의 거룩한 성 새 예루살렘인 미래형 하나님나라를 가리킨다(계 21-22장). 이는 다시 "살아계신 하나님의 도성인 하늘의 예루살렘"이라고 했는 바 11장 10, 16절에서 언급한 미래형 하나님나라, 영구한 도성, 더 나은 본향 즉 영원 자존하시는 하나님에 의해 영원토록 존속할 도성을 가리킨다.

"천만 천사"란 수많은 천사를 가리킨다(시 68:17, 단 7:10). 예수님도 각 사람을 지키는 각각의 천사를 말씀하셨다(마 18:10). 천사는 하나님의 피조물이자 영적인 존재로 히브리서 1장 14절은 "구원얻을 후사들을 위하여 섬기라고 보낸 영"이라고 하셨다. 한편 "천만"의 헬라어는 뮈리아스

^{188}(μυριάς, nf)이며 이는 뮈리오이(고전 4:15, μυρίοι, adj)에서 파생되었다.

23 하늘에 기록한 장자들의 총회와 교회와 만민의 심판자이신 하나님과 및 온전케 된 의인의 영들과

"하늘에 기록한 장자들의 총회"와 "교회"는 동일한 말로서 공동번역은 "하늘에 등록된 장자들의 교회"라고 되어 있다. 성도들의 총체인 총회가 바로 교회공동체이다. "온전케 된 의인의 영들" 또한 예수 그리스도의 초림 이전의 구약 성도들이나 초림 이후의 신약 성도 모두를 가리키는 것으로서 "하늘에 기록한 장자들의 총회", "교회", "온전케 된 의인의 영들"은 모두 같은 의미의 반복이다.

"하늘에 기록한"이란 하나님의 생명책에 기록된 것을 가리킨다(계 3:5, 13:8, 17:8, 21:27). "장자들"이란 하나님나라를 기업으로 약속 받은 모든 성도들을 가리킨다. 예수 그리스도는 하나님의 독생자로서 장자(長子)이다. 우리는 그 예수 그리스도 안에서 상속자 즉 장자가 되었다(롬 8:17). 한편 "만민의 심판자이신 하나님"이란 창조주하나님, 역사의 주관자 하나님, 심판주 하나님을 가리킨다.

---

188 뮈리아스(μυριάς, nf)는 a myriad, group of ten thousand, a ten thousand/(from 3463 / mýrioi, "myriad") - an indefinitely large number, but strictly means "10,000"; (figuratively) a number too large to count (reckon))이며 이는 뮈리오이(고전 4:15, μυρίοι, adj, countless, pl. ten thousand; also used for a very large number, innumerable)에서 파생되었다.

24 새 언약의 중보이신 예수와 및 아벨의 피보다 더 낫게 말하는 뿌린 피니라

이 구절을 도표로 설명하면 다음과 같다.

새 언약, 복음, 시온산	옛 언약, 율법, 시내산
예수 그리스도의 십자가 보혈	율법 -짐승의 피
영 단번	반복적
예수님 자신이 중보자 =새 언약의 보증자	모세가 중보자 =하나님의 뜻 전달자
히 12:18-21	히 12:22-24
예수 그리스도의 보혈 :원수까지도 속죄 및 용서	아벨의 피 :자신의 억울한 죽음에 대한 호소
대속 제물, 화목 제물	억울하게 죽임 당한 피
진동치 못할 나라를 유업으로	진동할 것들 곧 만든 것들을 유업으로

25 너희는 삼가 말하신 자를 거역하지 말라 땅에서 경고하신 자를 거역한 저희가 피하지 못하였거든 하물며 하늘로 좇아 경고하신 자를 배반하는 우리일까보냐

"말하신 자"라는 것은 구약시대에는 당신의 종들(모세 등등)을 통해, 신약시대에는 당신의 아들을 통해 말씀(히 1:2)하시는 하나님을 가리킨다. "거역하지 말라"는 것은 복음을 거부하지 말라는 것으로 오히려 그리스도인들은 십자가 복음을 의지하며 하나님의 은혜의 보좌 앞으로 당당히 나아가야함을 강조하고 있는 말씀이다.

"땅에서 경고하신 자"는 하나님의 뜻을 율법을 통해 전달했던 모세를 가리키며 "하늘로 좇아 경고하신 자"는 우리에게 영생을 허락하신, 복음 즉 구원의 진리이신 예수 그리스도를 가리킨다.

"배반하는 우리일까 보냐"라는 것은 구약의 모세 율법을 어겨도 죽임을 당하였는데 하물며 그리스도로 말미암는 복음을 거역하면 당연히 영원한 심판, 영벌, 영원한 죽음, 둘째 사망, 유황불못 심판을 받게 될 것이라는 의미이다. 이는 예수 그리스도의 메시야이심과 구원의 진리, 즉 '복음'을 거부하는 유대교도들의 행태에 경종을 울리는 말씀이다.

26 그 때에는 그 소리가 땅을 진동하였거니와 이제는 약속하여 가라사대 내가 또 한 번 땅만 아니라 하늘도 진동하리라 하셨느니라

"그 때에는 그 소리가 땅을 진동하였거니와"라는 것은 출애굽기 19장 18절의 시내산에 하나님이 강림하셨을 때의 진동을 가리킨다.

"또 한 번 땅만 아니라 하늘도 진동하리라"는 것은 마지막 그날에 있을 천체와 우주의 대격변(계 6:12-14, 21:1, 벧후 3:10-13)을 가리킨다. 학개서 2장 6, 21절에는 하늘과 땅과 바다와 육지를 진동시킬 것이라고 하셨다. 승

리주, 심판주, 만왕의 왕, 만주의 주이신 예수님이 재림하시면 바로 백보
좌 심판을 통해 영벌의 심판(영원한 죽음, 둘째 사망)과 영생의 심판(신
원)이 주어지게 될 것이다.

27 이 또 한 번이라 하심은 진동치 아니하는 것을 영존케 하기 위하여 진동할
것들 곧 만든 것들의 변동될 것을 나타내심이라

"진동치 아니하는 것"이란 장차 그리스도의 재림 시에 실현될, 영원토
록 존속될 신천(新天) 신지(新地) 즉 미래형 하나님나라를 가리킨다(벧후
3:10-13, 계 21:1).

"진동할 것들 곧 만든 것들"이란 하나님께서 창조하신 '현재의 천지만
물'을 가리킨다. 이는 인간의 타락과 부패한 본성, 죄로 인해 오염되었기
에 마지막 날에는 폐하여질 것이다(히 1:10-12, 벧후 3:10, 계 21:1).

28 그러므로 우리가 진동치 못할 나라를 받았은즉 은혜를 받자 이로 말미암아
경건함과 두려움으로 하나님을 기쁘시게 섬길지니

"진동치 못할 나라"라는 것은 27절의 "진동치 아니하는 것"을 말하는
데 이는 '영원하신 하나님나라'를 가리킨다.

"은혜를 받자"의 헬라어는 에코멘 카린(ἔχωμεν χάριν)인데 이는 '우
리가 계속 은혜를 누리자, 은혜 가운데 거하자, 감사와 기쁨을 누리자'라

는 의미이다. 은혜의 헬라어는 카리스[189](χάρις, nf)이다. 바로 이 단어에서 카라(기쁨, χάρις, nf)와 유카리스테오(감사, εὐχαριστέω, v)가 나왔다. 그러므로 우리가 점점 더 풍성한 은혜 가운데 있게 되면 우리의 삶에서는 기쁨과 감사의 조건이 점점 더 넘치게 된다.

"경건함"의 헬라어는 율라베이아[190](εὐλάβεια, nf)인데 이는 '경외함'이라고 해석함이 타당하다(5:6, 11:7). 한편 '경건'의 또 다른 헬라어는 유세베이아(εὐσέβεια, nf)이다. 이는 '유(바른, εὖ, adv, well, well done, good, rightly; also used as an exclamation)'와 '세보마이(예배를 드리다, σέβομαι, v, I reverence, worship, adore/properly, personally esteem; to hold something (someone) in high respect; showing the reverence or awe (veneration) of someone who is devout)'의 합성어이다.

---

189 은혜의 헬라어는 카리스(χάρις, nf)인데 이 단어에서 카라(기쁨, χάρις, nf, (a) grace, as a gift or blessing brought to man by Jesus Christ, (b) favor, (c) gratitude, thanks, (d) a favor, kindness/ (another feminine noun from xar-, "favor, disposed to, inclined, favorable towards, leaning towards to share benefit") - properly, grace)와 유카리스테오(감사, εὐχαριστέω, v, to be thankful/ (from 2095 /eú, "good" and 5485/xaris, "grace") - properly, acknowledging that "God's grace works well," i.e. for our eternal gain and His glory; to give thanks - literally, "thankful for God's good grace."/ εὐχάριστος, adj, thankful, grateful/(from 2095 /eú, "well" and 5483/xarízomai, "grant freely") - properly, thankful for God's grace working out what is (eternally) good; grateful, which literally means "grace-ful (thankful) for God's grace" (what brings His eternal favor). 2170/euxáristos only occurs in Col 3:15)가 나왔다.

190 율라베이아(εὐλάβεια, nf, caution, reverence, fear of God, piety/(from 2126 /eulabés, "reverent, godly fear") - properly, "a taking hold of what God calls good"; "holy caution," inducing circumspect behavior)인데 이는 '경외함'으로 해석함이 타당하다(5:6, 11:7). 한편 경건의 또 다른 헬라어로는 유세베이아(εὐσέβεια, nf, piety (towards God), godliness, devotion, godliness/ (from 2095 /eú "well" and 4576 /sébomai, "venerate, pay homage") - properly, someone's inner response to the things of God which shows itself in godly piety (reverence). 2150 /eusébeia ("godly heart-response") naturally expresses itself in reverence for God, i.e. what He calls sacred (worthy of veneration))인데 이는 '바른 예배를 드리다'라는 의미가 있다.

"두려움"의 헬라어는 데일로스[191](δειλός, adj)인데 이는 '존중심 혹은 경외감'으로 해석한다. 즉 하나님을 기쁘시게 하는 '섬김'이란 하나님에 대한 적극적인 경외함과 존중이 전제되어야 함을 말씀하고 있다.

29 우리 하나님은 소멸하는 불이심이니라

신명기 4장 24절에는 "네 하나님 여호와는 소멸하는 불이시요 질투하시는 하나님이시니라"고 하셨다. 이는 불신, 불순종, 우상숭배 등이나 하나님을 경홀히, 만홀히 여기면 하나님의 맹렬한 불의 심판을 피하지 못하게 되며 하늘로부터 경고의 불, 심판의 불, 소멸하는 불이 내릴 것이라는 의미이다.

"소멸하다"의 헬라어는 카타날리스코[192](καταναλίσκω, v)인데 이는 '완전히, 철저히 없애버리신다'라는 의미이다. 즉 이 구절은 불신, 불순종, 불의를 싫어하시는 공의의 하나님은 그에 대해 공의의 심판을 하실 것이기에 우리는 하나님을 경외하고 존중해야만 한다는 것이다. 역사상 출애굽 1세대는 출애굽 후 광야에서 불신과 불순종으로 일관하다가 남은 안식인 가나안에 들어가지 못했다(히 3:18-19).

---

191 데일로스(δειλός, adj)는 cowardly, timid, fearful/(an adjective derived from **deidō**, "fear-driven") - properly, dreadful, describing a person who loses their "moral gumption (fortitude)" that is needed to follow the Lord/Δερβαῖος, adj, fear, reverence)이다.

192 카타날리스코(καταναλίσκω, v)는 I use up, spend, consume (as with fire)/(from 2596 / **katá**, "down, according to," intensifying 355 /**analískō**, "consume") - properly, consume all the way ("up to down"), i.e. exactly (decisively, conclusively). 2654 (**katanaliskō**) means "to consume utterly, wholly (kata, intensive)" (Vine, Unger, White, NT, 125) and only occurs in Heb 12:29.)이다.

괴짜의사 Dr. Araw의
쉽고 바르게 읽는 히브리서 장편(掌篇) 강의

레마이야기 13

예수 그리스도는 어제나 오늘이나 영원토록 동일하시니라

　구원자이신 예수님은 성부하나님의 유일한 기름부음 받은 자로서 그리스도 메시야로 이 땅에 오셨다. 성령하나님은 그 예수님만이 그리스도 메시야임을 가르쳐주시고 우리에게 믿음(피스티스)을 주셔서 우리가 믿게(피스튜오) 되었다. 이후 우리는 하나님의 자녀가 되었으며 그렇게 인(印)쳐주신 분이 바로 성령하나님이시다. 그런 우리를 성령님은 장차 미래형 하나님나라로 들어가게 하시며 그곳에서 삼위하나님과 더불어 영생을 누리게 하신다. 물론 지금도 그리스도인들은 이 땅에서 현재형 하나님나라를 누리며 살아가고 있다. 그렇기에 우리는 지금도 앞으로도 영원히 '하나님나라'를 누리며 살아가는 것이다.

삼위일체 하나님!

그 하나님은 어제나 오늘이나 영원토록 동일하시다.

태초부터 계셨던 삼위일체 하나님!

삼위일체 하나님은 우리가 알지도 상상치도 못할 태초(아르케)부터 존재하셨던 분이다. 역사의 시작점인 태초(베레시트)에 삼위하나님은 공동으로 천지를 창조하셨다. 그리고는 지금까지 앞으로 그날까지 역사의 주관자 하나님으로 계신다. 그날에 우리는 백보좌 심판을 통해 미래형 하나님나라에서 삼위일체 하나님과 함께 영생을 누리게 될 것이다.

앞서가시며 우리를 인도해주시는 성부하나님.

나하흐의 하나님!

언제나 우리와 함께 하시며 우리의 손을 '꼭' 잡고 가시는 임마누엘의 성자하나님.

에트의 하나님!

때마다 시마다 우리의 등 뒤에서 밀어주시며 우리의 우악(愚惡)스러운 고집에도 불구하고 끝까지 참으시며 우리를 바른 길로 가게 하시는 성령하나님.

할라크의 하나님!

삼위하나님의 구원 계획은 예수 그리스도의 십자가로 나타났다. 그렇기에 십자가는 복음(福音)이다(롬 1:17). 십자가만이 진정한 복음이다. 그 십자가 보혈의 주체가 바로 예수님이다. 예수는 곧 복음이기에 우리는 그

'예수' 그 '복음'에 목숨을 건다.

"복음에는 하나님의 의가 나타나서 믿음으로 믿음에 이르게 하나니 기록된 바 오직 의인은 믿음으로 말미암아 살리라 함과 같으니라"_롬 1:17

예수 그리스도의 복음과 십자가는 떼려야 뗄 수 없는 것이다. 바로 그 십자가는 모든 인간의 죄의 대가 지불인 하나님의 공의와 사랑의 결정체이기 때문이다. 그렇기에 믿음의 선진들은 '복음과 십자가'로 살아갔으며 복음과 십자가만 자랑했다.

"그러나 내게는 우리 주 예수 그리스도의 십자가 외에 결코 자랑할 것이 없으니"_갈 6:14

"내가 너희 중에서 예수 그리스도와 그의 십자가에 못 박히신 것 외에는 아무 것도 알지 아니하기로 작정하였음이라"_고전 2:2

"내가 복음을 전할찌라도 자랑할 것이 없음은 내가 부득불 할 일임이라 만일 복음을 전하지 아니하면 내게 화가 있을 것임이로라"_고전 9:16

"내가 복음을 위하여 모든 것을 행함은 복음에 참여하고자 함이라"_고전 9:23

"나의 달려갈 길과 주 예수께 받은 사명 곧 하나님의 은혜의 복음 증거하는 일을 마치려 함에는 나의 생명을 조금도 귀한 것으로 여기지 아니하노라"_행 20:24

그렇다. 우리는 기독교인이다. 예수를 믿는 사람들이다. 복음에 목숨을 건다. 동시에 우리가 믿는 그 예수를 그들이 듣든지 아니 듣든지 전하는 사람들이다. 우리는 세상을 하나님과 화목하게 하는 일을 맡은(고후 5:18) 자들, 곧 하나님의 대사들($\pi \varrho \varepsilon \sigma \beta \varepsilon \dot{\upsilon} o \mu \varepsilon \nu$, V-PIA-1P, ambassadors, 고후 5:20)이다. 그렇기에 '복음 전파'는 우리를 향한 하나님의 뜻(델레마 데우)으로 우리의 특권이자 우리의 가장 귀한 사명이다.

예수는 우리를 '위하여' 대속 제물[193]($\dot{\alpha} \nu \tau \dot{\iota} \lambda \upsilon \tau \varrho o \nu$, nn), 화목 제물(롬 3:25, 요일 2:2, 4:10, $\dot{\iota} \lambda \alpha \sigma \tau \dot{\eta} \varrho \iota o \nu$, nn) 되셔서 모든 것을 영 단번에 '다 이루셨다'. 이후 예수를 믿은 자는 누구든지 완전하고도 최종적인 죄 사함을 누리게 된다. 예수 그리스도는 당신의 피로 영원한 언약을 세우셨기에(13:20) 우리는 영원한 구원(5:9), 영원한 속죄(9:12), 영원한 기업(9:15)을 누리게 되었다.

그 예수는 3일 후 죽음을 이기시고 부활하셨다. 멜기세덱의 반차를 따른 큰 대제사장이 된 것이다. 더 좋은 언약의 보증이 되셨다(7:22, 8:6). 이 땅에 40일간 계시다가 승천하신 후 하나님 보좌 우편으로 가셔서 승리주 하나님으로 계신다. 장차 심판주로서 반드시 다시 오실 것이다.

불멸의 생명이 있는, 영생하시는 예수는 태초부터 지금까지 앞으로도 영원히 계시며 영원 자존하시는 하나님이다.

예수를 사랑하자.

예수를 자랑하자.

예수를 전하자.

"예수 그리스도는 어제나 오늘이나 영원토록 동일하시니라"_히 13:8

---

193 안티뤼트론($\dot{\alpha} \nu \tau \dot{\iota} \lambda \upsilon \tau \varrho o \nu$, nn)은 a ransom, 딤전 2:6/막 10:45, 마 20:28, $\lambda \dot{\upsilon} \tau \varrho o \nu$/(from 473 /antí, "corresponding to, instead of/exchange" and 3083 /lýtron, "ransom-price")이다.

"믿음의 주요 또 온전케하시는 이인 예수를 바라보자"_히 12:2

13-1 형제 사랑하기를 계속하고 2 손님 대접하기를 잊지 말라 이로써 부지중에 천사들을 대접한 이들이 있었느니라

"형제"란 예수 그리스도 안(in Christ, Union with Christ)에서의 믿음의 형제 곧 지체를 가리키며 "사랑"은 기독교 윤리의 대강령(마 22:36-40, 행 2:44-47, 롬 12:10)이다. 그렇기에 사랑의 마음으로 소자에게 냉수 한 그릇을 주는 것도 귀하다(마 10:42)라고 말씀하신 것이다.

"손님 접대"는 나그네를 대접하는 것과 더불어 기독교의 중요한 덕목(신 10:18-19, 롬 12:13) 중 하나이다. 초대교회 때에는 순회전도자들이 많았다. 더 나아가 당시 로마 정부의 핍박으로 유리(流離)하는 신자들이 있었기에 나그네들을 대접하는 것은 귀한 일이었다. 그러나 그리스도인들에게 있어서 가장 중요하고 소중한 형제 사랑과 나그네 대접과 손님 대접은 '그들이 듣든지 아니 듣든지 때를 얻든지 못 얻든지' 복음 전하는 것임을 알아야 한다.

"부지 중에 천사들을 대접한 이들" 중에는 아브라함(창 18:3), 롯(창 19:2), 마노아(삿 13:16)등이 있다. 손대접하는 것은 하나님이 기뻐하는 일(마 25:40)이다.

3 자기도 함께 갇힌 것 같이 갇힌 자를 생각하고 자기도 몸을 가졌은즉 학대받는 자를 생각하라

초대교회 당시 기독교인들은 재산을 몰수당하고 옥에 갇히고 원형경기장에서 관중들의 구경거리나 굶주린 맹수들에게 처참하게 죽임을 당하는 경우가 많았다(10:33-34). 다행히 화를 면한 성도들은 그들끼리 지체의식(肢體意識, Kindred spirit, 고전 12:26)을 가지고 서로의 아픔을 공감하며 서로가 서로를 중보하고 지지해 주고 격려하며 돌보아주었다. 그렇게 하는 것이야말로 세월을 뛰어넘은 성도의 마땅한 태도이다(행 12:5).

"자기도 몸을 가졌은즉"이란 '그리스도의 몸 된 교회의 한 지체로 속했다(Calvin, Beza)'라고 해석하기도 하고 '자신도 학대받는 자들처럼 연약한 육체를 지녔다(Alford, Bengel, Westcott, Dods)'라고 해석하기도 한다. 나는 둘 다를 지지한다. 그렇기에 우리 모두는 한 번 인생을 살아가는 동안 그리스도 안에서 한 지체로서 마땅히 육신의 고통을 당하고 있는 지체들의 아픔을 공감(共感)해야만 하는 것이다.

한편 지체의식에 꼭 필요한 두 가지 마음가짐이 있다. 첫째는 상대의 아픔과 고통을 함께 하려는 마음인 공감(Sympathy, Sym+Pathy, with pain)이다. 둘째는 상대의 아픔 속으로 들어가주는 마음인 감정이입(Empathy, Em+Pathy, in pain)이다.

4 모든 사람은 혼인을 귀히 여기고 침소를 더럽히지 않게 하라 음행하는 자들

'너희는'이라고 하지 않고 "모든 사람"이라고 표현한 것은 음행죄의 경우 고린도전서 6장 15-20절의 말씀을 특별히 강조하고자 하는 의도가 숨어있기 때문이다.

우리의 몸은 값으로 산 것이며 그리스도의 지체이고 성령의 전이다. 예수 그리스도와 합하여진(Union with Christ) 새로운 피조물로서 주와 하나(Unity)되었다. 만약 창기와 합하게 되면 창기와 하나가 되는 것이다. 그러므로 한 아내와 한 남편이 중요하며 혼인을 귀히 여겨야 한다(창 2:24-25). 부부의 침소를 더럽히지 말아야 한다. 음행하는 자들과 간음하는 자들을 하나님이 반드시 심판하시기 때문이다. 모든 사람은 "너희 몸으로 하나님이 기뻐하시는 거룩한 산 제사(롬 12:1-2)"를 드리라고 하신 하나님의 말씀을 따라야 한다. 사족을 달자면 '부부 간의 사랑'은 하나님이 기뻐받으시는 거룩한 산 제사이다.

"혼인"의 헬라어는 가모스[194](γάμος, nm)인데 이는 '결혼(a marriage) 혹은 결혼 예식(wedding-ceremony)'이라는 의미이다. 결혼은 물론이요 '결혼 제도' 또한 하나님이 제정하신 것(창 2:18-25, 마 19:6)이다. 특별히 결혼 예식(ceremonial wedding)은 하나님과 사람 앞에서 공표하는 것이며 둘이 그렇게 살겠다고 결단, 선포하는 것이기에 반드시 필

---

194 가모스(γάμος, nm)는 a marriage, wedding, wedding-ceremony; plur: a wedding-feast/ properly, a wedding celebration; (figuratively) the Marriage Supper of the Lamb which begins with Christ glorifying all the saints (OT, NT) at His return. This eschatological celebration is described in Mt 22:2-10 and Rev 19:7-9 - "and apparently occurs at the final day of the seven-year Tribulation" (G. Archer). For more discussion, see 4394/**prophēteia** ("prophecy") and 110/athanasia ("the divine investiture of immortality") at the return of Christ)이다.

요하며 무엇보다도 중요한 절차 중 하나이다. 오늘날 경제 상황의 어려움이나 자유 연애를 빙자하여 결혼 예식의 무용성(無用性)을 말하는 목소리가 점점 더 커지고 있는데 그리스도인들은 이 부분에 흔들리지 말아야 한다. 물론 결혼에 들어가는 비용 부분에서 어느 누구도 자유로울 수는 없다. 예산 부분에서는 자신들의 형편에 맞게 남들이 하는 방식이나 세상의 흐름을 무작정 따르지 말고 기발한 아이디어를 낼 수 있기를 바란다.

"귀히"[195]의 헬라어는 티미오스(τίμιος, adj)인데 이는 '값진 것, 존귀한 것'을 의미한다. 여성명사 티메(τιμή)에서 파생되었다.

"침소"의 헬라어는 헤 코이테(ἡ κοίτη, nf, (a) a bed, (b) a marriage bed; plur: repeated (immoral) sexual intercourse)이다. 이는 '잠자리 혹은 침대, 결혼한 부부들이 동침하는 것 혹은 부부관계, 섹스'라는 의미로 동사 케이마이(κεῖμαι, to be laid, lie)에서 파생되었다. 이 단어에는 이중적 의미가 내포되어 있음을 알아야 한다.

첫째, 부부관계 혹은 부부간의 섹스는 더러운 것이 아니라 오히려 귀하고 아름다운 것이며 부부가 삶으로 드리는, 하나님이 기뻐하시는 거룩한 산 예배라는 것이다. 물론 더러운 섹스도 있는데 바로 음행(혼전 섹스)와 간음(혼외 섹스)이다. 흔히 그리스도인들이 착각하는 것 중 하나가 있다. 주일에 경건하게 예배를 드리기 위해 토요일에는 부부관계를 금하여야

---

195 티미오스(τίμιος, adj)는 of great price, precious, honored, valued/properly, valuable as having recognized value in the eyes of the beholder. See 5092 (timē))인데 여성명사 티메(τιμή, a valuing, a price. Honor/(from tiō, "accord honor, pay respect") - properly, perceived value; worth (literally, "price") especially as perceived honor - i.e. what has value in the eyes of the beholder; (figuratively) the value (weight, honor) willingly assigned to something)에서 파생되었다.

한다는 것이다. 기독교적 세계관의 처절한 왜곡이요 성경적 세계관의 지독한 오해인 것이다.

둘째, 부부는 반드시 한 침대에 누워야함을 강조한 것이다. 이 부분은 의외로 심각하다. 이는 현실적이고 실천적인 면에서 아주 중요하다. 일반적으로 나이가 들면 부부가 한 침대를 쓰는 것은 많은 부분에서 불편한 것이 사실이다. 예를 들면 몸부림이 심하거나 코를 곤다든지 이를 간다든지 등등……. 그러나 나이가 들면 남녀 관계없이 누구나 다 신체적으로 그렇게 변한다. 점점 더 심해져갈 뿐이다. 그러다 보면 밤에 한 침대에 눕는 것이 서로 불편해진다. 사이가 좋은 부부일수록 처음에는 서로에 대한 배려 차원에서 좋은 마음으로 각자의 침대를 쓰거나 멀리 떨어져서 각방을 쓰게 된다. 이것은 사단의 교묘한 속임수로서 함정(陷穽, trap pit, snare)의 서곡임을 알아야 한다. 그리스도인 부부들은 하찮아 보이는 이런 부분에서조차 예민해야 할 것이다.

모든 인간은 몸이 멀어지면 마음이 멀어지게 되어 있다.

"Out of Sight, Out of Mind."

둘 사이에 시작된, 약간은 사소하게 보이는, 미미한 물리적 거리가 시간이 지남에 따라 서서히 심리적, 정신적, 영적 거리로 옮겨갈 수 있음에 긴장해야 한다. 일반적으로 초기에는 너무 미미하기에 눈치를 채기가 쉽지 않다. 그러는 가운데 사단의 공격은 점점 더 디테일해진다. 기다림의 명수인 사단은 그 틈(기회)을 노리다가 조금씩 고도화되면서 점점 더 과속화시켜 버린다. 왠지 부부 사이가 이상하다 싶으면 이미 제법 멀리 가버린 것임을 알아야 한다.

그러므로 그리스도인 부부들은 어떤 상황에도 불구하고 한 침대를 사용하려는 노력을 해야 한다. "침소를 더럽히지 말라"에 숨은 속 뜻이기도 하다. 비록 배우자의 신체적 변화에 따른 '소음'이나 '뒤척거림' 등등으로 인해 밤새도록 잠을 못 이룬다 할지라도 그저 '순교하는 마음'으로 그 자리, '한 침대'를 지키려는 몸부림이 중요하다.

"음행"의 헬라어는 포르노[196](πόρνο, nm)인데 이는 '성적 방종 행위나 결혼하지 않은 자들의 성 행위 즉 혼전 섹스'를 가리킨다.

"간음"의 헬라어는 모이코스(μοιχός, nm, an adulterer, that is, a man who is guilty with a married woman)인데 이는 '결혼한 남녀가 다른 남녀와 성적 방종 행위를 하는 것 즉 혼외 섹스'를 의미한다. 모세 율법에는 돌로 쳐 죽이라(레 20:10, 신 22:22)고 했고 고린도전서 6장 9-10절에는 간음하는 자는 결단코 하나님나라를 유업으로 받지 못한다라고 경고하고 있다. 문자적 의미와 상징적 의미를 다 고려해야 한다.

5 돈을 사랑치 말고 있는 바를 족한 줄로 알라 그가 친히 말씀하시기를 내가 과연 너희를 버리지 아니하고 과연 너희를 떠나지 아니하리라 하셨느니라

"돈을 사랑함이 일만 악의 뿌리가 되나니(딤전 6:10)"라고 하셨다. 그리스도인인 우리는 하나님 사랑이 최고의 가치이고 최우선 순위여야 한다. 그

196 　포르노스(πόρνο, nm)는 a fornicator, man who prostitutes himself/(from **pernaō**, "to sell off") - properly, a male prostitute. 4205 (**pórnos**) is "properly, 'a male prostitute' (so Xen., etc.); in the NT, any fornicator" (Abbott-Smith); i.e. anyone engaging in sexual immorality. See 4202 (porneia)이다.

렇지 않으면 돈은 우리에게 우상이 될 뿐이다. 돈 즉 물욕(物慾)은 현실적 삶에 있어서 인간을 편하게 하고 유용한 수단이기에 자칫하면 우리의 마음과 행동을 지배하기 쉽다. 그러므로 정신 바짝 차려야 한다. 청부(淸富)에 정녕 자신이 없다면 돈을 멀리하거나 재물을 하늘에 쌓고 살아야 한다 (마 6:19-21).

한편 돈에 지배당하지 않으려면 현재 소유하고 있는 것으로 만족(빌 4:11)하면서 감사하는 마음가짐이 필요하다. 그러므로 그리스도인들에게는 '자족'이 중요하다. 이 말은 운명이나 숙명 같은 것에 복종하라는 것이 아니다. 우리는 먼저 그의 나라와 그의 의를 구하여야 한다(마 6:33)라는 것이다. 사족(蛇足)을 붙이자면 '돈을 사랑하지 말라'는 것은 돈을 '하나님보다' 사랑하지 말라는 것이다.

"그가 친히 말씀하시기를 내가 과연 너희를 버리지 아니하고 과연 너희를 떠나지 아니하리라"고 말씀하셨는데 이는 창세기 28장 15절, 신명기 31장 6절, 여호수아 1장 5절, 역대상 28장 20절을 인용한 것이다.

6 그러므로 우리가 담대히 가로되 주는 나를 돕는 자시니 내가 무서워 아니하겠노라 사람이 내게 어찌하리요 하노라

시편 27편 1절과 118편 6절의 말씀이다.
"사람이 내게 어찌하리요"라는 것은 '어떤 상황과 환경이 닥치더라도'라는 의미이기에 우리는 그저 '할렐루야'를 연발할 뿐이다.

7 하나님의 말씀을 너희에게 이르고 너희를 인도하던 자들을 생각하며 저희 행실의 종말을 주의하여 보고 저희 믿음을 본받으라

"하나님의 말씀을 너희에게 이르고 너희를 인도하던 자들"이란 교회공동체에서 말씀을 가리치는 성경 교사, 앞장서서 겸손하게 섬기며 목양하는 교회의 지도자들을 가리킨다.

"생각하다"의 헬라어는 므네모뉴오[197](μνημονεύω, v)인데 이는 '명심하다, 간과하지 않다'라는 의미이다. 로마서 8장 5-7절에는 프로네오(φρονέω, v/φρόνημα, nn)를 사용하였는데 '가치를 두다, 꽂히다'라는 의미이다. 참고로 로마서 12장 3절, 8장 5-7절의 말씀에서 사용된 '생각, 꽂힘'의 3가지 헬라어 원어를 살펴보자.

로마서 12장 3절에서 '생각'은 한글 번역으로는 3회 나오지만 헬라어 원본에는 4회가 나온다. 프로네인(φρονεῖν)이 2회 나오며 to think, mind라는 의미이고 소프로네인(σωφρονεῖν)은 to be sober-minded(sound mind)라는 의미이며 휘페르프로네인(ὑπερφρονεῖν)은 to be high-minded(high thought, over-proud)라는 의미이다. 결국 '생각'이란 건전한, 지혜로운 생각을 해야 하는 것이지 그 이상의 과한 생각이나 어느 한 생각에의 꽂힘은 사단에게 속는 것임을 알아야 한다.

"무릇 지킬 만한 것보다 더욱 네 마음(생각, לֵב, nm, inner man, mind, will, heart)을 지키라 생명의 근원이 이에서 남이니라"_잠 4:23

---

197 므네모뉴오(μνημονεύω, v)는 to call to mind, to make mention of, hold in remembrance/ to recall by memory (without implying anything was previously forgotten)이다.

"만물보다 거짓되고 심히 부패한 것은 마음(생각, לֵב, nm, inner man, mind, will, heart)이라" _렘 17:9

"행실"[198]의 헬라어는 아나스트로페(ἀναστροφή, nf)인데 이는 '품행, 생애'라는 의미로 '살다, 거주하다, 처신하다'라는 헬라어 동사 아나스트레포(ἀναστρέφω)에서 파생되었다.

"종말"의 헬라어는 에크바시스[199](ἔκβασις, nf)인데 이는 '출구, 종국, 결말'이라는 의미이다. 동사 에크바이노(ἐκβαίνω, '나가다, 내보내다')에서 파생되었고 이는 에크발로(ἐκβάλλω, I throw (cast, put) out; I banish; I bring forth, produce)와 같은 의미이다. 결국 "행실의 종말"이란 저들이 어떻게 살다가 죽었는지의 자취, 행적들을 되새겨보고 교훈을 얻으라는 의미이다.

"저희 믿음을 본 받으라"에서 '저희 믿음'이란 복음과 십자가로 살아가고 복음과 십자를 자랑하며 살다간 믿음의 선진들의 '불굴의 신앙'를 가리킨다.

---

198 아나스트로페(ἀναστροφή, nf)는 behavior, conduct, dealing with other men, conduct, life, behavior, manner of life/(from 303 /aná, "down to up" and 4762 /stréphō, "turn") - properly, up-turning; (figuratively) change of outward behavior from an "up-turn" of inner beliefs (presuppositions, etc.))이며 그 동사 아나스트레포(ἀναστρέφω, '살다, 거주하다, 처신하다', I overturn; I turn back, return; I turn hither and thither; pass: I turn myself about; I sojourn, dwell; I conduct myself, behave, live)에서 파생되었다.

199 에크바시스(ἔκβασις, nf)는 an exit, outcome, (a) a way out, escape, (b) result, issue/(from 1537 /ek, "out from and to" and bainō, "move forward, march") - properly, moving out from and to the outcome (new destination); departure; (figuratively) "the (successful) way out" which also goes on to what is new (desirable), i.e. the Lord's outcome (1 Cor 10:13; Heb 13:7)이다.

7절과 9절의 가교 역할을 하는 구절로서 예수 그리스도의 영원성(eternity)과 불변성(immutability)을 강조하고 있다. 예수님은 근본 하나님(빌 2:6)이시요 빛(요 1:4) 곧 세상의 빛, 생명의 빛(요 8:12)이시며 진리이시고(요 14:6) 처음이자 마지막이시다(사 41:4, 44:6, 계 1:8, 17). 예수님은 영원토록 변하지 않는 하나님이시다. 이에 반하여 사람은 누구든지 변하기 마련이다 그러므로 저들의 '그 행실의 결말'을 주의하여 보라는 것이다.

9 여러 가지 다른 교훈에 끌리지 말라 마음은 은혜로써 굳게 함이 아름답고 식물로써 할 것이 아니니 식물로 말미암아 행한 자는 유익을 얻지 못하였느니라

"여러 가지 다른 교훈"에서 '여러 가지'의 헬라어는 포이킬로스[200](ποικίλος, adj)인데 이는 '많은 색깔의, 잡다한, 다양한'이라는 의미이다. 한편 '다른'의 헬라어는 크세노스(ξένος, adj, alien, new, novel; noun: a guest, stranger, foreigner, 낯선, 외국의, 손님)이다. 결국 '이단사상과 인본주의적 교훈, 영지주의 사상' 등등을 가리킨다.

한편 진리는 절대적이며 오직 하나(Unity)이다. 진리를 추구하는 방식은 다양할 수 있다(Variety in Unity). 그렇다고 하여 진리가 다양한 것은 아니다.

"마음은 은혜로써 굳게 함이 아름답고"라는 것은 구원의 은혜로써 우

---

200 포이킬로스(ποικίλος, adj)는 many colored, various, of different colors, diverse/properly, of various kinds, diversified ("manifold")이다.

리가 죄 사함 받고 하나님과의 바른 관계와 친밀한 교제 가운데 심령의 평안을 누리게 되는 것을 가리킨다. 은혜는 하나님과의 바른 관계(하나 됨)에서만 온다. 그렇게 받은 풍성한 은혜로 말미암아 우리의 삶에는 기쁨과 감사가 넘쳐나게 된다. 그렇기에 우리의 마음은 '은혜로써 굳게 함'이 가장 아름답다.

"식물로써 할 것이 아니니"에서의 '식물'은 단순한 음식물만을 가리키는 것이 아니라 레위기 11장의 음식 규례를 가리킨다. 구약 율법의 음식 규례는 하나님의 언약 백성이 정결함을 유지하도록 교훈한 것이다. 음식 규례가 중요하고 유익한 것은 사실이나 그것을 지켜 행한다고 하여 인간의 심령이 변화되고 새롭게 되는 것은 아니라는 것이다. 성도들의 죄 사함으로 인한 정결은 오직 예수 그리스도의 보혈의 공로뿐이다. 신약에서는 음식물에 대해 하나님이 지으신 것이므로 감사함으로 받으라(딤전 4:3-4, 로마서 14장, 고린도전서 8장)고 하셨다.

10 우리에게 제단이 있는데 그 위에 있는 제물은 장막에서 섬기는 자들이 이 제단에서 먹을 권이 없나니

"제단"의 헬라어는 뒤시아스테리온[201](θυσιαστήριον, nn)인데 이는 대속 제물을 바치는 제단을 의미한다. 우리에게 있는 제단은 영적인 제단

---

201 뒤시아스테리온(θυσιαστήριον, nn)은 an altar (for sacrifice)/altar; (figuratively) the meeting place between God and the true worshiper; (figuratively) the "place" of consecration, where the Lord meets and communes with the sincere believer)이다.

을 가리키며 그 위에 제물이란 대속 제물로 바쳐진 갈보리 십자가 즉 예수 그리스도를 가리킨다. 곧 "그 위에 있는 제물"이란 화목 제물로 바쳐진 예수 그리스도이다.

"장막에서 섬기는 자들"이란 성막(tabernacle)에서 동물의 피로 반복하여 대행하던 레위지파의 제사장들이기도 하고 구약 율법을 주장하는 율법주의자들을 가리키기도 한다.

"먹을 권이 없나니"라는 것은 레위기 4장 11절, 16장 27-28절의 말씀을 가리킨다. 즉 대속죄일에 속죄 제물로 드려진 제물은 정결한 장소에서 태워졌다. 그러나 일반 제물은 제사장이 취하여 먹을 수 있었다. 결국 '먹을 권이 없다'라는 것은 복음을 거부하면 그리스도의 구속 공로를 입을 자격이 없다는 상징적 의미이다.

11 이는 죄를 위한 짐승의 피는 대제사장이 가지고 성소에 들어가고 그 육체는 영문 밖에서 불사름이니라

대속죄일(속죄의 날, Yom Kippur, 히브리력 7월 10일)의 제사는 대제사장이 '지성소'에 들어가 속죄 제물의 피를 법궤 위, 속죄소 혹은 시은좌에 뿌렸다. 피 이외의 다른 것들은 영문 밖에서 태웠다(출 29:14, 레 4:11, 6:30). '영문(營門)'은 출애굽한 백성들이 가나안에 입성하기 전 텐트(장막)를 치고 생활하던 공동 진영을 가리킨다.

한편 영문, 서문, 진영, 성문 등은 모두 다 같은 말로서 율법을 의미하며 동시에 최악의 장소를 의미하기도 한다.

"영문 밖에서"라는 것은 달리 표현하면 '율법의 완성을 위해'라는 의미이다. 그러므로 '영문 밖에서 불사름'이란 '십자가 죽음을 통해 율법을 완성하셨다'라는 의미가 된다.

한편 율법에 의하면 시체는 부정한 것이었기에 대속 제물일지라도 그 속죄 제물은 진영 밖, 최악의 장소로 가서 불태웠다. 바로 골고다이다. 이는 인간의 죄를 속하기 위해 대속 제물 되셨던 예수 그리스도께서 최악의 장소에서 수치와 저주를 몽땅 안고 부정하게 되어 예루살렘 성 밖의 골고다에서 죽임 당하신 사건을 예표한 것이다.

12 그러므로 예수도 자기 피로써 백성을 거룩케 하려고 성문 밖에서 고난을 받으셨느니라

영문 밖에서 불살라진 속죄 제물과 예루살렘 성문 밖에서 죽임을 당한 예수 그리스도를 대비시킴으로 예수 그리스도는 만세 전에 택정된 하나님의 자녀들을 구원하기 위한 하나님의 참 속죄 제물임을 드러내고 있다.

결국 9절의 우리를 온전케 함과 정결케 할 수 있는 것은 구약의 음식 규례가 아니라 그리스도의 보혈로 인한 것임을 강조한 것이다.

13 그런즉 우리는 그 능욕을 지고 영문 밖으로 그에게 나아가자

성문 밖에서 고난 당하신 예수님의 능욕을 생각하며 우리 또한 "그 능욕"을 지고 가야 한다. 즉 '능욕'이란 당시의 로마 정부 권력의 압제, 시스

템의 불공정으로 인한 불이익과 폐해, 유대인들로부터의 협박과 회유 등등을 가리킨다.

"능욕을 지고"라는 것은 마태복음 16장 24절의 말씀에서처럼 자기를 부인하고 자기 십자가를 지고 주님을 좇는 삶을 가리킨다. 그렇다고 하여 우리가 예수님을 '위하여'라는 의미는 아니다. 오히려 예수님께로 '향하여'라고 해석해야 한다. 이는 각자를 향하신 '그' 부르심과 보내심을 따라 예수께서 하신 일을 감당하는 것을 의미하며 '현실에 뿌리내린' 십자가 영성으로 살아가는 것을 가리킨다. 이를 골로새서 1장 24절에서는 "그리스도의 남은 고난"이라고 표현하고 있다. 결국 우리로 하여금 당신을 따르도록 허락하시고 능력을 주신 '십자가의 길'을 걸어가라는 것이다.

"영문 밖으로 그에게 나아가자"라는 것은 세상 속에서 살지 말고 세상과 타협하거나 동화되지 말고 구별된 거룩한 삶, 미래형 하나님나라를 소망하며 지금 예수 믿음과 하나님의 계명을 붙들고 인내로 살아가라는 의미이다(마 5:11, 벧전 4:14, 계 14:12).

이 구절에서는 "능욕을 지고"보다는 "예수께 나아가자"라는 것에 더 방점이 주어져야 한다.

14 우리가 여기는 영구한 도성이 없고 오직 장차 올 것을 찾나니

"영구한 도성"이란 "장차 올 것"을 가리키는 것으로 계시록 21-22장의 거룩한 성 새 예루살렘 즉 미래형 하나님나라를 가리킨다. 또한 12장 28절의 "진동치 못할 나라"를 말한다.

한편 "여기는 영구한 도성이 없고"라고 한 이유는 장차 세상 끝날에 폐하여 없어질 것(벧후 3:10-13, 계 21:1)이기 때문이다. 그렇기에 12장 27절에서는 "진동할 것들 곧 만든 것들의 변동될 것을 나타내심이라"고 하셨던 것이다.

15 이러므로 우리가 예수로 말미암아 항상 찬미의 제사를 하나님께 드리자 이는 그 이름을 증거하는 입술의 열매니라

"예수로 말미암아"라는 것은 오직 예수 그리스도를 통하여만 하나님의 은혜의 보좌 앞으로 나아갈 수 있다라는 의미이다.

한편 "찬미의 제사", "성호(聖號, 하나님의 이름)를 증거", "입술의 열매"는 모두 다 동일한 의미의 반복으로 강조의 말씀이다.

"이러므로"라는 것은 예수께서 우리를 대신하여 자기 피로써 우리를 거룩케 하려고 영문 밖에서 고난을 받았으므로(히 13:11)라는 의미이다. 그렇기에 인간의 구속을 성취하신 예수 그리스도로 말미암아 인간의 구속을 계획하신 성부하나님께 우리는 마땅히 찬미의 제사를 올려드려야 한다. 그 제사는 호세아 14장 2절의 말씀에 의하면 "입술의 열매"이다. 곧 하나님의 이름을 증거하는 것이다.

"찬미의 제사를 하나님께 드리자"라는 것은 예수 그리스도의 보혈로영 단번에 죄 사함을 얻었으므로 더 이상의 '속죄 제사'는 필요 없으나 이제 성도 된 우리들은 매사 매 순간 하나님의 은혜를 찬양하는 '찬미의 제사'를 드림이 마땅하다라는 것이다.

"그 이름을 증거하는 입술의 열매"라는 것은 하나님의 성호 즉 그 존재성과 속성을 증거하는 것으로 하나님의 존재와 그 분의 선하시고 의로우시며 자비로우시며 위엄이 높고 은혜로우심을 찬미한다는 의미이다. "이름"의 헬라어는 오노마[202](ὄνομα, nn)이다.

"증거하다"의 헬라어는 호모로게오[203](ὁμολογέω, v)인데 이는 '찬양하다(praise)', '죄를 고백하다 혹은 회개하다(confess)', '감사하다(give thanks)'라는 3가지 주요한 의미를 동시에 가지고 있다. 즉 하나님을 찬양하고 하나님께 죄를 고백(회개)하고 하나님께 감사하는 모든 것은 하나님의 이름을 증거하는 입술의 열매이고 하나님의 이름을 증거하는 찬미의 제사라는 의미이다.

특별히 주목할 것이 있다. 우리가 지은 죄를 '고백하다, 회개하다'라고 할 때 그 헬라어는 요한일서 1장 9절에도(만일 우리가 우리 죄를 자백하면 저는 미쁘시고 의로우사 우리 죄를 사하시며 모든 불의에서 우리를 깨끗케 하실 것이요) 동일하게 호모로게오(ὁμολογέω)가 사용되었다. 이를 연결하면 우리가 죄와 싸우되 피흘리기까지 싸우다가 육신이 연약하

---

202 오노마(ὄνομα, nn)는 a name, authority, cause, character, fame, reputation/(figuratively) the manifestation or revelation of someone's character, i.e. as distinguishing them from all others. Thus "praying in the name of Christ" means to pray as directed (authorized) by Him, bringing revelation that flows out of being in His presence. "Praying in Jesus' name" therefore is not a "religious formula" just to end prayers (or get what we want)!/["According to Hebrew notions, a name is inseparable from the person to whom it belongs, i.e. it is something of his essence. Therefore, in the case of the God, it is specially sacred" (Souter).])이다.

203 호모로게오(ὁμολογέω, v)는 to speak the same, to agree, (a) I promise, agree, (b) I confess, (c) I publicly declare, (d) a Hebraism, I praise, celebrate/(from 3674 /homoú, "together" and 3004 /légō, "speak to a conclusion") - properly, to voice the same conclusion, i.e. agree ("confess"); to profess (confess) because in full agreement; to align with (endorse)이다.

여 원하는 바 선보다 원하지 않는 악으로 달려갔을 때 그 죄를 하나님 앞에 철저하게 고백하면(회개하면) 하나님은 그 회개를 들으시고 기뻐하시며 용서하신다는 것이다. 더 나아가 우리의 '그 회개'를 하나님 편에서는 '찬양'으로 받으신다라는 의미가 들어있다. 할렐루야!

그렇기에 하나님은 우리의 회개 즉 상하고 통회하는 심령(시 34:18, 51:17, 사 57:15, 66:2)을 멸시치 않을 뿐 아니라 우리가 지은 그 죄를 도말하시며 우리의 영혼을 소생시키신다.

16 오직 선을 행함과 서로 나눠주기를 잊지 말라 이같은 제사는 하나님이 기뻐하시느니라

"선을 행함"의 헬라어는 유포이이아(εὐποΐα, nf, good-doing, doing of good)인데 이는 이웃을 돌보고 관심을 기울이는 온정의 행위를 가리킨다. 이는 유(εὐ, adv, well, well done, good, rightly; also used as an exclamation)와 포이에오(ποιέω, v, (a) I make, manufacture, construct, (b) I do, act, cause)의 합성어이다.

"서로 나눠주기"의 헬라어는 코이노니아[204](κοινωνία, n)인데 이는 '교제, 헌금, 구제(행 2:42, 롬 15:26, 고후 9:13, 빌 4:15)'를 의미한다.

결국 하나님이 기뻐하시는 제사는 찬미의 제사, 하나님의 이름을 증거,

---

204 코이노니아(κοινωνία, nf)는 (lit: partnership) (a) contributory help, participation, (b) sharing in, communion, (c) spiritual fellowship, a fellowship in the spirit/properly, what is shared in common as the basis of fellowship (partnership, community)이다.

입술의 열매와 함께 선행과 구제의 제사 등 일상의 모든 현장에서 하나님을 경외하며 하나님의 뜻을 따라 선을 힘써 행하는 것(삼상 15:22, 마 23:23)이다. 그러나 선을 행하고 나눠주는 것 중 최고의 것은 상대에게 천국 복음을 전하는 것이다.

17 너희를 인도하는 자들에게 순종하고 복종하라 저희는 너희 영혼을 위하여 경성하기를 자기가 회계할 자인 것 같이 하느니라 저희로 하여금 즐거움으로 이것을 하게 하고 근심으로 하게 말라 그렇지 않으면 너희에게 유익이 없느니라

"인도하는 자들"이란 이미 세상을 떠난 교회지도자들(13:7)이 아니라 지금 교회를 이끄는 리더십들을 가리킨다. 그리고 "순종과 복종"을 강조한 이유는 유대인들의 협박과 회유로 인해 다시 유대교로 돌아가려는 유대인 개종자들이 있었기 때문이다.

"순종하다"의 헬라어는 페이도[205](πείθω, v)인데 이는 '설득하다'라는 의미로 인도자의 가르침에 수긍(首肯)하는 것을 가리킨다. 이와 비슷한 의미의 "복종하다"의 헬라어는 휘페이코(ὑπείκω, v, to retire, withdraw, submit, I yield, submit to authority)인데 이는 '~아래 놓이다, 포기하다'라는 뜻으로 '인도자 아래에서 인도자의 가르침에 자신을 굴복(屈服)하다'라는 것이다. 그렇기에 '순종하고 복종하라'고 하신 것

---

205 페이도(πείθω, v)는 to persuade, to have confidence, urge/(the root of 4102 /pístis, "faith") - to persuade; (passive) be persuaded of what is trustworthy)이다.

이다.

"경성하다"의 헬라어는 아그뤼프네오[206]($\dot{\alpha}\gamma\varrho\upsilon\pi\nu\acute{\epsilon}\omega$, v)인데 이는 '깨어있다, 감시하다'라는 의미로 영적인 각성 상태를 가리킨다.

"회계하다"의 헬라어는 로곤 아포도손테스($\lambda\acute{o}\gamma o\nu$ $\dot{\alpha}\pi o\delta\acute{\omega}\sigma o\nu\tau\epsilon\varsigma$)이고 이는 '계산하다'라는 의미이다. 하나님의 심문에 응하여 셈한다(마 12:36)라는 것을 가리킨다.

즉 지칠 줄 모르고 밤낮 없이 움직이는 교회 지도자들의 사역(영적 뒷받침)에 대해 근심 없이 즐거움으로 하게 하는 것은 교인들의 영적 성장에 도움이 된다는 것을 드러내고 있다.

"즐거움으로 이것을 하게 하고 근심으로 하게 말라"는 것은 지도자는 기쁨과 보람을 느끼며 사역하고 성도들은 감사의 마음으로 순복(順服)하며 진리를 붙들고 나아가면 머리 되신 예수님을 모신 그 교회는 진정 아름다운 공동체가 될 것이라는 의미이다.

18 우리를 위하여 기도하라 우리가 모든 일에 선하게 행하려 하므로 우리에게 선한 양심이 있는 줄을 확신하노니

하나님나라의 확장과 하나님의 영광을 위해 일하는 우리를 위해 중보해달라는 기도의 부탁이다.

---

206 아그뤼프네오($\dot{\alpha}\gamma\varrho\upsilon\pi\nu\acute{\epsilon}\omega$, v)는 to be sleepless, wakeful, I am not asleep, am awake; especially: I am watchful, careful/(from 1 /A, "not" and 5258 /hýpnos, "sleep") - properly, no sleeping; (figuratively) staying vigilant (alert, attentive), i.e. without any unnecessary "time off.")이다.

"선한 양심"의 헬라어는 칼렌 쉬네이데신($\kappa\alpha\lambda\grave{\eta}\nu$ $\sigma\upsilon\nu\epsilon\acute{\iota}\delta\eta\sigma\iota\nu$)으로 '선하다'라고 할 때 칼로스($\kappa\alpha\lambda\acute{o}\varsigma$, adj)[207]라는 헬라어 단어를 사용한다. 이는 복음을 전하는 자들의 아름다운 발길(롬 10:15)로서 '선한'이란 '아름다운'이라는 의미이다. 한편 베드로후서 3장 16절의 "선한 양심"의 헬라어는 아가덴 쉬네이데신($\grave{\alpha}\gamma\alpha\theta\acute{\eta}\nu$ $\sigma\upsilon\nu\epsilon\acute{\iota}\delta\eta\sigma\iota\nu$)이다. 이때 '선하다'의 헬라어는 아가도스[208]($\grave{\alpha}\gamma\alpha\theta\acute{o}\varsigma$, adj)이다. 이는 창세기에서 반복하여 말씀하신 "보시기에 좋았더라"는 하나님의 관점에서 '좋다'라는 의미이다. 즉 하나님의 관점에서 보시기에 좋은, 아름다운 양심이란 '성령님께 지배되어진 양심'을 가리킨다.

19 내가 더 속히 너희에게 돌아가기를 위하여 너희 기도함을 더욱 원하노라

예수 그리스도 안에서 한 지체된 성도들과 already~not yet상태인 이 땅에서의 길지 않은 한 번 인생을 함께 하고자 하는 열망을 드러내고 있다. 즉 바른 관계과 함께 친밀한 교제를 갈망하는 사도의 열망이 담겨 있다.

---

207 칼로스($\kappa\alpha\lambda\acute{o}\varsigma$, adj)는 beautiful, as an outward sign of the inward good, noble, honorable character; good, worthy, honorable, noble, and seen to be so/attractively good; good that inspires (motivates) others to embrace what is lovely (beautiful, praiseworthy); i.e. well done so as to be winsome (appealing))이다.

208 아가도스($\grave{\alpha}\gamma\alpha\theta\acute{o}\varsigma$, adj)는 intrinsically good, good in nature, good whether it be seen to be so or not, the widest and most colorless of all words with this meaning/inherently (intrinsically) good; as to the believer, 18 (**agathós**) describes what originates from God and is empowered by Him in their life, through faith)이다.

20 양의 큰 목자이신 우리 주 예수를 영원한 언약의 피로 죽은 자 가운데서 이 끌어 내신 평강의 하나님이

구원자이신 예수님은 양무리의 큰 목자(겔 34:23, 슥 9:16)로서 우리의 주인 되시고 우리를 '위하여' 우리의 수치와 저주를 몽땅 안고 십자가 보혈을 흘리셨다. 그 예수님은 진리이시며 진리의 길로 우리를 인도(요 14:6)하신 다. 보혜사이신 예수의 영 곧 성령님은 진리의 꼴을 풍성하게 먹여주시며 (요 10:9-10) 악한 자의 손에서 우리를 보호, 구원하시는(요 10:12) 신실하신 하나님이시다. 이 모든 것은 신실하신 성부하나님의 언약(6대 언약)의 성 취이다. 장차 심판주이신 예수님의 재림을 통해 반드시 언약의 완성으로 이끄실 것이다.

그 예수님은 십자가에서 영원한 언약의 피를 흘리셨다. 그 보혈은 영원 한 새 언약의 보증(히 7:21-22)이다. 예수님은 새 언약의 보증자(히 9:15)로서 만세 전에 하나님의 은혜로 택정된 백성들의 죄값을 대신 치르신(히 9:15) 성자하나님이다.

그 예수님은 사흘 만에 죽은 자 가운데서 다시 살아나셔서 성도의 성화 의 과정에 함께 하시며 친히 본(本)이 되셨다(엡 4:13). 성도에게 부활뿐 아 니라 미래형 하나님나라에의 입성과 영생이라는 소망을 주시고(고전 15:50-58) 그 소망에의 약속과 확증을 하신 분(고전 15:12-19)이시다.

"언약의 피로"는 "네 언약의 피를 인하여 내가 너의 갇힌 자들을 물 없 는 구덩이에서 놓았나니"라고 했던 스가랴 9장 11절의 말씀과 상통한다.

"죽은 자 가운데서 이끌어내신"에서 죽은 자란 '예수님과 우리들'을 가

리킨다. "평강의 하나님"이란 평강을 주시는 하나님으로 "평강"[209]의 헬라어는 에이레네(εἰρήνη, nf)이고 히브리어는 샬롬(the Sept. chiefly for שָׁלוֹם; (from Homer down))인데 이 단어에 함의된 4가지 의미를 꼭 새겨야 할 것이다.

첫째는 하나님과의 바른 관계(relationship) 즉 하나님과의 하나 됨(in Christ or Union with Christ)이다. 둘째는 하나님 안에서의 견고함(stand firm), 하나님 안에서의 안식을 누림인데 이는 하나님과의 바른 관계 속에서 친밀한 교제(fellowship)를 누리라는 것이다. 셋째는 번영(prosperity)이고 넷째는 평안, 평화, 화평이다(peaceful, peaceable, tranquil).

21 모든 선한 일에 너희를 온전케 하사 자기 뜻을 행하게 하시고 그 앞에 즐거운 것을 예수 그리스도로 말미암아 우리 속에 이루시기를 원하노라 영광이 그에게 세세무궁토록 있을지어다 아멘

"모든 선한 일(각양 좋은 선물 즉 은사)"이란 "자기 뜻(하나님의 뜻)을 따라"라는 의미이고 "온전케 하사"라는 것은 "행하게 하시고(역사하시고)"라는 의미이다.

---

209 헬라어는 에이레네(εἰρήνη, nf, one, peace, quietness, rest, peace, peace of mind; invocation of peace a common Jewish farewell, in the Hebraistic sense of the health (welfare) of an individual/ (from eirō, "to join, tie together into a whole") - properly, wholeness, i.e. when all essential parts are joined together; peace (God's gift of wholeness)이며 the Sept. chiefly for שָׁלוֹם; (from Homer down)이다.

즉 '당신의 뜻을 따라 행하게 하셔서 우리를 온전하게 하신다'라는 의미이다. 여기서 하나님의 뜻이란 '천국 복음을 전하는 것'이다. 한편 "온전케 하다"의 헬라어는 카타르티조[210](καταρτίζω, v)인데 이는 '균형있게 구비하다, 조화롭게 완성하다'라는 의미이다.

결국 복음의 맛을 본 후 그 맛에 감동하여 복음을 전하는 우리는 더욱 온전케 되고 복음을 전해들은 자 또한 온전케 되는데 이런 것들은 예수님께도 우리에게도 즐거운 것이라는 의미이다.

"그 앞에 즐거운 것"이란 예수 그리스도를 통해 모든 힘들고 어려운 과정을 끝까지 견디어 나가는 것과 모든 기도의 소원들이 그분의 때에 그분의 방법으로 성취되는 것을 가리킨다. 더 나아가 복음의 주체이신 예수 그리스도를 믿고 하나님을 경외하며 그리스도의 장성한 분량이 충만한 데까지(엡 4:13, 22-24) 이르는 것을 말한다. 종국적으로는 미래형 하나님나라에의 입성(入城)과 영생을 가리킨다.

"예수 그리스도로 말미암아 우리 속에 이루어지기를"이라는 것은 우리는 무능하기에 하나님의 능력이 우리 안에서 역사하기를(활동하기를) 바란다는 것을 가리킨다. 동시에 예수님의 이름으로 우리의 간구가 이루어지기를 원한다라는 의미이다.

"영광이 그에게 세세무궁토록 있을지어다"라는 것은 '오직 하나님께만

---

210 카타르티조(καταρτίζω, v)는 to complete, prepare, (a) I fit (join) together; met: I compact together, (b) act. and mid: I prepare, perfect, for his (its) full destination or use, bring into its proper condition (whether for the first time, or after a lapse)/ (from 2596 /katá, "according to, down," intensifying artizō, "to adjust," which is derived from 739 /ártios, "properly adjusted") – properly, exactly fit (adjust) to be in good working order, i.e. adjusted exactly "down" to fully function)이다.

영광(Soli Deo Gloria, 고전 10:31)'이라는 것이다.

22 형제들아 내가 너희를 권하노니 권면의 말을 용납하라 내가 간단히 너희에게 썼느니라

"권하노니"의 헬라어는 파라칼레오[211]($\pi\alpha\varrho\alpha\kappa\alpha\lambda\acute{\epsilon}\omega$, v)인데 이는 '가르침을 준행하라'는 의미이다.

"권면의 말"이란 교회의 말, 기록자 자신의 말 혹은 설교나 강론(행 13:15)을 가리키는데 처음 받았던 그 메세지에서 떠나지 말라는 의미이다.

"용납하라(bear with)"의 헬라어는 아네코마이[212]($\dot{\alpha}\nu\acute{\epsilon}\chi o\mu\alpha\iota$, v)인데 이는 '받으라(receive), 품어주라'는 의미이다.

23 우리 형제 디모데가 놓인 것을 너희가 알라 그가 속히 오면 내가 저와 함께 가서 너희를 보리라

디모데는 살아 생전에 유일하게 바울과만 동역했던 소중한 사역자이다. 그렇기에 이 구절에서 디모데가 언급된 것을 보면 히브리서는 바울이

---

211 파라칼레오($\pi\alpha\varrho\alpha\kappa\alpha\lambda\acute{\epsilon}\omega$, v)는 to call to or for, to exhort, to encourage, (a) I send for, summon, invite, (b) I beseech, entreat, beg, (c) I exhort, admonish, (d) I comfort, encourage, console/(from 3844 /pará, "from close-beside" and 2564 /kaléō, "to call") - properly, "make a call" from being "close-up and personal.")이다.

212 아네코마아($\dot{\alpha}\nu\acute{\epsilon}\chi o\mu\alpha\iota$, v)는 to hold up, I endure, bear with, have patience with, suffer, admit, persist/(from 303 /aná, "up/completing a process" and 2192/exō, "to have") - properly, "still bearing up," even after going through the needed sequence (course of action); to forbear; for the believer, "staying up" means living out the faith God works in)이다.

기록했을 가능성이 있다. 나도 그렇다고 생각하지만 이 부분 때문만은 아니고 히브리서 전체를 볼 때 구약에의 인용이나 율법에 관한 해박한 지식 등과 함께 히브리서를 유기영감(organic inspiration)으로 기록하기에는 구약학자, 율법학자였던 바울이 적격이었다고 생각된다. 그러므로 나는 히브리서를 바울서신 14권에 넣어 성경을 이해하려고 한다. 그러나 결국 저자이신 성령님이 중요한 것이지 기록자가 누구냐의 '논쟁'은 무의미하다고 생각된다.

이 구절에 의하면 디모데는 감옥에 갇혔다가 풀려난 듯하다(Alford, Bengel, Dodds). 혹자는 어떤 사역을 명(命) 받고 먼 곳에 갔다가 돌아온 것(Bruce)으로 해석하기도 한다. 아무튼 그는 바울의 사역에서 그리고 바울과의 관계에서 특히 그의 중요한 멘티이기도 했다(행 16:1, 3, 17:14-15, 18:5, 19:22, 20:4, 롬 16:21, 23, 고전 1:1, 4:17, 16:10, 12, 고후 1:1, 19, 빌 1:1, 2:15, 19, 4:7, 골 1:1, 살전 1:1, 3:2, 6, 살후 1:1, 딤전 1:2, 18, 6:20, 딤후 1:2, 몬1)

24 너희를 인도하는 자와 및 모든 성도에게 문안하라 이달리야에서 온 자들도 너희에게 문안하느니라

초대교회의 지체들 간에는 이런 아름다운 인사와 친밀한 교제가 있었다. 그 대상은 인도자는 물론이요 장소를 불문한 모든 유대인 성도들, 그리고 예수 안에서 한 지체 된 모든 이방인들까지도 포함되었다.

25 은혜가 너희 모든 사람에게 있을지어다

이 구절은 마지막 혹은 결론부의 축도로서 풍성한 하나님의 은혜(카리스)를 통해 기쁨(카라)과 감사(유카리스테오)가 넘치기를 바라는 기도이다. 이는 디모데전서 6장 21절, 디모데후서 4장 22절, 디도서 3장 15절의 목회서신에서 공히 볼 수 있다.

"이것을 좇는 사람들이 있어 믿음에서 벗어났느니라 은혜가 너희와 함께 있을찌어다"_딤전 6:21

"나는 주께서 네 심령에 함께 계시기를 바라노니 은혜가 너희와 함께 있을찌어다"_딤후 4:22

"나와 함께 있는 자가 다 네게 문안하니 믿음 안에서 우리를 사랑하는 자들에게 너도 문안하라 은혜가 너희 무리에게 있을찌어다"_딛 3:15

히브리서를 떠올릴 때마다 필자는 기독교로 개종했던 초대교회 당시의 동역자들이 생각나곤 한다. 한 번도 보지 못한 그들임에도 불구하고 얼굴 모습마저 잔영(殘影, traces)으로 떠오르곤 한다.

그들이 살았을 상황과 외부 환경으로부터의 곤고함과 고단함, 은근하게 때로는 급작스럽게 노골적으로 다가왔을 압박감과 두려움 등등…….

그들을 떠올리며 순간순간의 현실 속에서 허우적거리며 신음하는 나 자신을 투영(投影, projection)해 보기도 한다.

최근에 나는 신앙의 박해를 제법 받았다. 물론 그들에 비하면 말하기조차 부끄럽고 미미한 수준이지만……. 그래서 언제부터인가 나는 입이 많이 나와있다. 아버지 하나님과 약간은 긴장 상태에 있기도 하다. 물론 전적으로 내 입장에서이지만……. 하나님에 대한 불평으로 약간의 투정까지 부리고 있는 중이다.

그렇다고 하여 "왜 나만 겪는 고난이냐"라는 유의 투정만은 아니다.

사연인즉,

"언제까지 이 일을 두고 보실 건가요?"

"왜 공평하지 않나요."

"제게는 조그만 일에도 쌍심지(한 등잔에 있는 두 개의 심지)를 켜시는 듯하면서 왜 정치적이고 사회적인 악에는 이렇듯 묵인하시는 건가요?"

"노하기를 더디하시는 하나님……. 인간의 고통에는 쬐끔 신경을 쓰시는 듯한 아니 가끔은 아예 안 쓰시는 듯한 이유는 무엇인가요?"

등등이다.

이 모든 것들은 아버지 하나님께서 직접 드러나게 '뭔가를' 해주기 바라는, 그것도 번개치듯이, 나의 지속적인 하소연이다. 마치 어린 아이가 아빠에게 징징거리는 듯한……. 나는 이런 유의 반복된 질문을 하루에도 수십 번 아니 수백 번은 중얼거리듯 짜증을 부리고 있다.

'도대체 왜? 그러시나요.'

그러던 중 히브리서의 장편(掌篇) 주석을 써 내려가다가 10장 36-39절에 이르러 나도 모르게 겸연쩍은 웃음이 흘러나왔다. 그리고는 주님의 품에 그대로 안겼다. 모든 것이 일시에 해결되었다. 마음의 응어리가 눈 녹듯 사라졌다.

되돌아보면 지금까지의 나의 삶은 늘 삼위하나님과 함께였다. 어느 한 순간도 삼위하나님의 임재가 없었던 적이 없다. 앞으로도 영원히 그럴 것이다. '다른 하나님, 한 분 하나님'이신 삼위일체 하나님은 내겐 든든함이요 나의 뒷배이기도 하다. 그런 나는 언제 어디서나 삼위하나님만을 의식하고 그분만을 찬양하고 그분께만 경배를 드린다. 육신의 장막을 벗는 그날까지 삼위하나님께만 영광 돌릴 것이다.

매사 매 순간 앞서가시며 인도하시는
나하흐(ἐξάγω, נָחָה)의 성부하나님!

매사 매 순간 함께하시는
에트(עִמָּנוּאֵל אֵת, "with us is God", the name of a child/Ἐμμανουήλ,
"God with us", Immanuel, a name of Christ)의 성자하나님!

매사 매 순간 뒤에서 밀어주시며 당신의 의도대로 끌고가시는
할라크(הָלַךְ)의 성령하나님!

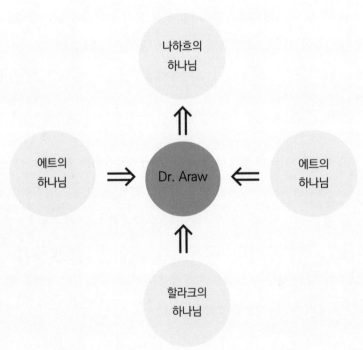

요한계시록과 요한복음, 갈라디아서의 주석을 연이어 쓴 후 조금은 지쳤다. 그러나 좋으신 삼위하나님께서는 늘어져 있는 내게 성큼 다가와 토닥거려주셨다. 그리고는 히브리서를 숨가쁘게 끝을 보도록 하셨다. 나는 이런 행복감을 사도 요한에게 보여주셨던 밧모섬의 환상에 종종 비교해 보곤 한다.

앞서 프롤로그에서 밝혔듯이 몇몇 주요 참고도서를 읽으며 곰곰이 묵상하며 많은 영감을 얻었다. 히브리서 303구절을 하나씩 찬찬히 읽어가다가 엄청난 금맥을 발견하기도 했다.

장편(掌篇) 주석을 쓰면서 내가 풍성하게 누렸던 것은 '말씀의 금맥'이다. 한 부분에서 금맥을 찾으면 놀랍게도 그 금맥은 마치 고구마 뿌리에 줄줄이 달려나오는 고구마처럼 더 엄청난 금맥으로 이어져 있었다. 그리하여 나는 여생에 쓰고자 마음먹은 장편(掌篇) 주석 7권의 금광에 대한 위치도를 계속하여 대강 그려가고 있다.

그 매장량이나 순도(純度, degree of purity)는 차치하고라도…….

이 모든 것은 하나님의 은혜이다. 할렐루야! 할렐루야! 할렐루야!

지난날 나는 실수와 허물이 정말 많았다. 그 죄책감으로 인해 오랜 시간 동안 곤고함과 자책감(自責感)으로 시달렸다. 많이 눌리기도 했다. 지금은 완전하게 가볍지는 않으나 그래도 엄청 자유로워졌다.

성경 교사로서의 나를 향하신 아버지 하나님의 부르심(소명, Calling)과 보내심(사명, Mission)은 내겐 너무 정겹다. 눈물겹도록 감사하다. 내게 인격적으로 다가오신 그분은 나의 온전한 주인이시다. 나는 그분의 통치와 질서, 지배 하에 들어가기를 즐겨한다. 나는 그분께 온전히 주권을 드렸다. 아니 그럴려고 몸부림친다.

이번 히브리서의 장편(掌篇) 주석을 통해 나는 "오직 믿음(Sola Fide)"에 대해 다시 확신을 가지게 되었다. 명사(피스티스)로서, 동사(피스튜오)로서, 형용사(피스토스)로서의 믿음을 통해 삼위하나님의 세미한 역사하심을 새록새록 느끼게 되었다.

더 나아가 일천한 지식에 힘들어하던 내게 사랑하는 딸 이성혜(리빔 대표, BAM Leader)의 공저는 큰 힘이 되었다. 이성혜 대표는 최근에 결혼하여 남편 황의현(주, 이롬 부사장)과 함께 BAM(business as Mission) 리더로서 성경 말씀을 가르치고 사업을 통해 현재형 하나님나라를 확장해가고 있다.

나는 멘토이자 목사였던 아버지의 영향을 참 많이 받았다. 그분은 내게 두 가지 유산을 남겼다. '성경암송'과 '산기도'이다. 어려서부터 살아남기 위해? 정말 많은 성경구절을 외웠다. 어려서부터 늘 산기도를 따라다녔다. 그래서 오늘의 내가 있게 되었다.

60여년을 살아오며 돌발상황과 함께 다양한 어려움들을 정말 많이 겪었다. 물론 대부분은 내가 자초한 것이다. 그때마다 나를 일으켜 세운 것은 성경말씀과 산기도였다.

오직 믿음,

믿음,

그리고 믿음!

"오직 의인은 믿음으로 말미암아 살리라" _롬 1:17

References (참고도서)

1. 〈그랜드 종합주석〉, 성서교재간행사(16권), 1993, p14-243.

2. 〈두란노 HOW주석 47〉, 목회와 신학 편집부, 두란노 아카데미, 2012(11쇄), p6-289.

3. 〈토머스 슈라이너 히브리서 주석〉, 토머스 R. 슈라이너/ 장호준 옮김, 복 있는 사람, 2020, p10-774.

4. 〈히브리서 강해〉, 마틴 로이드 존스/ 정상윤 옮김, 복 있는 사람, 2019, p7-327.

5. 〈히브리서〉, 틴데일 신약주석 시리즈 15, D. 거쓰리/ 김병모 옮김, CLC, 2015, p5-415.

6. 〈메시지 신약〉, 유진 피터슨, 복 있는 사람, 2009.

7. 〈게제니우스 히브리어 아람어사전〉, 이정의 옮김, 생명의 말씀사, 2007.

8. 〈스트롱코드 헬라어사전〉, 로고스편찬위원회, 로고스, 2009.

9. 〈로고스 스트롱코드 히브리어 헬라어사전(개혁개정4판)〉, 로고스편찬위원회, 2011.

10. 〈핵심 성경히브리어〉, 김진섭, 황선우, 크리스챤출판사, 2012.

11. 〈핵심 성경히브리어〉, 김진섭, 황선우, 크리스챤출판사, 2013.

12. 〈직독직해를 위한 히브리어 400 단어장〉, 박철현, 솔로몬, 2016.

13. 〈직독직해를 위한 헬라어 400 단어장〉, 박철현, 솔로몬, 2017.

14. 〈성경 히브리어, PAGE H. KELLEY〉, 류근상, 허민순 옮김, 크리스챤출판사, 1998.

15. 〈신약성경 헬라어 문법, S. M. BAUGH〉, 김경진 옮김, 크리스챤출판사, 2003.

16. 〈하나님나라, George Eldon Ladd〉, 원광연 옮김, CH북스(리스천 다이제스트), 2018.

17. 〈하나님나라〉, 헤르만 리델보스/ 오광만 옮김, 솔로몬, 2012.

18. 〈하나님나라 복음〉, 김세윤, 김회권, 정형구, 새물결플러스, 2017.

19. 기타 참고 도서

〈Oxford Learner's THESAURUS, A dictionary of synonyms〉, OXFORD, 2008.

〈아가페 성경사전〉, 아가페성경사전편찬위원회, 아가페출판사, 1991.

〈네이버 지식백과(라이프성경사전)〉

〈구글(위키백과)〉

〈Bible Hub app〉

〈복음과 하나님의 의(로마서강해1)/ 복음과 하나님의 은혜(로마서강해2)/ 복음과 하나님의 구원(로마서강해3)/ 복음과 하나님의 사랑(로마서강해4)/ 복음과 하나님의 주권(로마서강해5)/ 복음과 하나님의 백성(로마서강해6)/ 복음과 하나님의 나라(로마서강해7)〉, 존 파이퍼/ 주지현 옮김, 좋은 씨앗, 2013.

〈복음과 하나님의 나라〉, 그레엄 골즈워디/ 김영철 옮김, 성서유니온, 1988.

〈복음과 하나님의 계획〉, 그레엄 골즈워디/ 김영철 옮김, 성서유니온, 1994.

〈내가 자랑하는 복음〉, 마틴 로이드 존스/ 강봉재 옮김, 복있는 사람, 2008.

〈바이블 키(신약의 키)〉, 송영목, 생명의 양식, 2015.

〈바이블 키(구약의 키)〉, 김성수, 생명의 양식, 2015.

〈최신 구약개론(제2판)〉, 트렘퍼 롱맨, 레이몬드 딜러드/ 박철현 옮김, 크리스챤다이제스트, 2009.

〈구약 탐험〉, 찰스 H. 다이어 & 유진 H. 메릴/ 마영례 옮김, 디모데, 2001.

〈성경 배경주석(신약)〉, 크레이그 키너/ 정옥배외 옮김, IVP, 1998.

〈성경배경주석(창세기-신명기)〉, 존 월튼, 빅터 매튜스/ 정옥배 옮김, IVP, 2000.

〈한권으로 읽는 기독교〉, 앨리스터 맥그래스/ 황을호, 전의우 옮김, 생명의 말씀사, 2017.

〈성경해석〉, 스코트 듀발-J.다니엘 헤이즈/ 류호영 옮김, 성서유니온, 2009.

〈성경을 어떻게 읽을 것인가?〉, 고든 D 피-더글라스 스튜어트/ 오광만, 박대영 옮김, 성서유니온, 2014.

〈책별로 성경을 어떻게 읽을 것인가?〉, 고든 D 피-더글라스 스튜어트/ 길성남 옮김, 성서유니온, 2016.

〈성경파노라마〉, 테리 홀/ 배응준 옮김, 규장, 2008.

〈넬슨성경개관〉, 죠이선교회, 2012.

〈이 책을 먹으라〉, 유진 피터슨/ 양혜원 옮김, IVP, 2006.

〈성경통독(통박사 조병호의)〉, 조병호, 통독원, 2004, 2017.

〈성경해석학〉, 권성수, 총신대학출판부, 1991.

〈현대신학연구〉, 박아론, 기독교문서선교회, 1989.

〈기독교강요(상,중,하)〉, 존 칼빈/ 김종흡, 신복윤, 이종성, 한철하 공역, 생명의 말씀사, 1986.

〈프란시스 쉐퍼전집(1-5)〉, 기독교철학 및 문화관, 프란시스 쉐퍼, 생명의 말씀사, 1994.

〈바벨탑에 갇힌 복음〉, 행크 해네그래프/ 김성웅 옮김, 새물결플러스, 2010.

〈복음의 진수〉, 프란시스 쉐퍼/ 조계광 옮김, 생명의 말씀사, 2014.

〈첫째는 유대인에게〉, 대렐보크-미치 글래이저 공동편집, 김진섭 옮김, 이스트윈드, 2009.

〈한눈에 보는 성경 조직신학〉, 안명준, 성경말씀사관학교, 2014.

〈순례자의 노래〉, 스탠리 존스/ 김순현 옮김, 복있는사람, 2007.

〈영성을 살다〉, 리처드 포스터, 게일 비비/ 김명희, 양혜원 옮김, IVP, 2009.

〈하나님 나라를 욕망하라〉, 제임스 스미스/ 박세혁 옮김, IVP, 2016.

〈성령을 아는 지식〉, 제임스 패커/ 홍종락 옮김, 홍성사, 2002.

〈쉽게 읽는 진정한 기독교〉, 윌리엄 윌버포스/ 조계광 옮김, 생명의 말씀사, 2001. 2009.

〈세계개혁교회의 신앙 고백서〉, 본문 및 해설, 이형기교수, 한국장로교출판사, 1991, 2003.

〈복음은 삶을 단순하게 한다〉, 이선일, 더메이커, 2018.

〈복음은 삶을 선명하게 한다〉, 이선일, 더메이커, 2019 등등.

〈요한계시록 신학〉, 라챠드보쿰/ 이필찬옮김, 한들출판사, 2013(7쇄), P15-133.

〈요한계시록 어떻게 읽을 것인가〉, 이필찬, 성서유니온, 2019(개정 2판 2쇄), P7-198.

〈요한계시록 40일 묵상 여행〉, 이필찬, 이레서원, 2018(4쇄).

〈신천지 요한계시록 해석 무엇이 문제인가?〉, 이필찬, 새물결플러스, 2020.

〈내가 속히 오리라〉, 이필찬, 이레서원, 2006.

〈평신도를 위한 쉬운 요한계시록 1〉, 양형주, 브니엘, 2020, P12-382.

〈요한계시록 Interpretation〉, 유진 보링, 한국장로교출판사, 2011.

〈요한계시록〉, 이달, 한국장로교출판사, 2008.

〈만화 요한계시록 1, 2〉, 백금산 글/김종두 그림, 부흥과 개혁사.

오직 믿음(피스티스) 믿음(피스튜오) 그리고 믿음(피스토스)

2021년 10월 13일 1판 1쇄 발행

지은이 이선일 · 이성혜
펴낸이 조금현
펴낸곳 도서출판 산지
전화 02-6954-1272
팩스 0504-134-1294
이메일 sanjibook@hanmail.net
등록번호 제018-000148호

ⓒ이선일, 2021
ISBN 979-11-91714-03-6 03230